인간을 위한 정치

Politics for Humanity

by Kim Minwoong

Published by Hangilsa Publishing Co., Ltd, Korea, 2016

김민웅의 인문정신 2

인간을 위한 정치

한길사

존엄한 정치의 길
머리말

　정치는 문명의 모태다. 인간과 인간의 관계를 만들어내는 가장 고도의 작업이기 때문이다. 거기에서 사상과 문화, 과학기술과 경제가 나온다. 정치가 폭력이 되면, 인간은 인간이기를 포기하도록 내몰린다. 정치가 기만이 되면, 그 사회는 자신의 에너지를 지속적으로 탕진당한다. 정치가 타락하면, 필연적으로 정신의 타락도 함께 진행된다. 이 세 가지가 동시에 일어나면 그 시대의 문명은 자멸의 과정으로 들어가기 마련이다.

　인간이 서로를 어떻게 대하고 있는가는 정치의 근본이다. 그로써 인간답게 살 수 있는 길이 열리거나 닫힌다. 상대를 존엄하게 마주하고 그 생명을 아끼는 정치는 인간만이 아니라 자연까지도 소중히 여긴다. 풍성한 숲을 보존하는 도시와 자연을 밀어내고 인공 건축물로만 삭막하게 채운 공간은 각기 그 삶의 질이 다르다. 이와 마찬가지로, 인간을 위한 정치와 권력을 목적으로 하는 정치는 그 가는 길이 결코 서로 같지 않다.

이 책의 제목은 『인간을 위한 정치』다. 물론 그것은 인간 이외의 생명과 자연을 배제하는 정치를 뜻하는 것이 아니다. 인간만을 위한 세상에서는 인간도 불행해지게 되어 있다. 여기서 짚어야 할 것은, 어떤 인간이 정치의 주역이 되어야 하는가라는 질문이다. 이것은 인문학의 본질적인 과제다. 인문학이 정치라는 주제를 빼놓고 가능할까? 사람이 사람답게 살아가기 위한 과정에서, 정치가 제일 중요한 공동체적 임무라는 점을 부인할 수 없다. 그런 까닭에 정치를 다루지 않는 인문학은 근본문제를 피해가는 도피처로 전락하고 만다.

이 책의 제1부에서는 '정치, 삶과 죽음 사이에서 춤추다'라는 제목 아래 정치의 본질에 대한 질문을 던졌다. 제2부 '망각과의 싸움'에서는 우리에게 여전히 중요한 의미를 지니고 있는 과거를 되짚어 오늘의 관점에서 재조명해보았다. 이어 제3부는 '특권을 폐기하는 민주주의', 제4부는 '전쟁과 평화의 문법', 그리고 제5부는 '공화국의 위기, 공화국의 기회'라는 제목을 달았다. 우리가 어떤 정치 공동체를 이루어나갈 것인지, 그에 필요한 의식의 재구성을 어떻게 해나가야 할지에 대해 함께 논의하고 싶은 것들을 정리해보았다.

지나간 일들은 현재 진행하고 있는 사안 앞에서 시의적절한 시사성을 잃는다. 그렇다고 그 일들의 역사성과 정치사회적 의미를 성찰하지 않는 사회는 사건의 홍수 속에서 자신의 중심을 잡지 못하게 된다. 망각이 지배하고, 의식은 혼돈에 빠지거나 각성하지 못한 상태에서 멈추고 만다. 그런 자세는 현재 일어나는 일에 대해서도 명확히 알 수 없게 만든다. 이미 지나갔다고 생각한 것들이 현재의 몸속에 살아 있는 경우가 허다하다. 미래는 과거와 현재를 깊게 읽는 이들에게 자신을 드러낸다.

다시 정치를 물어야 한다. 우리의 행복은 자신의 운명을 누군가에게 맡기고 있기만 해서 이루어질 일이 아니지 않는가? 우리 미래가 소중하다고 믿는다면.

2016년 봄
김민웅

차례

제1부

정치,

삶과 죽음 사이에서 비틀거리다

오늘날 현실정치는 비루해지고 있다. 정치가 폭력 자체로 작동하고 있다. 희망을 담아내지 못하고 있다는 비난을 들어온 지 오래다. 정치가 행복하게 살고자 하는 이들의 적(敵)이 되고 있는 셈이다. 이건 물구나무서기하는 정치다. 그런데도 사람들은 여전히 정치에 대한 기대를 완전히 접지 않고 있다. 우리 자신과 사회의 가장 중요한 결정들이 정치에서 이루어지고 있기 때문이다.

이런 점에서 보자면, 인간을 '정치적 동물'로 파악한 아리스토텔레스의 말은 적지 않게 오해되어왔다. 그 오해는 권력을 둘러싸고 벌어지는 음모와 간계 그리고 술책과 모략이라는 관점에서 정치를 바라본 습관의 결과다. 그러한 일들이 인간사에서 피할 수 없이 일어난다고 해서, 그것을 정치의 본질로 착각하는 것은 잘못이다. 공동체의 삶에서 배제되면 인간으로서 살아갈 수 있는 길이 닫힌다는 절박한 인식이 아리스토텔레스의 논점이다. 따라서 함께 살아가는 방법을 배워나가고 그것을 제도와 법 그리고 공동체의 운영원리로 만들어가는 작업은 공동체 구성원 모두의 일상이자 책임이며 권리다. 어느 특정한 세력과 개인에게만 정치가 권리로 부여되는 것은 정치의 본질에 대한 배반이 된다.

서구 정치사상사에서 플라톤이 훈련된 걸출한 개인에게 정치의 자격을 부여하는 논리를 세웠다면, 아리스토텔레스는 보통의 시민들이 가진 정치의식과 태도를 더욱 중요시했다. 민주주의는 플라톤이 고뇌했던 지도자의 지도력도 주목하지만, 기본적으로는 보통의 시민들이 지녀야 할 생각과 자세 그리고 가치에 관심을 기울였던 아리스토텔레스의 견해에 뿌리를 박고 있다. 이 같은 정치가 이루어지려면, '정치적 동물로서의 인간'이라는 자의식이 생기고 자라나야 한다. 정치가 권부(權府)의 전유물이 아니라, 모두의 권리라는 생각 말이다.

그런 까닭에 인간을 위한 인문정신을 현실에서 이루려면, '인문정치'가 요구된다. 인간의 고통에 민감하고, 생명이 갈망하는 바에 최우선의 관심을 기울이는 정치가 바로 그것이다. 사람다운 삶을 함께 사는 것이 정치의 본령이다. 정치가 배제된 인문학은 가장 중요한 핵심을 빼놓고 전개되는 드라마처럼 맥이 빠진 사고체계가 된다. 그렇지 않아도 공자가 인간과 인간 사이의 깊은 내면적 관계를 인(仁)으로 파악한 것은 '천하위공'(天下爲公)이라는 대동(大同)정치의 인문정신이 어디에서 비롯되는지 보여준다. 맹자 역시 비극적 현실에 대한 아픔을 느끼는 일에서 그의 사상을 정치화시켰다. 이는 타자의 곤경에 반응하는 인간적 도리가 정치의 근본이라는 이해다.

동과 서의 고대에는 인문과 정치가 분리되지 않았다. 인간의 삶, 생명, 희망을 현실에서 이루는 정치를 염원했던 것은 오랜 전쟁의 역사를 겪으면서 죽음의 폭력과 맞서는 가운데 생겨난 깨우침이었기 때문이다. 그런데 현실에서는 정치가 생명과 죽음 사이에서 비틀거리고 있다. 그러는 사이에 많은 사람들이 다치거나 죽어나가고 있다. 이 비극은 중단되어야 한다. 인간을 위한 정치가 절실하다.

정치의 품격
사회적 망각과의 투쟁

이인임과 키케로의 품격

힘없는 자의 용기만큼 공허한 것도 없지요. 세상을 바꾸려거든 힘
부터 기르세요. 고작 당신 정도가 떼를 쓴다고 바뀔 세상이었으면,
난세라고 부르지도 않았습니다.

고려 말 이인임이 정도전에게 하는 말이다. 그는 또 이렇게 입을
연다.

전장에서는 적을 만나면 칼을 뽑아야 하지만, 조정에서 적을 만나
면 웃으세요. 정치하는 사람의 칼은 칼집이 아니라 웃음 속에 숨기
는 것입니다.

인기를 끈 TV드라마 「정도전」(2014)에서 유명해진 이인임의 대
사다. 이것이 사실(史實)인지는 모르나, 그는 사대부의 격조를 갖추
고 음모와 책략의 지휘자로 군림한다. 그의 정치는 오로지 자신의

특권을 지켜내기 위한 것이었다. 이인임의 품격은 흉심(凶心)을 감추기 위한 위장일 뿐이었다. 정도전의 토지개혁 구상은 이인임에게 가장 경계할 수밖에 없는 정치였다. 그런데 이인임이 지키려 했던 고려는 귀족들의 토지 독점이 낳은 모순으로 끝내 붕괴하고 만다. 그렇게 되기 전 그는 신흥세력의 반격으로 몰락, 유배지에서 생을 마감한다.

적 앞에서 짓는 이인임의 격조 있는 미소 뒤에는 고려 백성들의 고통을 아랑곳하지 않는 권세가의 탐욕이 이를 드러내고 웃고 있었다. 정적에게조차 매력을 풍겼다는 그의 모습은, 그 밑에 짓밟힌 이들에게는 악령의 실체였던 것이다.

로마의 키케로는 뛰어난 웅변가로 공화정을 철저하게 방어한 사상가였다. 집정관 선거에서 경쟁자였던 카탈리나가 선거에서 떨어진 이후 원로원에 대한 쿠데타 음모로 탄핵 대상이 됐을 때, 키케로는 현란한 연설로 사태를 주도한다. 이 사건으로 그는 영광의 도시 로마의 수호자로 자신의 입지를 세우는 데 성공하고, 이후 '국부'(Pater Patriae)로 불리게 된다. 키케로는 카틸리니를 공격하고 난 뒤 이렇게 말한다.

우리 조국의 이익은 내가 눈을 부릅뜨고 지켜냈다. 나의 용기, 지혜, 그리고 통찰력이 우리 국가를 위기의 무덤에서 구해냈다.

'탁월한 인물'이라고 흔히들 기억하고 있는 한 정치가의, 자만에 가득 찬 자기미화였다.

카틸리니의 음모는 이후 조작이라는 논란이 그치지 않았다. 카틸리니가 썼다고 하는 편지가 원로원에서 낭독된 후 그는 '국가의 공적(公敵)'으로 선언되고 탄핵 대상으로 전락했다. 이 편지를 공개한 자는 보수세력의 맹장 퀸투스 카툴루스였다. 이때 키케로는 이렇게 말한다.

보라, 여러분들이 상상할 수 있는 모든 범죄의 뒤에는 카틸리니가 있다. 로마의 그 어떤 범죄자들을 붙잡고 물어보라. 카틸리니와 친하지 않은 자가 있는가를. 살인이 있는 곳에 살인자가 있게 마련이다. 그가 바로 카틸리니다.

키케로가 카틸리니와 관련된 자들이라고 조금이라도 의심되는 이들에 대해 대대적인 마녀사냥을 벌인 것은 물론이다.

카틸리니는 무엇을 주장한 정치가였던가? 그는 민중들이 지고 있는 채무를 청산해주고 토지 재분배를 정책으로 내세웠다. 그라쿠스 형제의 개혁, 그 흐름 속에 있는 마리우스의 노선을 이은 개혁정치의 지도자였다. 그러나 카틸리니의 인기는 원로원이라는 기득권 세력에게 위협이었다. 훗날 카이사르가 암살되는 것도 이러한 맥락에서 비로소 이해할 수 있다. 카이사르가 제왕이 되려 한다는 이유로 공화정 수호를 명분으로 내세운 암살 모의는, 사실상 민중의 인기를 모은 카이사르에 대한 귀족들의 역습이었다. 카이사르 역시 채무의 청산과 토지 재분배, 그리고 귀족들의 특권 일부의 해체를 시도하려는 중이었기 때문이다. 민중파 지도자 마리우스는 카이사르의 숙부였다. 참으로 역설적이게도, 기원전 44년 3월 15일 카이사르의 암살은 도리어 공화정 붕괴의 신호탄이었고, 제정(帝政)으로 가는 길목이 됐다.

제대로 알고 보면, 키케로가 그토록 지켜내려 한 공화정과 그 정치 기구인 원로원은 특권의 집합체였다. 그의 품격과 지식, 연설 능력은 모두 이 특권을 방어하기 위한 도구에 불과했다. 그렇다면 그토록 명성이 높은 키케로의 품격과 지식의 의미는 대체 무엇이란 말인가?

'민생 정치'의 허구

정치가 사람들에게 환멸을 가져오면 품격 있는 정치를 바라는 목소리가 높아진다. 새로운 정치에 대한 갈망도 그런 현실의 반영이다. 그런데 품격 있는 정치는 격조 있는 언어와 우아한 자세를 구사하는 정치에서 만들어지는 것이 아니다. 관점과 내용이 격을 갖추지 못하면, 그건 빛 좋은 개살구가 된다. 또는 본질을 비켜가거나 그것을 획득하기 위한 의미 있는 싸움을 회피하는 구실에 지나지 않는다.

그러면 어떻게 해야 정치의 품격을 만들어낼 수 있는가? 또한 정치의 품격이 갖추어지면 우리 모두가 행복해질 수 있는 현실을 만들어낼 수 있을까?

그에 답하기 전에 현재 한국 정치는 어떤 모습인지부터 보자. 한마디로 민주주의의 실종이 가장 중요한 문제다. 국민이 무엇을 고통스러워하는지를 토로하고 그에 대해 듣고 논의할 수 있는 정치의 장이 펼쳐져 있지 않다. 여기서 토로의 대상은 단지 경제적 현실에 대한 개선 요구만이 아니다. 올바른 정치, 정의로운 법 집행, 정책의 공정성, 민주주의의 위기 등에 대한 논의를 모두 포괄해야 하는 것이다. 그러나 이런 사안들은 기득권 세력이 곤경에 처할 때마다 내쏟는 '민생'이라는 말 속으로 흡수되기 일쑤다.

'민생'이란 무엇인가? 민생은 자신의 삶에 대해 발언할 수 있는 권리를 확보하는 것이 그 우선적 전제다. 그렇지 못하면 자신의 존엄한 생존을 보장받을 수 있는 힘을 갖지 못하게 된다. 그런데 정치권력이 문제제기의 권리를 박탈하고 있는 상황에서 논하는 민생이란, 그 권력이 시혜적으로 베푸는 정책에 만족하는 것 외에 다른 말은 하지 말라는 식이 되어갈 수밖에 없다. 민주주의가 훼손되면 국민 대중은 거대 자본이 가져가고 남은 것 가운데서 개평이나 나눠 갖는 남루한 신세가 되고 말 뿐이다.

그 결과 사회적 갈등이 심화되고 이것을 해결하는 능력도 지속적으로 떨어지고 만다. 이러한 상황은 역사발전의 다음 단계로 진입하는 데 어려움을 준다. 무엇보다도 정치적 소통의 구조가 대단히 폐쇄적이고 배타적으로 변한다. 우리 사회에서 이 같은 현실은 이명박, 박근혜 정권을 거치면서 더욱 심화되었다.

이를 본질적으로 파헤쳐보면, 사실상 파시즘 정치의 요소를 갖추고 있음을 알 수 있다. 『파시즘의 해부』를 쓴 로버트 팩스턴(Robert O. Paxton)은 파시즘이 "대중정치 시대의 발명품"이라면서, 국민을 국가의 권위에 충성하도록 하는 가운데 개인의 비판적 사고를 마비

* Robert O. Paxton, *The Anatomy of Fascism*, Alfred A. Knopf, 2004; 로버트 O. 팩스턴, 손명희 옮김, 『파시즘』, 교양인, 2005.

시키면서 운용된다고 지적하고 있다. 한나 아렌트가 『전체주의의 기원』(*The Origins of Totalitarianism*)에서 밝힌 바 있듯이, 그것은 인간을 국가의 지침이라는 커다란 틀 속에 종속시키는 동시에 사회적 연대로부터 절연된 채 '원자'로만 존재하는 개인으로 만들어내는 방식과 본질적으로 동일하다.

그렇게 원자화된 개인은 현실에 대한 비판의식을 가지고 정치적 억압이나 경제적 착취에 맞서기에는 무력하다. 다른 사람들의 고통에 공감하고 연대하는 일은 더더욱 어려워진다. 혼자서는 두렵기도 하고, 자기방어력도 떨어지기 때문이다. 이런 개인이 많아질수록 권력의지는 더욱 용이하게 관철되고, 개인은 동원과 조정의 대상으로 전락해가며 주체적인 입장을 갖고 하는 소통을 찾기 어려워진다. 또한 국가 지침을 실행하는 데 방해가 될 만한 문제제기의 공간은 닫힌다. 정책 추진이 잘 되지 않을 때 권력은 홍보 부족 탓이라고 생각하고, 엄청난 예산을 투입해서 프로파간다라고 볼 수밖에 없는 선전활동에 집중한다. 이러는 가운데 비판적 담론과 합리적 논의는 사라지고, 국가의 독선적인 명령만이 남을 뿐이다.

선거는 '자본의 사제'를 뽑는 제의인가

한국 정치의 현실을 탐구하는 데 빠져서는 안 될 또 하나의 대목은 '자본이 지휘하는 정치'라는 점이다. 이는 사실상 한국 정치의 척추를 이루는 사안이다. 1999년 IMF 관리체제 이후 한국이 혹독하게 경험한 것은 자본이 국가를 통솔하고 국가의 기능을 동원해서 자신의 이해관계를 노동 배제적으로 실현한다는 사실이다. 사회적 양극화의 기초가 되는 부자 감세, 전임노조 임금 지급 제한 등으로 상징되는 노조에 대한 정책적 압박, 용산참사에서 목격했듯이 재개발 지역민들에 대한 불공정 정책, 4대강 사업에 따른 사회복지 예산 축소, 주요 공기업에 대한 거대자본 지배구조 만들기는 한국 자본주의 체제에서 정치가 무엇에 기여하고 있는지를 보여준다.

인문지리학자이자 마르크스주의 정치경제학자인 데이비드 하비(David Harvey)는 『신자유주의』*에서 신자유주의 정치의 본질이 "계급권력의 복원"(the restoration of class power)이라고 단언했다. 이는 자본에 대한 국가적·사회적·문화적 제동장치를 해체하는 것이며, 국가가 자본의 수하기관이 되어 노동을 통제하고 자본의 이윤을 극대화하는 정책을 추진해나가는 것이다. 하비의 표현대로 공적 자원과 세제를 기반으로 "기업 복지가 인민의 복지를 대체해버린 상황"(Corporate welfare substituted for people welfare)이 되었다.

신자유주의 정치는 칼 폴라니(Karl Polanyi)가 『거대한 전환』**에서 지적했듯이 "사회가 시장을 관리하는 것이 아니라 시장이 사회를 지배하면서 빈곤이 창출되는 구조" 속으로 더 깊이 빠져드는 길이다. 물론 신자유주의 정치가 걷잡을 수 없이 세력을 키우며 한국 정치의 중심을 완벽하게 장악한 것은 아직 아니다. 신자유주의 정책은 자본의 자유를 극대화한다는 점에서, 겉으로는 서민을 위한 정책을 내거는 권력집단에게도 때로 정치적 부담이 되고 있기 때문이다. 하지만

• David Harvey, *A Brief History of Neoliberalism,* Oxford Vniversity Press, 2005; 데이비드 하비, 최병두 옮김, 『신자유주의: 간략한 역사』, 한울아카데미, 2014.

•• Karl Polanyi, *The Great Transformation*, 2001; 칼 폴라니, 홍기빈 옮김, 『거대한 전환』, 길, 2009.

대중은 자본이 약속하는 욕망에 거듭거듭 끌려들어가며 자본주의 안에서의 성공을 선망하는 까닭에, 자본주의의 모순에 대한 이해가 깊지 못하거나 저항을 시도할 의지를 갖지 않는다. 때문에 이를 정치적 주제로 삼아 해결해나가기란 결코 쉬운 일이 아니다.

그렇다면 어떻게 해야 하는가? 신자유주의 정치가 단지 계급권력의 복원을 통해 이해관계를 관철해나간다는 점을 넘어서서, 우리 사회의 공동자산을 법적·제도적 장치를 통해 박탈, 독점하고 있다는 사실이 폭로되어야 한다. 그래야만 이에 대한 청산의 정치가 가능하다. 이른바 '민영화'는 기본적으로 '공적 자산에 대한 거대자본의 사유화(privatization)'다. 민주주의의 논의 체계가 심화되면 공적 자산이 거대자본에게 넘어가는 것은 어느 정도 차단할 수 있게 된다.

그렇기 때문에 자본과 동맹을 맺은 국가는 대중의 시선이 가려진 공간에서, 거대자본에게 공적(公的) 자산을 넘긴다. 그것은 국가의 허가 아래 이루어지는 명백한 불법거래다. 그야말로 '보이지 않는 손'의 작동이다. 이런 상황을 막지 못하면, 마르크스가 우려했듯이 "국가가 자본의 운영위원회가 되는 상황"이 지속될 뿐이다.

국가론에 대해 탁월한 정치사회학적 분석과 견해를 제시한 니코스 풀란차스(Nicos Poulantzas)의 견해는 그런 각도에서 중요하다. 그는, 국가는 대중의 지지에 의존해야 하므로 자본의 이해를 언제나 그대로 관철하지는 않는다고 말한다. 다시 말해서 국가는 자본의 기본적인 헤게모니를 인정하는 장기적 이해를 대변하고 있다 해도, 자본에 일방적으로 장악당한 기구가 아니라 '계급투쟁의 장'이라는 특성을 가지고 있다는 것이다. 즉 국가가 자본으로부터 '상대적 자율성'을 가지고 있는 부분을 파고들어야 한다고 강조하고 있다. 플란차스에 따르면 대중의 지지와 신뢰라는 항목과 자본의 이해라는 항목이 서로 충돌할 때, 권력은 어느 것이 지금 당장 자신에게 유리한지 저울질을 한다는 것이다. 선거체제가 작동하는 한 이는 당연하다. 대중의 지지와 신뢰가 동요하면 자신을 유지할 수 없다는 것을 알고 있으므로, 자본에 일정한 손해를 끼치더라도 자본의 단기적 이해를 압박하는 변화를 보일 수도 있다.

이는 국가와 자본의 일체화 현상에 대한 '대중의 저항운동'이 얼마나 중요한 의미를 갖는지 일깨운다. 그런 운동이 점차 확산될 때, 국가는 자신의 정치적 생존을 위해서라도 자본의 지휘권에 일정한 제동을 걸게 된다. 그런 공간에서 비로소 자본의 헤게모니를 넘는 정치·경제적 선택은 이루어질 수 있다. 그렇지 못하면 우리는 정치를 자본의 거대한 성채 앞에 헌납하는 일상을 반복하게 되고, 선거는 '자본의 제사장'을 뽑는 정치적 제의가 되고 만다. 따라서 자본주의 정치에 대한 대안이 없다고 저항을 포기하는 순간, 대안을 논의할 공간마저 사라진다는 사실을 유념해야 한다. 그렇게 되면 그 후 우리는 자본이 모든 것을 결정하며 자본이 내세우는 가치 아래 인간의 희생을 어쩔 수 없는 일로 받아들이는 비극을 막지 못하게 된다.

사회적 망각과의 투쟁

이러한 현실을 극복하고 격조 있는 정치의 토대를 마련하기 위해서는 어떻게 해야 하는가? 많은 노력과 대안들이 제시될 수 있지만, 하나만 핵심으로 뽑아 말하자면, '사회적 망각과의 투쟁'이 가장 절실하다.

우리 사회는 아무리 충격적인 사건을 겪어도 시간이 흐르면 어느새 그 일에 대해 깨끗이 잊고 산다. 권력은 이 점을 이용해서 시간이 지나가기를 기다리면서 버틴다. 그 사이에, 희생되는 이들의 처지는 극도로 취약해진다. 우리 모두에게 엄청난 충격을 주었던 2014년 4월 16일 세월호 참사도 자칫 그런 망각의 대상이 될 수 있다. 권력과 보수 언론은 그런 시도를 중단하지 않을 것이기 때문이다.

한편 사람들은 대체로 사건과 사건의 고리를 짜임새 있게 연결해 하나의 큰 그림으로 읽어내지 않고 사건 자체의 화제성에만 몰두한다. 아무리 극적인 충격을 준 사안이라도 시간이 좀 지나면 이내 시들해져버리는 경향도 보인다. 사회적 성찰의 힘이 깊지 못하기 때문이다. 무엇이 우리를 걸려 넘어지게 했는지, 무엇이 우리를 일으켜 세웠는지, 또 무엇이 우리에게 절망과 희망을 주었는지 기억하지 못한 채 쫓기듯 줄곧 앞만 보고 달리기만 한다. 이는 1960년대 이후 속도전 프로젝트로 밀어붙여온 산업화 정책이 만들어낸 사회의식의 특징이다. 이런 곳에서 역사의식을 기대할 수 없다. 그것은 언론과 교육의 책임이기도 하지만, 시민사회 스스로의 각성을 절실하게 요구하는 사안이기도 하다.

지금과 같은 현실에서는, '당장 필요하고 실용적인 것이 뭐냐'라는 질문에도 조급히 답하기에 바쁘다. '본질적 가치'에 대한 논의와 대화를 할 겨를이 좀체 없다. 그런 곳에서 정치는 망각을 밥으로 삼아 기만을 일삼는다. 망각은 언제나 이런 식으로 진실을 왜곡되게 재구성하는 토대가 된다. 인간을 인간답게 하고 약자를 위한 공동체의 책임과 연대를 구축해나갈 정치는 뿌리를 내릴 토양이 없어지는 것이다. 현상의 본질 또는 진실에 대한 접근은 가로막힌다. 권력이 일방적으로 정해놓은 주장만이 합법이고, 그밖에는 불법이 되는 것이다.

그래서 기억을 끊임없이 새롭게 불러들이는 일이 모든 정치행위의 중심에 놓여야 한다. 그렇지 않으면, 지금 벌어지고 있는 일들의 원인도 모르고 책임도 불분명해지며 가야 할 목표도 헷갈리게 된다. 과거를 호출하는 것은 현재를 바로 세우는 일이자, 새로운 미래를 창출하는 기본 동력과 내용물 자체이다. 그런 점에서 보자면, 되돌아본다는 것은 '지나고 보니 전체가 보인다'라는 깨달음과 맞닿아 있다. 현재 자신이 어디에 있는지 그 좌표를 제대로 인식할 수 있어야 한다. 2013년 정국을 뒤흔들었던 국정원의 대선 불법공작 사건이, 일 년이 지난 2014년에 들어서면서 우리 사회의 중요한 의제 목록에서 어느새 슬며시 사라져버린 것도 이러한 상황을 반면교사로 보여주는 대표적인 실례이다.

지난 일을 쉽게 망각하는 공동체는 현재에 대해서도, 앞으로 가는 길에 대해서도 무지해진다. 현실을 세심하게 기록하고 그 안에 담긴 본질을 응시하는 일은 우리 자신을 알기 위함이다. 자신을 빼놓고 모든 것을 안다고 말하는 이는 정작 아무것도 모르는 자다. 그런 이가 많은 사회에서 정치는 권력이 정한 방향으로 눈이 먼 채 질주하게 마련이다.

그런 까닭에 저널리즘과 역사학은 한몸이 되어 새로운 질문과 지속적으로 마주해야 한다. 그것은 정치의 질적 발전을 위해 반드시

지난 일을 쉽게 망각하는

공동체는 현재에 대해서도,

앞으로 가는 길에 대해서도 무지해진다.

'사회적 망각과의 투쟁'은

정치의 격을 무너뜨리는

독선적인 권력에 대한 가장 중요한

철학적 사유의 출발점이다.

요구되는 일이다. 오늘날 한국의 저널리즘은 빠른 속도로 과거의 망각 위에 새로운 뉴스를 포화상태로 만들고, 역사학은 현재를 제대로 다루지 않는다. 이것을 넘어서야 한다.

'사회적 망각과의 투쟁'은 정치의 격을 무너뜨리는 독선적인 권력에 대한 가장 중요한 철학적 사유의 출발점이다. 동서양을 막론하고 고전적 정치철학의 출발점은 지난 시기의 역사에 대한 기록과 비판적 성찰에서 비롯되었다. 한 시대가 겪은 사건에 대한 기억이 말소되지 않도록 지켜갈 때 비로소 내용이 갖춰진, 품격 있는 정치가 가능해진다. 격조 있는 정치는 정치공학적 발상에서 나온 기만과 술책을 거부한다. 사회적 약자에 대한 모멸적 정책을 받아들이지 않으며, 강자를 위한 계급권력의 복원, 유지 그리고 확대에 저항한다.

우리가 거쳐온 역사를 돌아보면 답이 나온다. 역사를 스승으로 모시지 않는 정치는 망각의 늪에 빠진, 뇌가 없는 정치가 된다. 그런 정치가 생각의 변화를 가져올 능력이 있을 턱이 없다. 망각은 정의를 소멸시킨다.

생각이 바뀌지 않고는 새로운 미래를 만들어나갈 방법은 없다. 지속적으로 문제를 낳고 있는 기존의 사고방식을 먼저 혁파하지 않는 한 변화는 불가능하다. 정의로운 정치는 그래서 언제나 권력의 오만과 맞설 용기를 요구한다. 이 두 가지가 서로 충돌하면서 터져 나오는 파열음은 창조적 사유의 조명탄이다. 우리에게 필요한 힘이 그로써 탄생한다.

생명의 정치와 국가의 책임

세월호 참사, 그리고 난파된 현실

이런 일은 일어나지 않았다

장면 1 2014년 4월 중순을 넘어선 어느 날.

진도 앞바다 세월호 참사로 온 국민이 비통한 심정에 빠져 있을 때, 대통령이 현장을 방문했다. 이제나저제나 구조 소식을 애타게 기다리며 체육관에 있던 학부모들이 모여들었다. 대통령은 현재 진행되는 구조 계획에 대해 열심히 설명했다. 한 엄마가 단하에 무릎을 꿇고 눈물을 흘리며 하소연했다.

"제발 제 아이를 살려주세요, 대통령님."

그러자 대통령은 이내 설명을 멈추고는 경호원들의 제지를 뿌리친 채, 그대로 단하로 뛰어내려갔다. 그러고는 그 엄마를 껴안고 함께 흐느끼더니 그녀를 부축해서 일어났다. 현장은 온통 눈물바다가 됐고, 이 장면을 TV로 지켜본 국민들도 흐르는 눈물을 주체할 수 없었다.

장면 2 다섯 살짜리 소녀는 충격에 빠져 있었다. 엄마와 아빠의 구조

소식이 아직 들리지 않았고, 자신에게 구명조끼를 입혀준 일곱 살짜리 오빠의 소식도 알지 못한 상태였다. 대통령은 이 아이를 보자마자 그대로 꺼안고 하염없이 울었다. 대통령의 가슴은 타들어가는 듯했다. 어쩌나, 어쩌나.

이런 일은 일어나지 않았다. 이 두 장면의 일부는 현실이었지만 나머지는 가상이다. 대통령이 서 있는 단상 아래 무릎을 꿇고 호소하던 엄마는 실재(實在)했으나, 대통령이 단하로 내려가 그녀를 일으켜 세우는 일은 일어나지 않았다. 대통령은 단상에 그대로 뻣뻣하게 선 채로 그 엄마를 보고 있기만 했을 뿐이다. 병원에서 안정을 취해야 할 상태였던 다섯살짜리 소녀가 왜 그 자리에 오게 됐는지 우린 알지 못한다. 대통령은 그 아이의 뺨에 손을 살며시 대고 위로의 말을 건넸다.

그게 전부였다. 세월호 유가족들을 대하는 대통령의 태도는 이후에도 전혀 변하지 않았다. 이들이 겪는 고통에 대해 인간으로서 기본적인 관심조차 보이지 않는 냉정한 모습만 계속 보였을 뿐이다.

우리는 누군가에게는 절대자 '신'이다

2014년 4월 16일 진도 앞바다에서 일어난 세월호 참사는 우리 사회의 총체적 부실과 난파된 현실을 그대로 드러내주었다. 물론 인간의 생명보다 이익을 앞세우는 자본과 그 자본의 지배를 확장해온 정치, 권력만 누리고 책임은 타자에게 전가하는 지배세력의 습성은 그 일차적 지탄의 대상이다.

이러한 현실을 일정하게 용인해온 이 나라 국민들도 그 책임에서 결코 자유롭지 못하다. 세월호 참사는 우리 모두에게 우리가 할일을 제대로 해왔는지를 엄중하게 묻고 있기 때문이다. 이런 현실을 용인해왔고, 그 진상규명과 책임자 처벌에 대한 사회적 동력이 확장되지 못한 것은 결국 우리 자신의 문제로 귀결된다.

체코의 대통령을 지낸 바츨라프 하벨(Václav Havel)은 1990년 신년사에서 "체코인들은 전체주의 독재의 희생자이기도 하지만, 그것을 유지해온 공범이기도 하다"는 신랄한 자기비판을 토해냈다. 그는 그러한 행위가 "스스로에 대해 죄를 저지른 것"이라면서, 궁극적으로 무언가 새로운 변화를 이끌어내는 것은 체코인들 자신이라고 강조했다. 하벨은 극작가이자 반체제 지식인으로 활동하던 시절, "시민들이 진실과 책임에 대한 정치를 사고하기 시작하는 것은 권력의 음모와 술책에 대한 혁명적 반란"이라고 단언하면서 이는 "자신들의 삶에 대한 주체적 권리를 행사하려는 시도"라고 정의를 내렸다. 이와 함께 그는 "권력의 도덕성에 대해 민감해지는 것이야말로 민주주의 기초"라고 주장했다.

이러한 하벨의 발언은 인간의 존엄성과 자유에 대한 그의 실천적 확신과 철학에 기초한 토로였다. 그래서 그는 "정치란 권력투쟁을 위한 게임이 아니라, 의미 있는 삶을 추구하기 위한 방법의 하나이자 바로 이 삶을 지켜내고 이에 기여하는 실천적 윤리다. 이로써 우리는 우리 이웃의 인간을 인간적으로 돌보는 세상을 만들 수 있으며, 이것이 바로 진실에 복종하는 정치다"라고 갈파했다.[*]

---

[*] Václav Havel, *Open Letters, 1965~1990*, New York: Vintage Books, 1992.

이밖에도 하벨은 『불가능의 예술』*이라는 저작에 수록한 연설문에서, 정치란 단지 가능성을 추구하는 예술이 아니라 불가능성을 목표로 삼는 작업이라면서 개개인들은 모두 잘못된 권력과 체제에 대해 "독자적으로, 자유롭고 합리적이며 신속하게 행동할 의무가 있다"고 강조했다. 또한 거듭 강조하기를 "정치란 한 공동체의 구성원을 기만하거나 이들의 권리를 박탈하는 것이 아니라, 공동체의 행복에 기여해야 하는 것"이라며, "민주적이며 자유로운 동시에 경제적으로 풍요로우나 무엇보다도 여전히 사회적 정의가 실현되는 공화국"이 진정 국민을 위한 정부라고 말했다.

이러한 하벨의 발언은 오늘날에도 여전히 진리다. 그것은 그 공동체 구성원 모두의 각성과 행동을 촉구하고 있다. 서로가 서로에게 깊숙이 연결되어, 모두의 운명을 함께 구성해나가는 것이 인간이 살아가는 현실이자 현장이다. 그런 까닭에 하벨은 무엇보다 인간의 정신, 가치라는 더욱 깊은 차원에서 정치를 바라보는 도덕적 실천의 의미를 강조했다. 그러한 그의 생각과 실천은 철학적 사유와 윤리의 문제를 배제하는 우리 정치현실에 중대한 도전과 자원이 된다.

내 삶이 어디 나 혼자만 잘 하면 되던가? 이는 세월호 사건에서도 분명하게 드러난 바다. 세월호와 함께 바다에 수장되어버린 이들의 목숨은 밖에 있는 이들의 생각과 행동에 달려 있지 않았는가? 이런 상황에서 결코 부인할 수 없는 것은 내 목숨이 남에게 달려 있다는

---

* Václav Havel, *The Art of the Impossible: Politics as Morality in Practice, Speeches and Writings, 1990–1996*, New York: Alfred A, Knopf. 1997; 바츨라프 하벨, 이택광 옮김, 『불가능의 예술』, 경희대학교출판문화원, 2016.

사실이다. '남'이 어떤 생각을 하고 있는가, 어떤 태도를 가지고 있는가는 '나'의 생사를 결정하는 근본이 된다. 그런 '남'들이 모여 사회를 이루고 국가를 구성한다. '남'에게 '나'는, '남'이다. 여기서 제외되는 이는 하나도 없다.

침몰하는 배 안에서 구조의 손길을 기다리던 이들이 가장 두려워했던 것은 무엇일까. 물 밖에 있는 타자, '남'의 판단이 잘못되는 상황이다. 그 '남'이 기대를 접거나 판단을 그르치거나 구조행위를 멈추면, 배 안의 '나'는 죽음에 처하게 된다. 이처럼 타자로 이루어진 집단의 생각, 판단, 행위에는 한 인간의 생명과 존재를 좌우하는 위력이 있다. 따라서 어느 특정 순간에, '남'에게 '나'는 생사여탈의 권한을 갖는 신과 같은 절대자가 될 수 있다.

만일 이 신이 인간이 겪는 고통에 대해 무감각하고 별반 함께 아파하지 않거나, 무능력하거나 무책임하다면 어찌 될 것인가. 인간은 억울하게 죽고 만다. 세월호 침몰의 현장에서 구조에 나선 이들은 모두 배 안에 있는 이들에게 생명의 밧줄 같은 절대자 신이었다. 그런데 이 절대자가 무책임하고 무능력하고 고통에 대한 공감능력이 마비되어 있다면 그야말로 끔찍한 일이다. 더욱이 최고권력자가 그러한 신이라면 그 공동체는 절망적 처지에 반복적으로 빠져들게 된다.

국민이 국가에게 권리를 양도한 까닭

국가의 대표와 지도자를 선출하는 것은 국민이다. 여기서 국회의원도 나오고, 대통령도 된다. 뽑은 것은 국민의 책임이고, 그 후는 뽑힌 이들의 책임이다. 하지만 뽑힌 뒤, 이들을 감시하고 문제를 제기하고 교체까지 하는 것은 여전히 국민의 책임이다. 그리고 이것은 민주주의 사회에서 누구도 박탈할 수 없는 기본 권리다. 다 아는 당연한 이야기다.

이 책임은 의무라는 강제성을 가진 것이 아니라, '권리를 지켜내기 위한 책임'이다. 이는 그 권리를 지켜내는 방식에 대한 선택과 행동까지 포함해서 보장되는 것을 뜻한다. 그렇지 않으면 권리를 수호할 수 없기 때문이다. 그 선택과 행동을 막으려는 권력자가 있다면, 그는 국민의 책임과 권리를 방해하는 존재다. 그 저지행위 자체로 이미 그는 그 자리에 있을 명분과 자격을 상실한다. 근대 민주주의 체제의 기본전제는 이러한 논리 위에 서 있다.

토머스 홉스(Thomas Hobbes)의 『리바이어던』(Leviathan)은 국가의 절대권한을 용인하는 사회계약론으로 알려져 있다. 엄격히 따지자면 여러 논쟁이 가능하지만 이는 그리 틀리지 않는 이해다. 그러나 그 절대권한에는 중대한 전제가 있다는 것을 잊지 말아야 한다. 홉스는 17세기 영국 내전의 시기에 국가가 국민들의 생명과 안전을 지켜내지 못하면, 폭력이 난무하는 자연 상태로 전락하는 것을 목격했다. 그래서 그는 사람들이 자신의 권리를 국가권력에 일정하게 양도하도록 합의·계약함으로써 자기 생명을 보존하는 강력한 안전장치를 만든 것이라고 설명한다.

이 안전장치가 제대로 기능하지 못하면 그것을 언제든 해체하고 다른 것으로 교체할 이유가 발생한다. 생명을 지켜내는 국가의 임무가 자신의 기본권 일부조차 양도할 정도로 막중하기 때문에 권력과 책임을 준 것인데, 권력만 누리고 책임은 지지 않는다면 그것은 이미 국가로서 절대적 존재감을 스스로 잃어버리는 것이다. 그때는 양도했던 권력을 회수하는 것이 이 계약의 또 다른 핵심적 원리다.

근대 민주국가의 정치체제는 존 로크(John Locke)의 자유주의 철학의 반영이기도 하지만, 근본적으로는 홉스의 국가론을 그대로 담아내고 있다. 국민의 안전과 생명을 지켜낼 수 있는 능력이 없는 국가는 그 어떤 이유로도 정당성을 갖지 못한다는 것이 홉스의 논리가 도달하는 결론이다. 로크는 이러한 권력에 저항하고 그것을 바꿀 권리까지 그의 시민정부론에 포함시킨다.

하나 유의할 바는, '안보국가'(Security State)는 이와 달리 안보를 내세워 국민의 생명과 존엄성을 포함한 다른 모든 것을 희생시킨다는 점에서 홉스의 정치철학과 아무 상관이 없다는 점이다. 예를 들어 레이건 정권을 거쳐 부시 정권 당시 미국정치를 주도했던 네오콘(Neo-con)이 홉스의 국가론을 군사력 중심의 국가 정당화에 활용했으나, 홉스에게는 약소국 주민의 생명을 공격대상으로 삼으면서 국가의 안전장치를 강화하려는 의도가 전혀 없었다. 도리어 홉스의 정치철학 안에는 그와는 반대로 자신을 스스로 방어할 수 없는 약자들을 지켜내는 권력과 정부일 때 국가로서의 정당성을 확보할 수 있다는 논리가 담겨 있다. 그것은 권력이 어떤 품성을 지녔는가의 문제와도 직결된다.

살충제를 뿌리는 권력

실로, 인간성을 잃어버린 권력이 지배하는 곳에서 사람들은 일상적으로 희생당한다. 더욱 경악스러운 것은, 희생자를 비난하고 도리어 가해자를 옹호하는 말들이 난무하게 된다는 사실이다. 그건 일종의 '정치적 아우슈비츠'다. 이런 곳에서는 권력에게 불리한 기억을 지닌 개인과 집단은 모두 따로 지목당하고 줄 세워진 채 소각(燒却)의 대상이 된다. 이런 사회에서 권력은 문제를 제기하고 잘못을 바로잡으려는 이들을 제거해야 할 벌레처럼 보면서, 모욕과 음해, 거짓과 왜곡이라는 살충제를 대량으로 살포한다.

1962년 『침묵의 봄』*을 통해 살충제의 악폐를 고발한 레이첼 카슨(Rachel L. Carson)의 지적대로, '살충제'라기보다는 '살생제'라고 할 이 화학제품의 정치적 변종은 "지하수 깊은 곳까지 침투해 들어가" 우리 사회의식 생태계를 병들게 한다. 이런 상황은 세월호 유가족들에게 비수가 되었고, 권력 자신의 영혼을 썩어 문드러지게 하는 원인으로 작동했다. 세월호 참사의 진상을 조사하고 책임자를 처벌하도록 하는 특별법 제정은 지속적인 난관에 부딪쳤고, 그 내용도 애초의 약속과 정신에 비해 허술해지고 말았다. 이후에는 조사권마저 무력화하려는 시도가 시행령을 통해 드러나 거센 저항을 받는 현실이 벌어졌다.

가해자들을 색출하고 더 이상 피해가 일어나지 않도록 하는 것은 정상국가의 기본책임이다. 이를 거부하는 국가나 정부는 민주주의 체제에서 존립 근거가 사라진다. 그런 국가나 권력은 가해자의 소굴이거나 공모자의 집단이지, 주권자 국민의 대표성을 가진 헌법상의

---

* Rachel Louise Carson, *Silent Spring*, Houghton Mifflin, 1962; 레이첼 카슨, 김은령 옮김, 홍욱희 감수, 에코리브르, 2011.

기관이 아니기 때문이다. 누구의 잘못이나 의도 때문에 이러한 비극적 희생이 결과했는지 조사하는 것은 정부의 책임만이 아니라 국민의 헌법적 권리다. 이러한 권리가 발동되는 것을 막는 자나 세력이 있다면, 그것은 가해자 당사자거나 그와 연관된 개인이나 세력일 뿐이라는 의혹을 살 수 있다.

이런 의혹이나 문제제기에서 자유롭기 위해서라도, 대통령을 비롯한 집권세력은 독립적인 진상규명 권한이 확보된 조사위원회를 구성하게 하는 것이 스스로를 위해서도 올바른 선택이었다. 그들에게 하늘을 우러러 한 점 부끄러움이 없다면, 유가족들이 줄기차게 요구하는 기소권과 수사권을 가진 진상조사위원회의 구성을 마다할 이유는 어디에도 없었다. 그런데도 그들은 그렇게 하지 않았다.

세월호 특별법의 구성 원리

세월호 특별법은 어떤 구성 원리를 가지고 있어야 했던 것일까? 첫째, 그것은 '참사 당사자 원칙에 의거한 법'이어야 했다. 가족이 희생된 당사자가 없는 세월호 특별법은 애초부터 존재하지 않는다. 세월호 특별법의 모든 존재근거와 발상은 여기서 시작되고 마무리된다. 그것을 벗어나려는 일체의 시도는 당사자 배제일 뿐이다.

진상조사위원회에도 참여시키고 추천권한도 주려는데 무슨 말이냐고 반론할 수 있다. 당사자 포함 아니냐는 논리다. 자, 그렇다면 이런 경우는 어떻게 보는가? 여성에 대한 불평등을 시정하기 위한 법을 만든다고 하자. 여성들이 와서 발언해라, 그러나 최종 결정은 남자들이 하겠다, 그러면 이는 당사자 포함인가, 배제인가? 흑인에 대한 인종차별을 철폐하기 위한 법과 제도를 만든다고 하자. 흑인들도 와서 발언해라, 관련법 결정을 위한 인사추천권을 주겠다, 그러나 최종 결정은 백인이 한다, 이러면 이는 당사자 포함인가, 배제인가? 세월호 진상규명과 관련한 기소, 수사권을 갖는 특검 추천권을 주겠다, 그러나 최종 결정은 대통령만이 한다, 이러면 당사자 포함인가, 배제인가?

세월호 참사에 대한 조사는 법적 강제력을 갖지 못하는 한 불가능하다. 이는 이미 청문회 과정에서 입증되었다. 법적 강제력이 없는 상태에서 이루어지는 조사는 진상규명에서 멀어질 뿐이다. 진상조사위원회가 기소권과 수사권을 포함한 조사권한을 갖고 독립적인 위상을 보장받으면서 조사과정에 참여할 수 있을 때, 진상조사는 비로소 실질적 결과를 가져온다.

둘째, 왜 이런 주체 논쟁이 벌어져야 하는가? 사건의 결정적 책임자인 박근혜 정권은 조사대상에 포함되어야 하지, 조사권한을 결정짓는 위치에 있지 않기 때문이다. 이 참사의 발생 과정에서 대통령의 구조기능 마비는 너무도 분명하게 드러났다. 그런 사태가 왜 일어났는지, 누가 어떤 책임을 져야 하는지가 조사대상이다. 조사대상과 조사주체가 동일할 수는 없다. 물론 조사대상이 되었다고 해서 혐의가 확증되는 것은 아니다. 도리어 조사의 객관성, 투명성을 확보함으로써 혐의를 벗어날 수 있는 통로를 만들 수도 있었다.

한 가지 특별히 유의해야 할 바는, 대통령이 특검에 대한 최종결정권을 갖는 상설특검방식은 특별법이 이미 아니라는 점이다. 상설특검방식을 세월호 특별법에 넣고 만드는 방식은 특별법의 조사대상과 주체를 바로 세우지 못하게 하는 모순을 발생시킨다. 여당은 "피해자가 가해자를 수사하는 것은 말도 안 된다"고 말했다. 맞는 말이다. 수사권한이 없는 피해자가 가해자를 조사할 수는 없는 노릇이다. 그래서 법적 수사권한이 필요한 것이다. 그리고 유가족들의 세월호 특별법에 대한 제안은 수사권한을 피해자가 직접 가지겠다는 것이 아니라, 10년 이상의 판검사 경력이 있는 법조인을 포함한 진상조사위원회가 갖겠다는 말이니 여당의 주장은 틀렸다. 목숨을 잃은 이유를 알지 못하면, 앞으로도 우리는 이유도 모르는 채 목숨을 잃지 않겠는가? 누가 이런 사회를 원하겠는가?

'생명의 정치'가 새 정치다

그런 점에서 이제 우리는 이 사건을 통해 중대한 도전에 봉착했다. 우리의 생명과 안전을 보장하는 능력을 가진 국가를 어떻게 만들 수 있을 것인가라는 물음에 대답해야 하기 때문이다. 이는 국민 모두의 책임과 권리다. 누구도 이를 부인하거나 막을 수 없다.

2008년 미국산 쇠고기 수입반대 시위는 국민들의 건강권과 후대의 생명에 대한 중대한 문제제기였다. 그랬기에 엄마들은 아이들을 유모차에 태우고 시위 현장에 나왔다. 2009년 용산참사는 생존권에 대한 절규를 폭력으로 진압한 사건이었다. 아까운 생명들이 불타 숨졌다. 2010년 쌍용차 사태에 대한 폭력진압도 다르지 않았다. 5년이 지난 2014년에는 쌍용차 해고자 가운데 25번째 자살자가 생겼다. 국민의 생존권, 생명의 존엄성을 지켜내지 않는 권력의 무책임과 횡포가 저지른 타살이다.

그동안 우리의 정치와 사회가 생명이 당하는 고통에 민감했다면, 그 고통을 어떻게든 덜어내고 함께 힘을 합쳐 생명의 기쁨을 누리는 사회를 만드는 일에 진력해왔다면, 이런 참사가 이토록 어이없게 일어났을까. 국민의 생존권, 생명의 존엄성에 대한 권리를 폭력으로 짓밟는 나라에서 생명을 구하는 제도와 장치가 제대로 가동되기는 본질적으로 어렵다. 그런 사회에서는 구조적으로 은폐된 함정에 빠져 죽는 타살이 자꾸 생겨난다.

자기 조직의 주도권에 매달리는 국가기관, 거짓말로 사태를 호도하는 정부, 책임전가에 급급한 고위관료들, 자본의 이익에 휘둘려 공적 가치를 희생시키는 민영화 정책의 비극적 결과, 취재가 아닌 홍보와 진상 감추기나 왜곡에 몰두하는 언론방송들(이들은 국가권력과 밀착된 국가기구의 일부라고 봐야 할 것이다), 그리고 국민의 고통에 공감을 보이지 않은 최고권력자의 모습은 모두 정상적인 국가 기능을 작동시키지 못하게 하는 요인들이다. 세월호 침몰현장에 갇혀 구조를 기다렸던 긴급구조 대상자들에게 이렇게 초현실적으로 무력한 대응을 한 국가권력을 그대로 둔 채 생명의 정치가 가능해질까.

애도 기간이 끝나면서, 국가권력은 희생양을 찾기 위해 분주했다. 침몰하는 선박에서 일어난 또 다른 탈주다. 르네 지라르가 말했던 것처럼 자신에게 쏟아질 화살을 피하기 위해 "권력의 공모가 만들어내는 희생양"을 선택해놓고, 자기의 책임에서 도주하는 자들이 출몰한 것이다. 분노의 과녁을 조작하고 이 사건을 덮을 새로운 사건을 만들어낼 궁리를 하며, 유언비어 유포니 뭐니 하면서 국민의 입을 막을 방책을 꾸미려 들었다. 이건 명백한 범죄다.

혁명이 절실한 시대

프랑스혁명의 구호는 'liberte, egalite, fraternite'였다. 자유와 평등 그리고 형제애 또는 연대라고 번역될 수 있는 단어들이다. 공화정의 철학적 기초이자 사회적 가치의 선언이다. 자유와 평등 그리고 인간과 인간 사이의 사랑과 우애를 가로막는 일체의 것들은 구체제(앙시 앵레짐, ancien regime)임을 선언하고, 또한 인류가 지향해야 할 미래는 무엇인지를 밝힌 것이다.

이 세 가지는 각기 독립적으로 따로 존재할 수 없다. 인간이 평등하지 않다고 믿는 사회에서 자유는 개인별로 각기 다를 수밖에 없고 특권은 존속한다. 자유가 발휘되지 못하는 사회에서 평등의 조건을 말하는 것은 위험해진다. 권력의 폭압 앞에서 개인은 약하기에 연대의 힘을 갖지 못하면 민주주의를 기대할 수 없게 된다.

우리도 이러한 공화정의 역사적 전통에 따라 세운 민주공화국이다. 그런데 현실은 어떤가? 자유는 제한적이고 특권은 지속되고 있으며, 불평등의 현실이 거론되지만 평등의 가치와 실천은 불온한 사상과 이념으로 몰린다. 연대는 불법시위 규정과 제3자 개입불허라는 장치를 통해 봉쇄되고 있다. 민주공화국을 가로막는 앙시앵레짐이 여전히 작동하고 있는 것이다. 그렇다면 무엇이 필요해지는가? 당연히 혁명이다.

혁명을 꿈꿀 수 없고, 기대할 수 없는 시대가 되었다고들 말한다. 그럴까? 혁명적 의식과 혁명적 인간이 출현하면 그것이 바로 혁명이다. 부당한 권력에 불복종하고, 부패한 집권세력에게 등을 돌리며 조작된 언론에 기만당하지 않고 고통당하고 있는 이들과 함께 하는 연대를 확산시키는 이들이 늘어나면, 그게 세상 바뀌는 일이다. 혁명의 양식과 방법이 달라졌을 뿐, 오늘 우리는 혁명이 절실한 시대를 살고 있지 않은가?

게으른 '신'이 세상을 죽인다

다시 말하노니, 우리는 누군가에게 '신'이다. 신의 자리는 결코 쉽지 않다. 국가와 그 국가의 수반은 가장 어려운 신 가운데 신의 자리다. 아무나 욕심난다고 감당할 자리가 아니다.

교육운동가이자 시인인 이수호가 쓴 「신의 손」이라는 시가 있다.

강남 변두리
재개발에도 밀린 허름한 빌딩
손바닥만 한 사무실 구석 창가
컴퓨터 모니터 자판 하나로도 가득한
작은 내 책상 모서리에
누가 가져 왔더라
빨간 선인장 한 알
먼지 뒤집어쓰고
말라가고 있다
때로는 햇살도 들어
가끔 눈에 띌 때

침몰하는 배 안에서 구조의 손길을

기다리던 이들이 가장 두려워했던 것은 무엇일까.

물 밖에 있는 타자, '남'의 판단이 잘못되는 상황이다.

생명에 대해 둔감한 삶의 '게으른' 습관은

결국 '세상을 죽이는' 일을 아무렇지 않게 하고 만다.

우리는 더는 게으른 신이 되지 말아야 한다.

물 좀 줘야지 하지만 말고
바로 일어서서 물 한 모금만 줬어도
이렇게 죽어가지는 않을 텐데
이젠 말라 비틀어져
아예 물에 담가놔도
다시 살아나지는 못할 것 같다
이 선인장 생사가 내 손에 있는데
게으른 신이 세상을 죽이고 있다

　선인장의 생사가 자신의 손에 달려 있었구나 하는 이 뼈아픈 각성은 생명을 지닌 모든 것에 대해 우리가 지녀야 할 기본자세다. 재개발에도 밀린 허름한 빌딩 구석에 앉아 있는, 세상이 보기에 초라할지 모를 존재도 그 누군가에게는 '신'의 자리에 서 있을 수 있다는 성찰은 우리에게 주어진 책임의 무게를 깨우친다. '선인장은 물을 별로 주지 않아도 살아' 하는 식의 고정관념과 상식은 생명에 대한 폭력이 되고 만다. 때로 떠오르는 '물 좀 줘야지'라는 생각만으로 생명이 살아갈 수는 없다. 그 순간 "바로 일어서서", 그것도 "물 한 모금만 줬어도" 선인장이 이렇게 죽어가지는 않았을 것이라는 후회는 우리의 영혼을 찌른다.

　생명에 대해 둔감한 삶의 '게으른' 습관은 결국 '세상을 죽이는' 일을 아무렇지도 않게 하고 만다. 아니던가? 용산참사, 쌍용차 해고자들의 잇따른 자살, 경주 리조트에서의 대학생 몰살, 진도 앞바다의 세월호 대참사. 누군가는 이들에게 신이었으나 그 신은 게으르고 무심하며 위급한 순간에 바로 일어서지 않았다. 물 한 모금 주는 행동의 가치를 가벼이 여겼다. 그렇게 해서 세상이 죽어갔다.

우리는 더는 게으른 신이 되지 말아야 한다. 고통에 빠진 세상을 살려내야 하기 때문이다. 우리 모두의 생명과 안전을 지켜내기 위해서, 이제 우리에게 주어진 신의 자리를 우리는 회복해야 한다. 생명의 문제 앞에서 바로 일어나 물 한 모금 주지 않는 신이 될 때, 국가는 존립의 이유를 잃는다. 그 순간 그런 국가는 모두에게 재앙 자체다. 우리는 새로운 국가를 호출하기 시작해야 한다. '우리'라는 신에게 남아 있는 기회다.

방치된 죽음들, 되찾아야 할 희망
자본의 야만을 이기는 고통의 공감대

용산참사와 쌍용자동차 해고노동자들의 죽음

2009년 1월 20일, 용산에서 불길이 솟아올랐다. 불길이 오른 곳은 남일당 옥상이었다. 그곳에는 망루가 세워졌었다. 망루를 세운 지 하루 만에 경찰 특공대 진압이 있었다. 이 불길로 경찰 한 명을 포함한 여섯 명이 목숨을 잃었다.

해고 노동자들의 목소리가 담긴 책 『그의 슬픔과 기쁨』*의 한 대목이다. 이 사건은 이후 쌍용자동차 노동자들의 운명과 이어진다. "특공대와 쌍용자동차 노동자들의 운명은 곧 연결될 것이었다. 특공대원들은 쌍용자동차 파업 진압에도 동원될 것이기 때문이다. 그러나 쌍용차에 다니는 사람들은 그 누구도 2009년 1월에는 그것을 알지 못했다." 2009년 4월 8일, 쌍용자동차는 2,646명의 정리해고안을 발표했고, 이것은 쌍용차 노동자들의 고난에 찬 5년간의 투쟁의 시작

• 정혜윤, 『그의 슬픔과 기쁨』, 후마니타스, 2014.

이었다. 그 와중에 25명의 해고자가 스스로 목숨을 끊었다.

25번째 자살자는 세월호 참사가 일어나는 동안 생겼다. 아무도 그 죽음을 주목하지 않았다. 생명 가치에 대한 각성이 일어나고 있어도, 세월호 참사 쪽 죽음의 숫자가 더 압도했던 탓이다. 그러나 하나든 열이든 또는 수백이든 목숨은 다 존귀한 것이 아닌가. 자본의 기만 과 권력의 야만이 결합해서 인간을 죽음으로 몰고 가는 것은 형태만 다르지 그 본질은 동일하다. 사람보다 돈이 먼저이고, 사람보다 권력 이 먼저인 세상을 유지하려는 자들의 범죄로 인간이 살해당하는 현 실은 용산참사든 쌍용차 해고자 자살이든, 서로 다르지 않다.

쌍용차 사태 첫 번째 자살자는 비정규직이었어요. 2009년 4월 8일 이었는데 강원도 횡성의 산에서 목매달아 죽었어요.

첫 희생자였다. 그러나 이미 파업투쟁 현장에서는 인간을 인간으 로 보지 않는 자본과 권력의 폭력이 마음껏 자행되고 있었다. 해고 자의 자살은 그 결과였다.

평택공장 옥상 상공 100미터 위를 경찰, 소방, 방송헬기 등 세 가지 종류의 헬기가 날아다녔다. 징그러울 정도로 덥고, 징그러울 정도 로 비도 내리지 않았던 것으로 기억되는 그 여름, 경찰 헬기에서는 봉투에 넣은 최루액이 살포되었었다. 그해 뿌려진 최루액의 95퍼 센트 가량이 쌍용자동차 공장 옥상에 쏟아져 내렸다.

그러고 나서 투입된 특공대는 어떻게 했을까.

사람이 맞아서 떨어지는데 방패로 막 찍고 그러더라고요. 그때 심정이 어땠겠어요? 굴뚝에서 생각했어요. 우리는 살아서 내려갈 수가 없을 것 같다.

특공대는 노동자들을 거의 죽을 정도로 폭행했다. 살아서 내려온 사람들은 이후 자기 목숨을 하나씩 버렸다. 누구는 자기 집 화장실 손잡이에 목을 매 자살했고, 누구의 아내는 아파트 베란다에서 뛰어내렸다. 그 아내의 남편은 아이들을 남겨놓고 뒤따라 저 세상으로 갔다.

그렇게 2009년, 2010년, 2011년, 2012년이 지나가고 있었다. 생계가 막히고 동료들이 자살하는 현실에서 이들의 고투와 현실은 한국 사회에서 거의 철저하게 무관심과 방치의 대상이었다. 아니 그보다 더 가혹했다. 2013년 3월 3일, 자살자들을 위해 마련된 대한문 앞 분향소에 불이 났다. 방화였다. 분향소는 이후 폐쇄되었다. 죽은 이들의 목소리가 이 세상에 들리지 않게 하려는 권력의 흉계였다. 목숨을 걸고 절규했던 사람들은 존재가 보이지 않는 투명인간으로 만들어지고 있었다.

죽은 이들의 목소리를 듣고 있는가?

지금 우리는 또 다시 죽은 이들의 목소리를 세상에 똑똑하게 들려주어야 하는 현실에 처해 있다. 물론 자본과 권력은 이 목소리를 달가위하지 않는다. 이들은 시간이 지나고 망각되기를 기다릴 것이다. 자본과 권력에 봉사하는 언론은 망각을 위한 작업을 어떻게든 만들어내기 위해 머리를 짜내려 할 것이다. 그러나 이제 세월은 변하고 있다. 쌍용차 노동자들 자신도 이 5년의 시간을 통해 달라졌고, 우리 사회도 자본과 권력의 동맹과 탐욕을 용납하지 않는 쪽으로 마음을 움직여가고 있다.

한 노동자는 말한다.

대한문에 있으면서 인생에 대해 많이 배웠어요. 2009년에는 다 우리보고 잘못이라고 했는데, 이제는 쌍용차만의 문제가 아니라 우리 가족의 문제일 수 있겠다고 말을 하는 분들이 많아요.

고통의 공감과 연대가 알게 모르게 확산되고 있었던 것이다. 이 힘을 느끼면서 또 한 노동자는 지난 5년간의 슬픔과 기쁨을 이렇게 고백한다.

우리가 이명박 정권에 대항해서 혹은 어떤 정권에 대항해서 싸운 게 아니에요. 우리는 살려고 했어요. 살고 싶어요. 그리고 저는 새로운 사람이고 싶어요. 지난 5년 동안 있었던 일을 잊지 않는 새로운 사람이고 싶어요. 77일 파업이 5년 투쟁을 이어가게 한 원동력이었다면, 지금 보낸 5년이 내 삶을 이끌고 갈 원동력이었으면 좋겠어요.

이 말은 현재진행형의 의미를 지닌다. 우리가 겪는 비극은 새로운 미래를 만들어나갈 원동력으로 전환되어야 하기 때문이다.

이들의 목소리를 더 들어보자.

노동 인문학이 적극적으로 필요하다는 교훈을 얻었어요. 먼저 사람이 되지 않으면, 양심이 없으면 운동이 안 되더라구요.

우리 사회의 핵심을 찌른 말이 아닌가? "먼저 사람이 되지 않으면", 고통에 대한 공감능력이 없는 대통령, 책임의식 없는 고위관리, 탐욕스러운 기업, 윤리적 사고가 부재한 정치인과 언론인 등 무수한 야만의 주인공들이 이 사회를 쥐락펴락하게 된다. 이것은 교육의 문제이며, 정치의 문제이자 문명의 문제이다. 인간성을 바로 세우는 의식의 사회적 합의와 의지가 굳건하게 뿌리내리지 못하면, 인간의 생명을 짓밟는 폭력이 끊임없이 되풀이될 수밖에 없다.

그런 폭력을 아무렇지도 않게 휘두르는 인간이 주축이 된 곳에서는 함께 마음을 모아 협력하면서 좋은 세상을 만드는 일이 극도로 어렵다. 그렇지 않아도 2014년 2월 고등법원이 쌍용차 해고의 위법성을 들어 해고의 원천무효를 선언했으나, 11월 대법원은 이를 파기하고 해고가 적법했다는 판결을 내렸다. 우리 사회의 의식은 그동안 크게 변했지만, 법과 권력 그리고 자본의 동맹체는 생각 이상으로 공고하여, 기득권 수호를 위해 강력하게 반격하고 나섰던 것이다. 그러니 이 사건은 다시 그 발생의 기원으로 돌아가 진상을 명확히 정리해내야 한다.

『그의 슬픔과 기쁨』에서 한 해고노동자는 쌍용차 문제의 중심에는 "진실과 죽음"이 있다고 말한다. 누가, 무엇 때문에 이들을 대량 해고시켰고, 구타와 비난과 고립의 그물망에 몰아넣어 몸이 부서지게 했으며 마침내 죽음으로 몰아갔는지 진상을 규명해야 한다는 것이다.

인간의 고통에 대해 공감하는 능력을 가진 권력은 자본의 야만을 절대로 받아들이지 않는다. 그러한 자본과 동맹을 맺고, 노동자들을 짓밟고 가난한 이들을 멸시하며 억울한 죽음에 대한 진상규명을 요구하는 목소리를 억압하지 않는다. 이러한 자세를 원칙과 소신으로 갖지 않은 권력은 민주주의에서 존재할 이유가 없다. 도리어 소멸되어야 한다.

생명을 귀히 여기고 인간의 권리를 존엄하게 받아들이며, 자본과 권력의 탐욕을 절대로 묵과하지 말라는 신념이 우리의 일상적 삶이 되어야 한다. 그때 우리의 슬픔은 새로운 미래를 길어 올리는 두레박이 될 것이다. 새로운 돌파구는, 지금도 도처에서 고통을 겪고 있는 이들과 함께하는 데서 열릴 수 있다.

쌍용차 해고자 가족의 정신적 상처를 돌보는 활동을 하는 치유활동가 김미성은 2012년 9월과 2013년 3월, 『프레시안』에 기고한 글에서 이렇게 말하고 있다.

세상의 폭력 속에서 자신을 지키는 것이 불가능한 것에 좌절하고 자신을 지키는 마지막 방법 '죽음'을 강요받은 이들. 조용한 고함 '자살'의 시작이다. 오로지 자살만을 선택으로 남겨준 사회의 요구를 받아들이는 '사회적 타살'의 시작이다. 그들의 조용한 고함소리는 하나, 둘 모여 오랜 시간이 지난 지금에서야 우리들의 귓가에 쩌렁쩌렁 울려 퍼지고 있다. 정신이 번쩍 든 사람들이 모여들기 시작한다. 알아들었으니 제발 그 처절한 고함을 멈추어달라고, 그렇게 절규하는 소리를 일찍 듣지 못해 미안하다고.*

그러고 난 다음엔 어떻게 해야 하는 것일까?

저마다 다른 방식의 연대를 하며 노동자들의 옆을 지키고 있다. 관심 있게 지켜봐주는 시선, 응원을 전하는 말 한마디, 적극적인 참여 모두 하나같이 소중하고 귀한 마음에서 나온다. 자신의 '심적 갈등'을 외면하지 않는 사람들이다.

우리에게는 '심적 갈등'을 일으키는 모든 강제 행위를 거부할 권리가 있어야 한다. 동료에게 쇠파이프를 들었던 쌍용자동차 공장 안의 '산 자'들이 들을 수 있도록 외쳐야 한다. 폭력 진압에 복종했던 특공대원들에게 외쳐야 한다. 함께 사는 대신 정리해고를 선택한 쌍용자동차 이유일 사장에게 외쳐야 한다.

난 이 글을 읽는 당신에게 외치고 싶다. "우리의 '심적 갈등'을 외면하지 말고 당당히 대면하자!"고. 그래서 "노동자들을 일터로 돌려보내자!"고. 그리하여, "우리 모두 희망 지킴이가 되자!"고.**

• 김미성, 「무고한 한 명의 죽음은 전 인류의 죽음이다」, 『프레시안』, 2012년 9월 19일자.
•• 김미성, 「그들은 왜 강제퇴거를 돕지 않겠다고 선언했을까」, 『프레시안』, 2013년 3월 27일자.

인간의 고통에 대해 공감하는
능력을 가진 권력은 자본의 야만을
절대로 받아들이지 않는다.
공감과 연대는 우리 사회를
다르게 그려나가는 출발점이다.

힘과 재력으로 가난한 사람들을 생존의 벼랑으로 몰아대는데도 그대로 침묵하거나 억울한 죽음을 방치하는 사회는 희망을 지하 동굴 속에 가두어버리는 곳이 된다. 반면에 고통에 대한 공감과 그를 바탕으로 해서 만들어지는 연대는 우리 모두를 새롭게 이어줄 것이다. 공감과 연대는 우리 사회를 다르게 그려나가는 출발점이다. 미래에 대한 상상의 차원이 변모하고 행복을 추구하는 권리가 존엄하게 수호될 수 있는 사회를 향한 의지의 본거지가 만들어질 것이다. 사회적 희망의 기원이 여기에 있다.

망명의 정치학

김대중이라는 역사의 전망

고난의 이름, 김대중

맹자는 하늘이 큰 인물을 낼 때 일부러 고통을 준다면서 다음과 같이 말하고 있다.

하늘이 장차 어떤 사람에게 큰 임무를 부여하려고 할 때 먼저 그의 마음을 괴롭게 만들고 그의 뼈를 수고롭게 만들며 그의 피부를 굶주리게 만들고 그의 신체를 궁핍하게 만들어 그가 행하는 것을 어렵게 만든다. 이는 이 사람의 마음을 분발하게 하고 성질을 참게 하여 그가 할 수 없는 일을 더욱 잘 할 수 있게 해주려는 것이다.(故天將降大任於是人也 必先苦其心之 勞其筋骨 餓其體膚 空乏其身 行拂亂其所爲 所爲動心忍性 增益其所不能)*

누구나 이렇게 아픔을 겪으면서 큰 인물이 되는 것은 아니다. 넘어

---

* 『맹자』(孟子), 「고자하」(告子下), 제15장.

53

지고 짓밟혀 아예 다시는 일어서지도 못하고 마는 이도 적지 않다.

대한민국의 제15대 대통령을 지낸 김대중은 망명과 투옥, 사형과 암살의 위기를 겪은 인물이다. 그런 고난은 그에게 평생 족쇄가 되기도 했지만, 그는 이를 딛고 지도자로 우뚝 섰다. 김대중 시대에 대한 논란과 비판, 평가는 다양하나, 김대중의 정치가 고난의 풀무에서 태어났음은 누구도 부인하지 못한다. 일제강점기 중국 상해의 임시정부는 망명정부였고, 그곳의 독립운동가는 모두 망명객이었다. 그들 대부분은 귀국하고도 내부의 망명자 신세를 면치 못했고 끝내 정치적으로 몰락하는 처지가 되고 말았다. 해방정국을 주도한 미군정과 청산되지 못한 친일세력의 동맹체제가 이들을 무력화시켰기 때문이다. 그러나 김대중의 경우는 망명의 세월이 그를 무너뜨리지 못했다. 그 반대였다.

1972년 박정희의 유신체제가 긴급조치를 발동하고 마구잡이 폭력을 휘두르면서 이 나라의 민주주의는 질식사의 지경에 이르렀다. 이와 맞서는 이는 모두 죽음을 각오해야 하는 시절이었다. 유신헌법에 대한 왈가왈부 자체가 범죄로 선고되었다. 이런 상황에서 김대중은 권력의 표적에서 벗어날 수 없었다. 아니 표적 1호였다. 따지고 보면 이는 이미 예견된 바였다. 그 전해 대통령 선거에서 박정희는 간담이 서늘해진다. 김대중에게 사실상 패배하는 상황을 겪으면서 그는 좋지 못한 방향으로 독해진다. 이는 그 자신과 이 나라 전체에게 비극의 시작이었다.

김대중의 고난사는 그렇게 시작한다. 그에게 망명은 모두 합쳐 세 차례였다. 두 번은 강제적이었고, 마지막 한 번은 스스로 택한 길이었다. 첫 번째는 1972년 10월 유신 이후 1973년 8월 박정희 정권에 의해 납치되기까지 1년에 가까운 일본에서의 세월이었고, 두 번째는 1982년 12월에서 1985년 2월까지 2년 2개월의 미국 망명, 마지막은 제14대 대선에서 낙선한 이후 정계은퇴를 선언하고 영국에서 지낸 1993년의 시기다.

두 번의 망명은 그의 목숨이 어떻게 될지 모르는 상황과 관련이 있고, 세 번째는 그의 정치생명이 끝났다고 여긴 현실과 이어져 있다. 엄밀히 말해서 세 번째는 망명이라기보다 영국 수학(修學)이라고 표현하는 것이 옳을 수 있지만, 대선에서 낙선한 이후 그에게 가해진 여론의 채찍과 정치생활 종식이라는 상황을 주목한다면 자신의 뿌리와 단절된 채 이루어진 유배생활이라는 점에서 이 또한 망명과 다를 바 없었다.

정치지도자에게 망명은 그가 동원할 수 있는 현실적 영향력이 박탈되고 봉쇄되는 것을 의미한다. 그의 이름이 잊히고 그의 존재가 기억 속에서 사라지는 시간이다. 중심에 있던 존재가 변두리에 몰리고, 그가 지금까지 지탱해온 인연의 끈은 거의 모두 단절된다. 그를 망명의 처지에 몰아넣은 세력은 승자이며, 망명은 패자의 운명이다. 망명은 미래를 보장할 수 없는 낭인(浪人)의 슬픔이며, 귀향(歸鄕)의 시각은 기약이 없다. 그것은 망망한 바다 위에 떠 있는 쓸쓸하고 무력한 돛단배 한 척의 숙명과 다를 바 없다.

새로운 시대를 여는 망명의 역설

놀랍게도 역사의 무수한 지점에서 망명은 새로운 시대를 여는 역동적 사건이 되었다. 바빌론제국에 끌려간 고대 이스라엘은 강제된 망명이라고 할 수 있는 유배현장에서 고난의 시기에 대한 하늘의 뜻을 묻고 『성서』를 태어나게 한다. 『성서』 속 역사를 더 거슬러 올라가보면, 아브라함도 메소포타미아 문명의 중심에서 떠나와 망명자로서 유랑의 길을 떠났다. 그가 내딛은 발걸음 하나가 이스라엘의 역사에 첫 씨를 뿌렸다. 한편 트로이전쟁에서 패한 아이네이아스는 이탈리아 반도 라비니움에 망명처를 마련해서 로마 역사의 뿌리가 되었다. 남동생 피그말리온의 정치적 박해를 피해 망명객의 신세가 됐던 페니키아의 공주 디도는 훗날 지중해의 강국이 되는 카르타고를 세웠다.

볼테르는 영국에서 망명의 세월을 지냈고, 위고의 20여 년 망명생활은 『레미제라블』을 만들어낸다. 마르크스와 레닌도 망명객이었으며, 쑨원 또한 마찬가지였다. 프로이트와 헤세, 아렌트와 에리히 프롬, 트로츠키와 채플린, 우루과이 출신 지식인 갈레아노, 『백년의 고독』의 작가 마르케스, 그리스 출신의 영화감독 가브라스 등도 모두 망명의 시간을 보내면서 세계사적 인물이 되었고 역사의 획을 그었다.

그렇게 보자면, 김대중 대통령이 노벨 평화상을 받은 것은 단지 한반도 평화의 축을 세운 것만으로 설명되지 않는다. 그의 삶이 고통을 통과하고 난 후 새로운 방향을 잡아 인류 문명사의 거대한 흐름과 합류했기 때문이다. 핍박과 고난, 죽음의 위기와 망명의 시간 속에서 그는 인류사적 성취의 한 모범이 되어갔다. 평화는 바로 그렇게 짓밟히고 억눌리고 소멸되는 운명을 뚫고 나오는 생명의 힘으로 이루어진다. 김대중은 망명의 역설이 체화된 존재였던 것이다.

일본 망명은 김대중을 국제적 인물로 만들어내는 첫 시작이었다. 아무것도 없는 허허벌판에서, 무엇이든 필요한 행동을 용기 있게 개시할 수 있게 하는 훈련을 한 현장이었다. 살해 기도와 납치로 그 망명의 물리적 시간은 끝나지만, 역사의 진로를 선택하는 일이 목숨을 거는 일과 다르지 않음을 그로 하여금 뼈저리도록 배우게 한 공간이었고, '세계'라는 기댈 언덕을 터득하게 한 축복이었다.

미국 망명은 이 나라의 운명에 절대적 영향력을 가진 제국의 심장부에서, 할 수 있는 일과 할 수 없는 일을 학습할 수 있었던 시간이었다. 김대중은 이전에는 생각할 수 없었던 위치에 있는 동지들을 얻는다. 망명은 그에게 손실이 아니라 이득이었고, 기회의 박탈이 아니라 풍부한 기회를 가져다주었다. 결과적으로 보자면 그에게 대통령 학습을 위한 최선의 기회가 되는 과정이었으며, 이 나라 정치지도자들 가운데 가장 포괄적이고 지구촌적 규모의 안목을 가진 존재로 서게 하는 기초가 되었다.

이 시기 이루어진 미국 지도자들과의 대화와 인연은 훗날 그에게 한계로 작용하기도 했지만, 위기의 국면마다 힘이 되는 요소로 작용한 바가 도리어 더 크다. 가령 대결적 냉전주의자였던 미 중앙정보국 출신의 도널드 그레그(Donald Gregg)가 한반도 평화정책에 지지를 보내고 그를 위해 미국 정치의 온도를 바꾸어나가는 노력을 기울였던 것도 모두 김대중이 미국 망명의 시간 속에서 축적한 열매의 한 보기다.

김대중은 망명의 고난과 고독을 자신의 미래적 자산으로 전환시킬 줄 아는 인물이었다. 그는 상황에 압도당하는 것이 아니라, 상황을 자기의 역량으로 바꿔낼 수 있는 믿음과 지혜를 지닌 셈이었다. 그런 인간에게는 어떤 위기와 도전도 재난이 아니라 오히려 축복이 된다.

박정희와 김대중을 비교해보면 그 차이는 명백해진다. 박정희가 국가적 도전과 과제를 위압적인 태도와 폭력으로 대응하고 해결하려 했다면, 김대중은 대화를 통해 성찰적인 깊이로 성심성의껏 인간에게 다가가 진심으로 문제를 풀기 위해 애를 썼다. 그것은 권력의 힘을 앞세우는 인간과, 존재의 존엄성에 무게를 두는 인간 사이의 격차였다. 이 '다름'은 아직도 우리 사회가 그 진정한 의미를 깨닫지 못하는 바람에, 박정희의 유산이 칭송되는 야만이 일부에서 지속되고 있다.

'망명 아닌 망명'의 축복

김대중의 망명은 밖에서 떠돈 세월만이 아니다. 감옥에 갇히고 부당한 권력과 맞선 그 모든 것이 다 망명이었다. 망명은 기득권의 유혹에 넘어가지 않은 것이며 도리어 그에 저항하는 것이고 그로 인해 벌어지는 일체의 핍박과 고난을 기꺼이 받아들이는 것도 모두 포함한다.

제국주의 문명을 비판하고 팔레스타인의 현실을 고발하며 지식인의 양심을 끊임없이 격타한 에드워드 사이드(Edward Said)는 진정한 지식인은 망명자여야 한다고 강조했다. 그는 1993년 영국 BBC 라이스 강좌(Rieth Lecture)에서 "지식인은 내부의 국외자가 되는 길

을 택함으로써 자신의 본분을 이루어낼 수 있다"고 말했다. 이 강좌
는 『지식인의 표상』*이라는 책으로도 엮여 나왔는데, 여기서 사용한
'망명자'(Exile)란 현실의 권력과 적대적 관계를 맺는 것을 두려워하
지 않는 용기 있는 존재다.

그런 점에서 김대중은 망명을 가기 전에나 후에나 언제나 이 나라
역사에서 망명자였다. 대통령 자리에서 물러나고서도 그는 망명자
의 시선을 포기하지 않았다. 기득권에 안주하지 않았고, 권력의 선심
에 기대지 않았다. 다음은 『김대중 자서전』** 중, 그가 대통령 퇴임 후
이명박 정권에 대한 생각을 적은 일기의 한 대목이다.

이명박 당선인의 국정 운영이 걱정되었다. 과거 건설회사에 재직
할 때의 안하무인식 태도를 드러냈다. 정부 조직 개편안을 봐도 토
건업식 밀어붙이기 기운이 농후했다. ……지난 10년의 민주정부
를 생각하면 오늘의 현실이 참으로 기가 막힌다. 믿을 수 없다.
……예수님, 이 나라의 민주주의와 민생경제와 남북관계가 모두
위기입니다. 이제 저도 늙었습니다. 힘이 없습니다. 능력도 없습니
다. 걱정이 많지만 어찌해야 할지를 모르겠습니다. 예수님께서 저
희 부부에게 마지막 힘을 주십시오. 마지막 지혜를 주십시오. 나라
와 민족을 살펴주십시오.
……나는 죽을 때까지 불의와 싸울 것이다. 어찌 나 혼자 원로라고

• Edward W. Said, *Representations of the Intellectual: The 1993 Reith Lectures*, Vintag Books, 1994;
   에드워드 사이드, 최유준 옮김, 『지식인의 표상: 지식인이란 누구인가?』, 마티, 2012.
•• 김대중, 『김대중 자서전』, 삼인, 2010.

대접받으며 고고한 척 할 수 있단 말인가. 눈물을 닦고 다시 호통칠 것이다.

김대중은 영원한 망명객이었는지 모른다. 그가 권력을 쥔 것은 단 5년이었다. 그 5년의 시간 동안에도 그는 강권을 내세운 권력자가 아니라, 주류 기득권 세력의 비난을 받는 목표물이었다.

김대중은 순교자가 아닌 현실 정치인이다. 그런데도 그는 이렇게 고백하고 있다.

바른 신앙은 목숨을 걸어야 하고, 바르게 산다는 것은 어떤 어려움 이 닥쳐도 약자의 편에 서는 것이다. 나는 김철규 신부님이 토머스 모어라는 세례명을 주면서 "순교할 생각으로 정치를 해야 한다"는 말을 잊지 않고 살았다.

유토피아를 꿈꿨던 토머스 모어는 권력의 명령에 따르지 않아 헨 리 8세의 손에 처형당한다. 김대중은 처형의 순간을 고비고비 넘기 면서 이 땅의 유토피아를 위해 신명을 다한 모어였다.

김대중의 기도

김대중은 야만의 광풍이 불었던 유신체제에 항거해서 일어난 1976년 3월 구국선언 사건으로 체포되었다. 법정에서 펼친 그의 최 후진술 가운데 한 대목은 이렇게 기록되어 있다.

하느님께서 저를 감옥에 보내주신 데 대해서 감사하고 있습니다. 나는 내 경험과 양심으로 보아 마땅히 올 장소에 와 있습니다. 지금도 병에 시달리고 있습니다. 요새도 밤이 되면 서너 차례 일어나서 약을 먹습니다. 그러나 나는 해방된 기쁨에 넘치고 있습니다. 이 3·1 민주구국 선언에 참가하지 않았더라면, 또 불구속의 몸으로 이 법정에 서 있었다고 한다면 제 마음이 얼마나 괴로웠겠습니까. 옥중에 있게 된 것이 정말 감사합니다.

이때 그의 나이 52세였다. 옥에 갇혀 있으면서도 도리어 그로 말미암아 예수의 복음이 전파되고 있다며 감사하고 기뻐한 사도 바울의 편지를 읽는 느낌을 준다. 전두환 정권이 그를 다시 감옥(청주교도소)에 밀어 넣어 사형수로 지내게 했던 시절, 대전교도소에 갇혀 있던 그의 아들 홍일로부터 편지가 날아온다. 아무런 죄도 없는 아버지와 아들을 한꺼번에 옥에 가둔 기막힌 시절이었다.

하느님께서 아버지와 같이 하시며 「이사야」 48장 10절의 "보라, 내가 너를 연단하였으나 은처럼 하지 아니하고 너를 고난의 풀무 불에서 택하였노라" 하신 말씀과 같이 보다 더 귀하게 쓰려고 이 어려운 시련을 주시는 것으로 믿고 있으면서도, 저 자신 미약한 인간인 탓인지 얼마나 가슴을 졸이던 시간이었던가 생각하니 지금도 온몸이 오싹하는 것 같습니다.

김대중은 자신의 삶을 바로 이 아들이 인용한 이사야의 표현에서 나온 것처럼 풀무 불에 던져졌으나 결국 하늘이 그를 택해 역사에 세울 것이라는 믿음으로 살아온 셈이다. 김대중을 이해하는 데 '역사와 신앙'이라는 두 개의 축을 아는 것은 핵심이다. 그는 역사 앞에서 당당하고 믿음 안에서 굳건해져갔다. 무수한 오해와 비난, 야비한 음해를 겪으면서도 결국 올바른 선택을 할 국민의 지혜에 기대어 한 걸음 한 걸음 앞으로 나아갔다. 결코 쉬운 길이 아니었고, 매순간이 위태로운 모험이었다.

그의 자서전 마지막에 나오는 말이다.

한순간이라도 정신을 놓으면 목숨을 잃는 칼날 위에 섰고……파란만장한 일생이었다.……살아온 길에 미흡한 점은 있으나 후회는 없다. 나에게 가장 두려운 것은 역사의 심판이다. 우리들은 한때 세상 사람들을 속일 수는 있지만 역사를 속일 수는 없다. 역사는 정의의 편이다. 나는 마지막까지 역사와 국민을 믿었다.

자기 목숨 하나 부지하기 어렵고 정치적 운명은 벼랑 끝에 몰려 티끌이 되려는 판에도, 그가 '행동하는 양심'이라는 깃발 하나 들고 일어설 수 있었던 까닭이 여기에 담겨 있다.

그에 대한 나의 기억

1970년대를 청춘의 뜨거운 계절로 보낸 우리 세대에게 김대중이라는 이름은 민주주의와 일치하는 이름 가운데 단연 높은 봉우리였다. 그의 이름은 당시의 현실에서 불온한 단어였다. 그러나 1971년

장충단공원 대통령 선거 유세는 이미 신화로 기억되고 있었고, 김구 선생, 함석헌 선생처럼 이름 뒤에 '선생'이 붙는 유일한 정치인이었다. 이후 김대중은 일본과 미국에서 망명객으로 지내면서 그가 있는 현장마다 소용돌이를 몰아치게 했다. 억압적인 언론 환경에서 간간이 들려오는 그런 소식은 우리를 흥분하게 했다.

그를 언제쯤 마주 대할 수 있을까 했던 차에 참으로 시간이 오래 흘러 1994년 마침내 기회가 있었다. 정계은퇴를 선언하고 영국에 체류하다가 귀국했던 김대중은 미국 유니언신학대에 유니언메달 수상 강연을 하러 왔다. 당시 나는 그곳에서 박사과정을 마치고 있던 중이었다. 지팡이를 짚고 나타난 그는 중간중간 막히면 통역의 도움을 받았지만 최선을 다해 영어로 말했다. 발음은 다소 서툴렀지만, 민주주의와 인권에 대한 진심이 담긴 진지한 강연이었다.

그런데 질문시간에 그의 답변이 통역으로도 충분하게 전달되지 않자 그는 좀 답답해하는 표정을 지었다. 통역의 영어를 그는 충분히 알아듣고 있었던 것이다. 나는 발언권을 얻어 그의 답변의 요지를 좌중에게 영어로 다시 전달했다. 그의 진정한 마음이 최대한 정확하게 전달됐으면 하는 생각에서였다. 강연이 끝나고 인사를 나눌 때 그는 조용히 웃으며 고개를 끄덕였고, 이희호 여사도 고맙다면서 특별히 관심을 보여주었다.

두 번째 만남은 대통령 퇴임 이후인 2004년 동교동 자택에서였다. 2003년 노무현 정부 출범 이후 일어난 대북송금 특검에 대해 내가 매우 신랄하게 비판하고, 김대중 대통령의 햇볕정책을 변호하면서 향후 한반도 정책의 안정적 관리를 위해 대북 관련 비밀사안에 대한 30년 후 공개를 주장한 이후였다. 사실 김대중 대통령 재임 시절 나는 그의 한반도 정책에 대해서는 열렬한 지지를 표했지만 경제정책에 대해서만큼은 신자유주의적 폐해가 있다는 이유로 냉정하게 비판했고, 이에 대한 청와대의 심기가 여러 경로로 내게 전해지기도 했던 터였다.

몸이 많이 불편했던 김대중 대통령은 퇴임 이후 투석치료를 받고 있었다. 자택에서 마주한 그는 무척 쇠약해진 상태에서 예의 서생의 문제의식과 상인의 현실감각이 조화를 이루어야 하는 현실정치의 논리를 역설했다. 그러나 어느새 많이 늙은 모습이었다. 마음이 아팠다. 대통령이 되기 전에는 우군이었던 진보세력의 날선 비판을 겪으면서 힘들었던 마음과 현실에서 대통령으로서 감당할 수 있는 한계에 대한 고뇌를 털어놓는 이야기였다.

그러면서도 그는 내가 그토록 비판했던 것에 대해서는 한마디도 섭섭했다는 기색을 보이지 않았고, 이희호 여사는 대북송금 특검에 대해 비판해준 것에 고맙다는 뜻을 표했다. 그와 관련해서 내가 썼던 글들이 크게 위로와 격려가 됐다는 요지의 이야기를 들었다. 내 글을 두 분이 다 챙겨서 읽었다는 사실에 놀랐고, 자신의 햇볕정책에 대한 자부심과 그것이 상처 난 현실에 그가 얼마나 괴로워했는가를 느낄 수 있었다.

'김대중'이라는 역사의 전망

김대중 대통령 살아생전에 이것은 아니지 않느냐고 할말도 많았고, 대들 일도 적지 않았고, 정색을 하고 나서서 가로막고 싶은 일

김대중은 망명의 역설이 체화된 존재였다.

언제나 망명자의 시선을 포기하지 않았다.

기득권에 안주하지 않고, 권력의 선심에 기대지 않았다.

핍박과 고난, 죽음의 위기와 망명의

시간 속에서 그는 인류사적 성취의 한 모험이 되어갔다.

도 없지 않았다. 하지만 지나고 보니 그만한 대통령이 있겠나 싶은 생각이 더욱 깊어진다. 김성재 김대중도서관장의 말에 나는 아무런 토를 달지 않고 동의한다. "우리는 아직도 김대중의 진가를 잘 모른다."

세월이 흐르고 그가 이미 고인이 된 현실에서 생각은 참 많이 달라진다. 어느 인간이 약점이 없겠으며, 과오 또한 없겠는가? 그는 어느 모로 보나 용감하고 진지했으며 견고한 믿음을 가지고 이 나라의 위기를 온몸으로 겪고 돌파해낸 지도자였다. 대통령 자리에서 물러나서도 이 나라의 현실에 책임감을 느끼고 주저함 없이 발언했다. 안락한 노후와 말년의 안식을 누려도 됐던 그는 정의롭지 못한 현실에서 결코 침묵하지 않았다. 불의한 권력 앞에서 어떻게도 할 수 없거든 "담벼락에 대고 욕이라도 해야 할 것 아닌가?"라는 말을 남긴 그다.

인간이 진정으로 타자에게 이해받는다는 것이 얼마나 어려운가? 우리의 현대사에서 김대중만큼 오해와 모략으로 오랫동안 상처 받은 정치지도자가 있을까? 이에 굴하지 않고 자신의 임무를 최선을 다해 마친 그는 훌륭하다. 이런 이야기가 나오는 것은 그가 역사와 국민을 굳게 믿은 대가일 것이다.

저 혹독한 시절 '망명의 계곡'에서 우리는 '김대중'이라는 역사의 전망을 얻었다. 이것은 이제 결코 사라지지 않을 우리 모두의 빛나는 자산이다. 억울하게 배척당하고, 몰리고, 쫓겨나고, 죽음의 문턱 위에 서면서도 쓰러지지 않았던 한 인간의 모습에서 우리는 나약해질 수 없는 자신의 모습을 되돌아보게 된다. 그것은 김대중 시대에 대한 역사적·사회과학적 평가와는 다른 차원에서 존중되어야 할 감동이다. 그 감동의 힘은 우리에게 현실을 이기는 능력이 된다. '망명의 정치학'은 '희망의 정치학'을 위한 기본교재다.

제2부   망각과의

싸움

시간이 지나면 아무리 힘들고 괴로웠던 일도 어느 정도는 잊게 마련이다. 그렇지 못하면 인간은 기억의 악몽에 시달리게 된다. 그래서 망각은 인간의 삶에 축복이기도 하다. 하지만 망각이 누군가에 의해 다른 목적을 겨냥하고 의도된다면 상황은 달라진다. 진상을 은폐하고 진실이 제 목소리를 내지 못하도록 하기 위한 '망각의 유포'는 정치적 죄악이다. 범죄현장에서 도주하고 증거를 인멸하려는 것과 다르지 않기 때문이다.

역사와 관련한 논쟁이 어느 시대에서나 뜨거울 수밖에 없는 것은 그것이 과거에 한정된 격돌이 아니라 현재와 직결되는 질문이 되기 때문이다. 지나간 과거를 다시 들여다보고 이전에는 미처 눈여겨보지 못했던 대목을 새롭게 짚어낸다거나, 또는 현재의 문제가 어디에서부터 비롯되었는지를 아는 것은 망각 위에서 기득권을 누리는 세력에게 위협이 된다. 기억은 이들에게 본질적으로 불온하다. 기억의 삭제나 조작은 권력유지에 필요한 정치공학이 된다.

하지만 역사에서 희생된 이들의 입장에서는, 기억을 다시 추스르는 것은 이들의 한을 풀어주고 정의롭지 못한 현실을 바로잡는 첫걸음이다. 예전에 일어났던 일을 되짚는 '과거의 복기(復記)'는 사실관계에 대한 격론과 함께 이념과 사상, 철학과 가치관의 투쟁이 벌어지는 현장이다. 무엇이 옳고 그른지에 대한 윤리적 논전과 앞으로 나아가야 할 바에 대한 선택이 여기에 걸려 있기 때문이다.

가령 식민지 근대화론자들이 펼치는 주장은 어떻게 봐야 하는가? 근대화라는 역사적 변화를 얻었으니 식민지 지배를 그렇게 부정적으로만 볼 일이 아니라는 식의 논점은 그야말로 끔찍하다. 인간의 희생을 가볍게 보기 때문이다. 1980년 광주에서 저질러진 학살도 이후의 권력에 대한 평가에서 결정적 기준이 된다. 이처럼 역사를 기억하고 성찰하는 것은 현재의 문제를 읽고 해결의 방법과 방향을 정하는 바탕을 만드는 일이다.

권력은 이런 움직임을 어떻게든 막고 나선다. 이미 다른 질문이 필요치 않은 답이 내려진 사태로 정리하고, 권력의 생각과 다른 책을 펴서 읽지 않도록 만들고자 한다. 2012년 대선과정에 개입한 권력기관의 정치공작도, 냉전의 족쇄에 희생당한 무수한 이들의 삶과 죽음도 그런 보기들이다. 2015년 역사교과서 국정화 결정은 이런 움직임의 총합이었다. 억울하게 죽어갔거나 처벌당했거나 또는 침묵당한 이들의 목소리가 되어주는 역사가 우리에게 절실한 이유가 여기 있다.

이것은 망각을 재촉하거나 강요하는 힘과의 치열한 싸움이다. 이 싸움은 무엇보다 먼저 우리의 뇌를 보호하고 우리의 미래를 지켜내는 생존투쟁의 최전선에서 벌어지는 사건이다. 권력에 의한 뇌수술을 당하지 않으려거든, 사회적 망각을 확대재생산하는 세력, 구조와 정면으로 마주할 일이다.

국정원 대선 개입과 민주주의
2012년 대선과 권력에 대한 감시

국정원의 주권왜곡

국정원의 대선개입 공작 문제는 2013년 한해의 중대 정치현안이었다. 한국 민주주의의 근본에 대한 도전과 질문이 던져졌던 것이다. 민주주의의 근간인 주권자의 의사를 왜곡시키고, 불법적이고 부정한 방식으로 권력을 창출하는 역할을 국가의 주요기관인 국정원이 조직적으로 떠맡고 나섰기 때문이다. 이들의 선거법 위반은 명백했다. 이는 무엇보다도 공정선거를 파괴한 범죄행위였다.

그런데 2014년 9월, 법원은 이 사건의 관련자들에게 선거법 위반에 대한 무죄를 선고했다. 선거기간의 활동이었으나 선거활동 자체는 아니었다는 논리가 그 중심에 있었다. 이에 대해 말장난과도 같은 견강부회(牽强附會)라는 비판이 거세었다.

국정원이 지난 2012년 대선과정에서 핵심적으로 한 작업은 댓글 유포에 의한 여론조작과 NLL문건 유출을 통한 냉전정치였다. 이 두 가지는 하나로 통합된다. 그것은 박근혜 당시 후보의 최대 경쟁자인 문재인 후보 낙선이었다. 이를 위해 '종북좌파'라는 '안보위험 세력'

이라는 낙인찍기가 작동했다. 선거기간 중에 특정인의 낙선과 당선을 목표로 한 여론조작은 당연하게도 선거법 위반이며, NLL문건 유출도 국가기밀 파손행위로 모두 사법적 처벌의 대상인데, 이후 대통령 자리에 앉은 박근혜는 이에 대해 자신의 책임이 없다는 논리로 일관했다.

여기서 우리가 발견하게 되는 것은 우선, 박근혜 대통령은 자신의 관련 여부와 관계없이 국정원의 선거개입이라는 민주주의 유린 사태에 대해 전혀 격노하거나 문제의식이 없다는 점이다. 자신이 무관하다면 아무런 논란거리가 되지 못한다는 주장인 것이다. 하지만 이는 공적 사안에 대한 국정 최고 책임자의 자세가 아닐 뿐만 아니라, 그에게 민주주의 수호에 대한 기초적 인식조차 없음을 보여준 태도였다.

국정원의 댓글 사건은 댓글로 선거 결과가 달라졌으리라는 분석과 논리에 따른 문제제기가 아니다. 이를 통해 결정적으로 확인된 중대 문제는 정보기관이 민주주의의 기본 작동방식을 교란시켰다는 점이다. 그리고 대통령이 이에 대해 일체의 문책과 국정원에 대한 개혁 의지를 보이지 않았다는 사실이다. 이는 대통령 자신이 국정원에게 민주주의를 파괴하는 면허를 주는 셈이 된다. 이렇게 사태가 굴러가면, 민주주의 유린사태에 대한 정치적 교정이 외면당하는 것은 물론이고 민주주의 파괴를 조장하는 결과를 가져올 뿐이다. 어떤 민주주의 국가도 대통령에게 민주주의 유린 사태를 방조하거나 또는 그것을 도모할 권리를 주지 않는다.

공직선거법 제82조에는 정보통신망 이용 허위사실 유포·비방금지 항목이 있으며, 제85조는 공무원 등의 지위 또는 직업적 관계 등을 이용한 선거운동을 금지하고 있다. 게다가 제60조는 국가 공무원(기관, 단체 포함)이 선거에 대한 부당한 영향력의 행사 및 기타 선거 결과에 영향을 미치는 행위를 하여서는 안 된다고 되어 있다. 제9조에는 이러한 사실이 드러나면 검찰은 신속하게 이를 단속, 수사해야 한다고 되어 있으며, 특히 정보통신망을 이용해서 허위사실이나 비방을 하지 못하게 되어 있어 이러한 행위는 불법행위가 된다. 또한 제255조는 이러한 불법 행위자에게 3년 이하의 징역이나 6백만 원 이하의 벌금형에 처하도록 하고 있으며, 당선인이 관련되어 있는 경우 제264조는 징역 또는 1백만 원 이상의 벌금형이 선고되면 당선 무효가 되게 되어 있다. 따라서 국정원은 이미 드러난 댓글 공작을 통한 대선 개입의 사실만으로도 불법선거에 따른 사법적 조처의 대상이 된다.

그런데 일부에서는 국정원 댓글이 지난 대선의 당락에 중요한 영향을 미치지 않았다고 논리를 내세운다. 즉, 영향을 미친 수준을 놓고 문제를 삼아야 할지 말지를 결정해야 한다는 주장이다. 만일 이 말이 옳다면, 앞으로 우리는 선거사범에 대한 단죄를 선거에 얼마나 영향을 미쳤는가에 따른 과학적 측정과 통계분석에 의거해서 해야 할 것이다. 불법선거 현행범도 그 당장에는 놓아줘야 한다. 당락에 대해 얼마나 결정적인가를 확인하고 나서야 문제를 삼아도 삼아야 하는 쪽이 옳은 것이 되기 때문이다. 그러나 선거법 위반은 영향 이전에 행위 자체를 문제 삼고 있다는 사실을 명확히 알아야 한다.

선거 때에는 인터넷 언론에 댓글 하나 달아도 실명제가 적용된다.

그런데 자신의 실체를 숨기고 조직적으로 여론조작 작업을 한 자들과 이를 지휘한 자들의 범죄를 당락에 얼마나 영향을 미쳤는지를 따져보고 논란을 해도 하자면 선거법의 존재 의미는 무엇일까? 또한 그 영향의 정도를 정확히 측정할 수 있는 방법이 있기는 있는 것인가?

'처치 위원회'의 활동과 그 역사적 의미

1970년대 미국은 국내외적으로 거대한 소용돌이 속으로 휘말린다. 빨갱이 사냥 광풍인 매카시즘을 무기로 삼았던 냉전정책에 일대 변화를 가져오는 전환점이 생겨난 것이었다.

1945년 제2차 세계대전 종식과 함께 시작된 냉전체제는 처음부터 민주주의와 적대관계였다. 전쟁이 끝나면서 닥쳐온 군수산업의 위기를 '새로운 적'을 만들어 대응해나간 미국의 지배 엘리트들은, 진정한 평화를 기대했던 미국 시민들의 반발을 국가안보의 명분으로 억누른다. 냉전정책을 반대하는 사람들은 미 하원 '비미국인 활동 위원회'(Un-American Activities Committee)의 조사대상이 되었고 사회적 매장을 당했다. 이른바 '안보국가'(Security State)의 등장이었다. 시민의 권리를 우선하는 민주주의의 원칙과 기득권 세력의 방어를 숨겨진 목표로 가진 국가안보 논리 이 두 가지는 이후 지속적인 대결상태에 있었다. 1970년대는 이 두 축이 결정적으로 충돌한 때였다.

이 시기, 미 중앙정보부 CIA와 연방수사국 FBI가 각기 해외의 국가 지도자들을 암살하고 쿠데타를 기획·지휘하고 국내 정치에 개입하면서 언론인과 인권운동 지도자 등을 수십 년간 비밀사찰해온 사실이 드러나면서 '미국 민주주의의 위기'가 집중 거론되기 시작했던 것이다.

이와 같은 국가기관의 민주주의 파괴행위 내용을 구체적으로 규명하고 이를 제도적으로 바로잡아나간 것이 다름 아닌 1975년에서 1976년까지 활동했던 미 상원 '처치 위원회'(Church Committee)였다. 아이다호 출신 상원의원 프랭크 처치(Frank Church) 위원장의 이름을 딴 이 위원회의 공식 기능에 대한 명칭은 '정보활동에 관한 정부의 운영정책 검토 소위원회'였다.

이에 앞서 베트남전쟁 반대 시위가 절정에 이른 1971년, 미 연방수사국 FBI의 민간인 사찰 사건이 시민운동 단체에 의해 최초로 폭로된다. 마틴 루터 킹을 비롯해서 심지어 아인슈타인까지 비밀리에 사찰한 FBI의 '코인텔프로'(COINTELPRO: 방첩 프로그램 Counter Intelligence Program의 약자)가 세상에 그 진상을 드러낸 순간이었다. 베트남전쟁 반대운동을 정치적으로 탄압하기 위한 작전의 일환이었다. 그러나 이 작전의 실체가 드러난 사태는 아직 대중적 반응을 고조시키는 단계에 이르지 못했다.

이 시기, 또 하나의 중대한 문건 하나가 공개된다. 미 국무성에서 베트남전쟁 종결과정에 관여했던 하버드 대학 경제학 박사 출신의 대니얼 엘스버그(Daniel Ellsberg)가 베트남 비밀개입 전략을 상세하게 기록한 비밀문서 「펜타곤페이퍼」를 유출, 폭로한 것이었다. 케네디와 존슨 정부에서 국방장관을 지냈던 로버트 맥나마라(Robert McNamara)가 작성을 지시한 이 문서에는 CIA가 베트남 정정을 어떻게 관리하고 쿠데타를 진행시켰으며, 어떤 암살행위와 민간인 학살에 관여했는지가 고스란히 적혀 있었다. 미국인들은 「펜타곤페이퍼」의 내용을 읽고는 엄청난 충격에 빠져든다. 하지만 그 진상을 충분히 파악하게 된 것은 여전히 아니었다.

한편 1971년 8월에는 1944년 이래 브레튼우즈 체제의 약속에 따라 금 1온스당 35달러에 교환해주던 금 태환 시스템이 붕괴된다. 제2차 세계대전 종전 이후 마구 찍어낸 달러 인플레로 생긴 위기에 이런 대처 방법을 쓴 닉슨 정부의 정책에 전 세계가 경악한다. 그 다음해인 1972년 2월, 닉슨 대통령의 중국 방문은 또 하나의 충격과 변화를 예고했다. 소련과의 대치전선에서 돌파구를 찾던 미국은 중국과의 수교로 국제정치의 균형점을 확보하는 동시에 미국의 헤게모니 동요를 저지하는 대책을 마련했던 것이다.

「펜타곤페이퍼」, COINTELPRO, 베트남전쟁 반전운동 등의 기사는 닉슨과 마오가 베이징에서 서로 악수하는 사진 하나로 일거에 대중적 관심권 밖으로 밀려난다. 당연히 닉슨은 이런 대외적 행보에 자신감을 갖게 되고, 재선 준비팀을 가동시켰다. 그러나 그는 무리수를 쓰고 만다. 1972년 6월 워터게이트 사건이 바로 그것이었다. 미중관계 정상화라는 외교적 성과를 내세운 지 겨우 4개월만이었다. 민주당 전국 위원회 사무실이 있던 건물에 전 CIA 요원들이 비밀리에 잠입, 선거관련 서류를 탈취하고 도청장치를 설치한 이 사건은 그 이듬해 닉슨의 관여가 구체적으로 드러나면서 그를 압박하기 시작했고, 결국 그의 몰락을 가져왔다. 이와 동시에 미 정부의 권력기관에 대한 의회의 대대적인 조사에 발동이 걸리는 계기가 되었다.

닉슨은 그의 후임 포드에 의해 사면받기는 했으나, CIA, FBI, 국가안보국 NSA(National Security Agency) 등은 의회의 감독과 관리 대상이 되었다. 안보국가의 기능과 조직에 대한 전면적인 조사가 이루어지게 된 것이었다. 처치 위원회 보고서는 그 서문에 위원회 설립과 역할을 다음과 같이 정리하고 있다.

이 위원회 설립 결의의 가장 중대한 강조점은 미 정부기관의 정보 활동이 '미국 시민들의 권리'를 위협했는가의 여부에 있다.

처치 위원회는 국가안보가 중요하기는 하지만, 이에 대한 의회의 감독과 관리가 제대로 이루어지지 못할 경우 미국의 수사기관, 정보기관이 법적으로 정당한 집회와 정치적 의사표현을 억압하고 그 권리를 유린해온 것도 사실이라고 강조했다. 따라서 새롭고 강력한 통제 수단이 법으로 강구되지 않으면 이들 기관의 활동으로 "우리의 민주사회가 위협받고 미국 사회의 본질 자체를 근본적으로 바꿀 수 있다"고 밝혔다.

냉전정책에 휘둘려 의회가 정부를 감시하는 기능에 소홀했다는 반성이 짙게 깔려 있는 이 내용은 세 가지 유형의 활동을 그 조사대상으로 삼았다. 첫째는 프락치 잠입, 도청, 편지 뜯어보기 등의 비밀사찰활동, 둘째는 이렇게 수집된 정보를 대중적으로 확산해서 목표가 되는 개인이나 단체를 공공의 적처럼 만들어버리는 행위, 그리고 셋째는 목표가 되는 개인과 단체를 파괴하거나 사회적으로 추방당하게 하는 비밀활동 등이다.

처치 위원회가 집중한 질문들은 정리해보자면 다음과 같다.

1. 정부의 어떤 기관이 민간인 사찰에 관여했는가?
2. 얼마나 많은 수의 미국 시민들이 미 정보기관의 사찰 목표가 되었는가?
3. 정보기관의 사찰 기준은 무엇이었는가?
4. 단지 정치적 견해가 다르다는 이유로 사찰대상이 되기도 했는가?
5. 목표가 된 시민들의 사적 생활과 관련된 정보도 수집되고 이것이 그 개인의 삶을 훼손하는 데 이용된 적이 있는가?
6. 정보기관이 사찰 대상이 된 단체나 개인의 신뢰를 파손하고 그 조직이나 개인의 삶을 파괴하는 활동을 한 바 있는가?
7. 상부기관의 명령에 따른 행위였는가, 또는 독자적인 행위였는가?
8. 정보기관은 법치에 대해 어떤 자세를 가지고 있는가?
9. 정부와 의회는 정보기관을 통제하고 책임을 묻는 조처를 얼마나 취해왔는가?
10. 전체적으로 봐서, 3권 분립과 견제와 균형의 원칙이 정보기관 통제에 제대로 작동했는가?

CIA는 기본적으로 국내활동이 금지되어 있었는데 FBI의 COINTELPRO와 같이 카오스(CHAOS)라는 이름의 국내 사찰활동을 벌인 것도 조사과정에서 드러났다. 이 기관들의 불법행위는 당시 미국 시민들의 상상을 초월하는 것이었다. 마피아를 동원해서 카스트로 제거 계획을 세웠다거나, 미국 시민들을 대상으로 본인도 모르게 심리통제 약물시험을 했다든지, 또는 반전 운동가들에 대해 도청을 비롯한 대대적인 비밀사찰과 언론에 비난 기사를 싣게 해서 이들의 대중적 영향력과 신뢰를 훼손시키기도 했다. 또한 그렇게 해서 이들을 실직하게 만들거나 결혼생활까지 파괴하는 악의적인 편지 보내기 등으로 광범위한 국내정치 개입과 시민들의 권리를 유린하는 작업을 일상적으로 벌였던 것이다.

지속적인 권력 감시만이 민주주의를 지킨다

이후 CIA와 FBI는 대수술을 받게 되었으며, 이들 기관의 범죄에 대한 법정까지 따로 만들어졌다. 1976년 포드는 처치 위원회의 요구에 따라 대통령령 11905호를 통해 대외정보기관에 대한 의회의 감독과 암살을 비롯해 제3국에 대한 비밀개입을 금지하는 조처를 취했으며, 1978년 지미 카터는 대통령령 12036호를 통해 더욱 강화된 정보기관 감독 법률을 시행했다. 그러나 1981년 레이건은 대통령령 12333호로, 처치 위원회의 결정을 완전히 뒤엎어 정보기관의 기능을 확대강화하고 CIA를 비롯한 정보기관의 요청이 있으면 미 연방정부기관은 정보제공에 최대한 협조하도록 만들었다. 군사주의를 앞세운 네오콘의 태동이 이루어진 시기였다. 그리고 이들 네오콘이 권력을 쥐는 부시 때에는 대통령령 13470호를 바탕으로 정보기관의 기능을 최강으로 확대하는 역전이 일어났다.

한 가지 여기서 주목할 것은, 이러한 권력기관의 민주주의 유린을

어떤 민주주의 국가도 대통령에게

민주주의 유린 사태를 방조하거나 또는

그것을 도모할 권리를 주지 않는다.

권력은 방치하면 언제든 우리를 공격한다.

권력에 대한 끊임없는 감시만이

자유를 지켜낼 수 있는 사회적 능력이다.

최소한 1950년대부터 20여 년 동안 꾸준히 저질러왔다는 사실이다. 역대 대통령들이 이를 정치적으로 이용한 것은 물론이다. 따라서 의회의 일상적인 감시와 통제, 언론의 비판기능 그리고 무엇보다도 시민들의 깨어 있는 의식과 문제제기가 있지 않고는 이러한 기관의 민주주의 유린사태는 반복될 수밖에 없었다. 국민의 감시망에서 벗어난 국가안보논리는 꾸준히 민주주의를 위협해왔다. 그렇지 않아도 이미 부시의 대 테러 전쟁 과정에서 시민들에 대한 권력기관의 비밀 사찰활동이 다시 문제가 되었고, 미국 민주주의의 위기가 재론되었다. 의회가 손을 놓고 있는 순간, 안보논리는 언제든 민주주의를 야금야금 갉아먹고 만다.

역사를 망각하지 않은 시민에게 민주주의는 살아 움직인다. 미국의 역사소설가이자 문명비평가 고어 비달(Gore Vidal)은, 미국은 "아메리카 합중국"(United States of America)이 아니라 "망각의 합중국"(United States of Amnesia)이라고 한 적이 있다. 이렇게 되는 순간 민주주의는 비틀거린다.

박정희 정권 시절 중앙정보부로부터 안기부를 거쳐 지금의 국정원 그리고 검찰 등 권력기관의 민주주의 유린에 대한 조사, 감시와 이들에 대한 강력한 민주적 통제가 절실하다. 처치 위원회의 활동은 오늘날 한국 국회와 시민사회에 중요한 역사적 참고가 되어야 한다. 민주주의는 과연 무엇과 싸우면서 자라나는지 우리는 이를 통해 깊이 깨닫게 될 것이다. 권력은 방치하면 언제든 우리를 공격한다.

권력에 대한 끊임없는 감시만이 자유를 지켜낼 수 있는 사회적 능력이다. 권력이 동원하는 비밀기관의 민주주의 파괴공작은 아무리 시효가 지나도 끝까지 추적하고 징벌하며, 교정의 원칙을 관철하는 것은 민주주의의 주권발동에 반드시 필요한 헌법적 권리다. 군까지 포함하여 선거에 개입한 국정원의 주권유린은 언제건 다시 그 조사의 뚜껑이 열려 진상을 더욱 명확히 규명하는 날이 올 것이다.

분단체제의 법정신
'송두율 사건'의 경우

비미국인 수색과 지식인의 체제순응

냉전시기 '비미국인 활동 조사위원회'라는 것이 있었다. "너 정말 미국인 맞아? 애국자 판정이 필요해" 하는 취조를 담당하는 조직으로, 이른바 미국의 국익을 배반하는 '반역자'를 가려내고 축출하겠다는 미 의회 내의 조사기구였다. 1938년에 잠정적으로 만들어진 이 기구는 제2차 세계대전이 끝난 1945년에는 상시체제로 변했다.

미국은 전시에는 동맹이었던 소비에트연방(소련)과의 세계적 대치구도를 심화시키는 냉전정책에 대한 내부의 비판 세력을 제거하기 위해 이 기구를 가동시켰던 것이다. 물론 내세운 명분은 전후 미국의 내부를 이념적으로 교란시키고 외교적 실패를 뒤에서 만들어내는 세력을 색출하겠다는 것이었다. 냉전시대의 진영전(陣營戰)에서, 미국의 절대적 정당성을 엄호하는 것이 모두의 이익이라는 '광란의 프로파간다'는 이렇게 확산되었다.

'반역자 만들기 폭풍'에서 살아남으려면, 경계선 이편에 대한 '충성심'과 경계선 저편에 대한 '적개심' 또는 '전향'을 공개적으로 확인하는 작업에 따라야 했다. 가령 미국의 제국주의 외교정책, 노동탄압 역사, 독점대자본의 횡포 등을 고발하는 진보적 교육운동을 탄압하기 위해 당시 미국은 교사들에 대한 연방정부 차원의 충성심 조사 프로그램을 가동했다(트루먼 대통령령 제9835호).

이 과정에서 진보교육자들에 대한 사회적 매장을 비롯해서 생계 위협을 통해 무수한 '전향자'들을 만들어냈다. 이로써 군사주의 세력과 독점대자본이 장악한 미국 주류사회에 대한 대중의 충성심이 확보되었고, 새로운 식민지를 확보하는 팽창적 대외정책에 대한 내부의 비판도 진압되어갔다.

미국의 역사가 마티 제저(Marty Jezer)는 그의 책 『암흑의 시대』*에서, 이 시기는 '지식인 사회의 체제순응'(intellectual conformity)이 강화된 때였다고 증언한다. 한때 진보적이던 지식인들이 자신들의 젊은 시절 사상적 입지는 현실을 모르는 이상주의적 순진함 때문이었다는 전향 발표가 줄을 잇는 상황이 됐던 것이다. 제저에 따르면 이러한 전향 공작의 결과로 인해 미국 사회의 지적 전통은 급속하게 우경화됐다. 또한 대안체제에 대한 논쟁은 이후 신좌파의 등장에 이르기까지 거의 질식 상태에 놓이게 되었다.

냉전논리 격파의 전환점

『한국전 비사(秘史)』**를 쓴 스톤(I.F. Stone)은, 바로 이러한 지식

• Marty Jezer, *The Dark Ages: Life in the United States 1945-1960*, South End Press, 1982.
•• I.F. Stone, *The Hidden History of the Korean War: 1950-1951*, Little Brown & Co, 1988.

인들의 체제순응주의가 강요된 상황에 도전했다. 그는 미국의 제국주의적 대외정책에 대한 비판적 접근을 시도했는데 결국 당국의 블랙리스트에 올라 어려움을 겪는다. 미국 자본주의 체제가 제3세계에서 어떤 착취구조를 유지·확대하고 있는지를 해부한 폴 배런(Paul Baran)은, 그가 죽기까지 스탠포드대학 교수 자리를 위협당하는 고통을 치렀다. 트리니다드 섬 출신의 지식인 C.L.R. 제임스(C.L.R. James)는 냉전시대 초기, 트로츠키주의자라는 이유로 미국 입국이 거부되거나 심지어 추방되기도 했다.

또한 1930년대 이래 미국 노동운동의 역량을 바탕으로 대통령 후보까지 내는 등 대중적 기반을 단단하게 쌓아 올려왔던 미국 공산당 지도자들은, "정부를 폭력으로 전복하려는 기도를 했다"는 죄목으로 정치사회적 매장의 대상으로 희생된다. 이 혐의는 조작된 것이었다.

특히 이들 좌파 지식인과 정치인에 대한 정치적·법적 처단은 미국 민주주의 역사의 후퇴를 가져왔으며, 적지 않은 세월 동안 미국 사회과학과 인문학의 발전을 지체시키고 말았다. 이러한 일련의 사태는 자본주의 이외의 대안에 대한 상상력과 사고능력을 거의 사망 단계에 이르게 했고, 그로써 자본과 권력의 논리에 봉사하는 기술 지식인들이 양산되었다. 그 결과 미국 사회의 사상적·철학적 기반은 점차 얄팍해졌다. 그 대신 미국은 기술적 실용주의를 통한 효율성 높은 교육과 사고를 앞세우는 나라가 되었고, 사상과 가치에 대한 논의의 능력은 위험시되거나 해체되어갔다. 사회과학은 '가치중립'이라는 방법론을 내세워 가치논쟁·이념논쟁·사상논쟁 등을 배제해갔다. 철학의 붕괴였다.

1968년 파리의 학생시위를 시발로 등장한 미국과 유럽의 '68세대'가 성취한 역사적 공헌은 바로 이러한 냉전시대의 논리를 격파한 것이다. 이들은 냉전논리 타파와 함께, 인민들의 민주적 권리를 억압하는 관료화된 사회주의도 아니고, 독점자본의 지배를 근거로 하며 제국주의적 단계에 이른 자본주의도 아닌 새로운 대안의 모색을 내세웠다. 그것은 사회 전체의 인식에 혁명적 변화를 몰고 오기 시작했다. 이 운동은 한 세대 전체에 걸쳐 엄청난 자유의 신장을 가져왔으며, 제국주의 침략전쟁인 베트남전쟁의 비극이 연장되는 것을 막아냈다.

이러한 미국 내부의 지적 전통은 노엄 촘스키(Noam Chomsky)나 하워드 진(Howard Zinn), 사이드, 더 거슬러 올라가면 마이클 해링턴(Michael Harrington), C. 라이트 밀스(C. Wright Mills), 스콧 니어링(Scott Nearing)등으로 대표된다. 미국의 진보적 전통이 세운 기본 철학은 자신이 살고 있는 사회의 논리와 현실을 그대로 받아들이지 않고 의문의 대상으로 삼는다. 그리고 그 사회가 이념적으로 적대시하고 있는 상대—그것이 국가이든 계급이든 아니면 지식인이나 개인이든—의 자리에 서서 세상을 총괄적으로 새롭게 검토해보는 것이다. 이것은 냉전의 논리로 보자면, 경계선 내부의 세계에 대한 충성서약과 전향에 대한 명백한 거부이자 경계선 너머 적과의 내통이 된다.

그러나 이는 사이드가 말했듯이, 체제권력이 배제하고 주변화하며 적대시하는 대상에 대한 진정한 이해와 껴안음의 태도다. 곧 자신의 체제에 대한 비판적 성찰을 통해 인간사회의 고통을 극복하려는 지적 사명이라고 할 수 있다. 그런 의미에서 사이드는 "지식인이란 자기 땅에서 망명자"일 수밖에 없으며, 그 시대가 경험하고 있는 고통을 대변하여 권력과 기존의 이념이 부인하고 있는 현실의 진상을 밝혀내는 임무가 있다고 말한다. 그런 기반 위에서 '지식인'은 인간사회의 억압과 폭력, 무의미한 격돌과 전쟁을 피할 수 있게 하는 '대안의 행동방식'(alternative courses of action)을 제출하는 존재라고 규정하고 있다.

망명 지식인 송두율의 과오

한국의 지식인은 그러한 자세를 가지고 기존의 가치체계에 의문을 제기하며, 내부의 망명자가 되는 한이 있더라도 새로운 전망을 내려고 할까? 코페르니쿠스를 따라 16세기 유럽의 세계관, 우주관에 도전장을 냈던 조르다노 브루노(Giordano Bruno)처럼, 시대적 맹신을 향해 뒤로 물러서지 않은 발언을 하고자 하는가? 결국 카톨릭 교회의 무지와 오만에 의해 화형을 당하고 말았지만, 브루노가 걸어간 길은 이후의 과학사에서 빛나는 이정표가 되었다. 교회권력의 낙인 앞에서 그는 자신의 소신을 꺾지 않았다.

중세유럽의 카톨릭이 맡은 역할을 우리의 현실에서는 분단체제가 담당하고 있다. 사상적·이념적 종교재판이 이를 바탕으로 이루어지고 있기 때문이다. 그런 현실에서 송두율은 우리에게 여전한 숙제다. 이국에서도, 자기 땅에서도 뿌리내리지 못한 망명자가 되어버린 지식인 송두율 사건이 던진 질문을 우리는 아직도 제대로 풀지 못했기 때문이다.

(1) 조선노동당에 입당한 남한 출신 지식인, (2) 북한의 돈을 받은 사실, (3) 조선노동당 입당 후 가진 '김철수'라는 가명, 이 세 가지 가운데 하나만으로도 철학자 송두율은 분단시대의 경계선을 함부로 넘은 위험인물이 되기에 충분했다. 그런 조건의 지식인은 북한이라면 몰라도, 남한 땅에서 생존하거나 지적 활동을 하는 것이 불가능하다. 그랬기에 독일 뮌스터대학 교수로서 뛰어난 한국 출신 철학자로서 각광을 받던 그의 처지가 2003년 졸지에 달라지고 말았다. 송두율은 지식인이 아니라 첩자로 판명되어버리고 만 것이다.

송두율의 발언과 행적은 이로써, 적어도 우리 사회에서는 객관적 평가의 대상에서 밀려나는 운명에 처하게 됐다. 조선노동당 입당 혐의가 불거진 이후 그는 기자회견에서 "양심적 학자에서 거물 간첩으로의 추락"으로 자신이 규정당하는 것에 대해 반박했다. 하지만 그러한 추락은 이 사회가 거의 철통같이 지켜내고 있는 냉전논리에서 당연한 것이었다.

그러나 40년의 세월 속에서 고독하게 유럽의 지성사에 맥을 대고 조국의 문제를 끌어안아온 그를 인생사에서 한 단면의 이력으로만 평가하는 것이 온당할까? '일단 낙인이 찍히면 그대로 결론이 나는' 발상이 지배하면, 생각의 자유와 확증의 논리는 설 자리가 없다. 그 이후에는 일방적인 질타와 매도, '형벌의 정치'만이 있을 뿐이다.

물론 송두율이 크게 잘못한 것이 있다. 그는 조선노동당 입당에 대한 '자의식 부재'가 곧 '노동당 입당'이라는 결과를 가져왔다고 해명했다. 하지만 유럽 좌파의 역사에서 지식인의 정당 가입 문제가 자의식 부재라는 방식으로 논의되지 않았다는 점을 떠올려보면, 그곳에서 오래 살았던 그가 이러한 이유를 제시하는 것은 설득력을 갖기 어렵다. 당적을 갖는다는 것은 유럽 좌파 지식인들에게 중대한 자기 입증의 표식이었고, 탈당 역시 그랬다.

더군다나 남북 간의 화해를 모색하는 경계인의 교량적 역할을 꿈꾼 그에게, 어느 한쪽을 택했다는 혐의를 부인하기 어려운 조선노동당 입당은 치명적 타격이 되지 않을 수 없다. 이미 한쪽으로 기울어버린 지식인의 교량적 역할은 믿기 어려워진다. 조선노동당에 속한 지식인이 시도하는 중간 다리 역할이 조선노동당의 지휘 범위를 벗어날 수 있다고 여기는 사람은 없다. 따라서 그 선택은 자신의 역할을 스스로 가로막은 중대한 과오다.

그런데 여기서 우리는 이 사건이 1973년, 그러니까 그의 문제가 사법처리 대상이 된 2003년의 시점에서 보자면 그보다 앞서 30년 전에 일어난 일이라는 점을 짚어볼 필요가 있다. 왜 그런가? 그의 북한 방문과 조선노동당 입당이 어떤 맥락과 흐름 속에서 생겨난 사건인지를 파악하기 위해서이다. 그렇다고 해서 그가 1973년부터 2003년까지 30년 동안 조선노동당 입당 사실을 부인해왔다는 점이 관용되는 것은 아니다. 그 대목은 도리어 '장기 암약한 밀당원이 아닌가'라는 의혹을 사는 일이나 다름없기 때문이다.

그런 점을 전제로 하고, '그 당시의 역사적 현실'이라는 기준에서 이 사건을 한번 점검해보자. 모든 사법적 판단에도 '정상참작'이라는 것이 있듯이, 송두율의 선택은 바로 그 역사적 현실에 대한 이해가 전제될 때 공정한 판단을 내릴 수 있을 것이다.

남북의 현실에 대한 70년대 해외 지식인의 고뇌

1970년대 초반, 남과 북은 지금의 척도로는 상상이 쉽게 가지 않을 만큼 위상의 차이가 존재했다. 남한은 군사독재체제의 강화로 인한 민주질서의 파괴가 내부에서 적지 않은 저항과 희생을 낳고 있었던 반면, 북한은 당시 제3세계에서 가장 놀라운 발전을 보이는 모델로 인식되고 있었다. 전통양식의 건축물과 녹지대로 아름답게 가꾸어지고 있는 사회주의 도시 평양의 모습과, 빈민가를 삽으로 퍼내 외곽지대로 몰아내면서 부동산 투기의 도시로 만들어지고 있던 서울은 동등한 기준에서 비교하기 어려웠다.

그와 동시에, 미국의 침략전쟁인 베트남전쟁에 돈을 받고 용병을 공급하는 처지가 된 남한과 반제 비동맹체제의 지도적 역할을 자임하고 있던 북한의 국제적 위상은 그 격차가 컸다. 당시 이러한 북의 상황은 남한에서는 무지의 범위에 속했다. 남한은 당시 대단히 폐쇄적인 체제였다. 일상적인 해외여행은 쉽게 꿈꾸기 어려웠던 시절이었는데, 그것은 단지 경제력만의 문제가 아니라 바깥의 영향력을 차단하려는 권력의 의도 때문이었다. 게다가 이제 간신히 경제계획의 성과를 보이고 있던 남한과, 해외의 빈국에 대한 경제적·교육적·의료적 지원까지 할 수 있는 여력을 갖추었던 북한의 차이 또한 작지 않았다. 이 시기 납북 어부들이 평양에 가서 받은 충격은, 돌아오면 결코 입을 벌려서는 안 되는 국가보안법 위반 사안이었다. 북한은 자신감에 넘쳤고, 남한은 수세적 처지였던 것이다.

북한의 역동적 활력이 넘쳤던 1960년대에 유럽에 유학한 한국 지식인 사회는 당시 금기였던 북한의 현실에 대한 지적 욕구가 강하게 꿈틀거렸다. 북한 역시 이들에게 손을 뻗치고 있었다. 한국 유학생 가운데 베를린의 북한대사관에 가서 이들과 토론을 벌이거나 북한을 다녀오는 경우까지 생겼던 것이다. 또 일부는 북한으로부터 유학 지원금까지 받았다. 그만큼 이 시기는 북한의 경제력에 여유가 있던 때였다. 이런 해외의 현실이 바로 윤이상, 이응로 등이 관련된 '1967년 동백림(동베를린)간첩사건 조작'의 조건이 됐던 것이다.

1972년에 성립한 유신체제에 저항하는 민주화운동이 진행되고 있던 상황에서 일본, 유럽, 미국 등 해외에서도 민주화운동이 활발하게 전개되고 있었다. 이들 해외 민주화 세력은 시간이 지날수록 통일문제가 해결되지 않고서는 본질적인 민주화의 전개가 어렵다는 결론에 기울어가기 시작한다. 이른바 '선통일 후민주' 논리였다. 그것은 첫째로 해외의 민주화운동이 국내와는 다른 현장의 차이가 작용했고, 둘째는 군부정권의 기반이 분단체제라는 것에 기인했다.

그러면서 국내에서는 제기하기 힘든, 해외동포 사회의 남북 간 '교량 역할론'이 등장한다. 남과 북 사이의 경계선에서 이해와 화해의 다리를 건설하겠다는 것이 이 시기 해외 민주화운동의 전반적인 흐름이었다.

그 첫 단계는 무엇이었는가? 바로 북한의 문을 '일단' 두드리는 것이었다. 금단의 땅에 들어가서 현실을 확인하는 작업이 우선 필요하다고 여겼다. 북한의 실상을 두 눈으로 보고, 그들의 삶과 역사가 어떻게 펼쳐져왔는가를 알지 않고서는 남과 북의 새로운 접점을 마련하기 어렵다는 생각이 일어나게 된 것이었다.

남과 북이 서로 이해할 수 있는 길

송두율도 그 '일단 먼저'의 과정에 들어서게 된다. 그를 비롯해 북한을 방문한 해외 지식인이나 민주화운동 세대는 기존의 이념적 관성을 벗어나는 눈으로 북을 보고자 했다. 즉 자신이 살아왔던 방식과 기준으로 북을 비판하고 나서기보다는, 우선 그 사회의 내면에 존재하고 작동하는 논리를 파악하고자 했던 것이다. 이것이 북한에 대한 '내재적 이해의 논리'였다. 비판이나 의견 제시는 그 다음이었다.

지난 시기 해외 민주화운동 과정에서 북한의 입장을 일방적으로 대변하는 선택을 한 인사들도 분명 존재한다. 그러나 송두율의 노력은 남과 북의 상호 오해를 풀고 서로 근접할 수 있는 인식의 틀이 무엇인가를 발견해내려는 데 집중되어 있었다. 이 점은 그의 저작을 통해 확인되는 내용이다. 그에게 가장 중요했던 질문은 다음과 같은 것이었다.

서로가 이질적으로 발전해온 남과 북, 두 사회의 논리가 상대에게 전혀 이해할 수 없는 암호로 계속 남아 있어야 할 것인가? 아니면 상호이해의 숨통이 트여 그것을 고리로 서로가 새로운 미래를 함께 만들어나갈 수 있는 사상적 성찰의 능력을 가질 수 있을 것인가?

성찰의 기준이 자신의 내부에만 존재하는 개인과 사회는 자신을 객관화할 수 있는 힘이 없다. 자기와는 다른 타자 또는 상대를 이해하는 능력이 극도로 약하거나 부재(不在)한다. 타자를 이해와 관용의 대상으로 담아내지 못하는 존재가 주도하는 공동체는 이질적인 것에 대한 몰이해, 추궁과 정죄가 일상화된 곳이다. 그런 사회는 다양한 인간이 겪는 숱한 사연과 우여곡절에 대한 가슴 아픔이 없게 된다. 자신의 기준에 따라 일방적으로 판단하고 평가함으로써 인간을 쉽게 매도하고 비난하는 냉혹한 사회가 되고 만다. 그럼에도 다른 사람의 입장에 서보는 역지사지(易地思之)가 남과 북 사이에서만 예외가 된다면, 한반도의 미래는 암울해진다.

따라서 경계선 이쪽에서는 제대로 보이지 않고 이해할 수 없는 상대의 내면을 이해하려고 노력하는 개인이 존재하는 것은 평화, 민주주의, 통일의 근본조건이다. 그러나 우리는 냉전의 경계선 너머로 월경(越境)하려는 이들을 처벌하는 일에만 익숙하다. 그것은 우리의 미래에 대한 자해행위다.

상호이해를 위한 사상적·철학적 노력을 가로막는 일체의 사고와 행위, 제도는 우리의 생존과 평화를 위협하는 장애물이 된다. 이러한 장애물을 돌파하려 한 송두율은 냉전시대의 한국사회가 처벌에 대한 두려움 또는 세뇌로 인해 도달하려 하지 않은 경계선 너머에 존재하는 지표이다.

적대적 관계에 놓여 있는 상대의 자리에 서서 그 안목으로 상대를 이해하는 사상적·감정적 절차를 거치지 않고 평화와 통일로 갈 수 있는 방법이 도대체 있기나 한 것인가? 이 방법 아니고는 상대를 우리 자신의 기준에 따라 평가하고 결론을 내리는 것 외에는 없다. 그것은 대화가 아니라 충돌을 가져올 뿐이다. 한반도의 남과 북에 살고 있는 이들이 서로를 이해하고 다가가려는 노력과 과정을 포기하고, 서로를 적대시하면 남는 것은 갈등과 대립 그리고 전쟁뿐이지 않겠는가? 우리가 진정 한반도의 새로운 화합과 성숙한 만남을 갈망한다면, 송두율이 고민했던 내재적 논리에 따른 이해를 제쳐놓고 남과 북이 서로에게 다가설 수 있는 길이 과연 있을까? 이것은 북에도 해당하는 우리의 요구다.

송두율은 단 한 번도 남과 북 어느 체제가 일방적으로 우월하다는 식의 비교논리에 기운 바가 없다. 남이 세계자본주의 체제의 논리에 더욱 심각하게 노출되어 있는 상황에서 필요한 것은 주체성의 관점이고, 북이 직면한 과제는 변화하는 세계에 어떻게 자신을 열어나갈 것인가라고 압축한다. 그것은 '주체성과 개방의 변증법'이다. 그리고 이 과정에서 남과 북은 서로에게 줄 수 있는 것이 있다고 믿는다. 남과 북의 통일이 지리적 통합이거나 국가적 융합을 넘는, 삶의 방식에 대한 창조적 진화가 되려면 '주체성과 개방의 변증법'은 대단히 중요한 사유방식이 된다. 자신의 개성과 독자성을 잃지 않으면서도 열려 있는 개인과 사회가 되는 길은 이런 논리와 사고에서 가능해진다.

그런데도 실정법상 송두율은 조선노동당 입당이라는 사실로 처벌 대상이 됐다. 결국 그는 독일 정부의 요구에 의해 독일로 추방됐다. 하지만 법적 판결만이 그에 대한 유일한 판단이 될 수는 없다. 그렇지 않아도 그는 실정법적 처벌을 달게 받겠다고 했고, 영구귀국하여 후학들과 학문적으로 교류하는 삶을 살고 싶다고 밝힌 바 있다. 이마저도 그에게 허락되지 않았다.

실정법의 결론은 현실로 받아들일 수밖에 없다 해도, 송두율이 제기한 문제와 성찰의 내용까지 처벌 대상이 돼야 할 근거는 없다. 그는 어느 한쪽의 주장에 좌표를 맞춰 그것을 선전하고자 한 것이 아니기 때문이다. 송두율의 논리는 조선노동당을 옹호하거나 지원하는 논리가 결코 아니다. 그의 조선노동당 입당을 이유로 훼손되어도 좋을 논리 또한 아니다. 주체성과 개방의 변증법이라는 논리를 뼈대로 하는 송두율의 주장이 남과 북 어느 쪽을 대변하고 있는가? 누구의 자유를 침해하는가? 어떤 역사를 훼손하고 있는가? 도리어 그의 주장은 전혀 폭력적이지 않으며, 대안적 성찰이었고 우리 모두 함께 고민해나가야 할 미래적 과제에 대한 사전연습이 아닌가?

무의미한 대립과 소모적인 충돌, 상극으로 치닫는 사고방식 대신, 남과 북의 좀더 심화된 정신적 만남을 가능하게 하는 길은 불가능한가? 북의 현실이 우리에 비해 폐쇄적이고 이러한 문제에 대해 자유롭지 못하다면, 우리라도 시작해야 하지 않은가? 그것이 계속해서 허용되지 못한다면 우리 사회의 철학적 후퇴가 된다. 적대적 관계를 평화적 관계로 전환시킬 수 있는 인식의 방법론을 갖지 못하게 되기 때문이다. 그와 같은 철학적 후퇴는 분단시대 이후의 미래를 감당할 수 있는 정신적 역량의 고갈이나 부재를 뜻한다. 우리의 처지는 여전히 그런 상태에서 벗어나지 못하고 있다. 이렇게 되면, 우리는 인간사회의 억압과 폭력, 무의미한 격돌과 전쟁을 피할 수 있게 하는 '대안의 행동방식'을 제출하는 능력을 스스로 손상시키고 만다.

상대에 대한 절대부정을 통해 안전을 확보하겠다는 법체계와 사고가 기본질서가 되어 있는 상황에서는, 남과 북의 진정한 대화를 위해 노력하는 지적 진실성과 열정은 기대할 수 없다. 결과는 상대

'지식인'은 인간사회의 억압과 폭력,
무의미한 격돌과 전쟁을 피할 수 있게 하는
'대안의 행동방식'을 제출하는 존재다.
실정법의 결론은 현실로 받아들일 수밖에 없다 해도,
송두율이 제기한 문제와 성찰의 내용까지
처벌 대상이 돼야 할 근거는 없다.

에 대한 무지요, 그로 인한 오해와 갈등의 심화다. 이것은 누구에게도 백해무익이다. 송두율을 다시 돌아보고 그 망각과 배제의 지점에서 우리가 빠뜨린 것이 무엇인지 되새겨보고 논의해보는 일은 그래서 분단체제의 법정신을 새롭게 구축하는 기초가 충분히 될 수 있다. '송두율 사건'은 분단의식의 해체를 위한 철학적 거점 가운데 하나이다.

언론과 권력 그리고 자본

'기만의 그물망'과 2008년 YTN 사태

권력의 언론장악, 기만의 그물망

2008년 YTN 사태는 언론 장악을 통한 민주주의 해체와 자본의 이윤 구축을 위한 이명박 정권의 기도(企圖)와 정책의 산물이다. 권력이 언론을 장악하려는 것은 기본적으로 '기만의 그물망'(Web of Deceit)을 짜고 유지하기 위해서다. '기만의 그물망'은 영국의 국제정치학자 마크 커티스(Mark Curtis)가 미국과 영국이 세계지배체제를 작동시키면서 현실의 진정한 실체를 은폐해온 상황을 지목하면서 구체화한 개념이다.*

이러한 '기만의 그물망'은 언론과 방송이 권력과 자본의 지휘 아래 놓였을 때 가능해진다. 권력과 자본의 의도대로 움직일 수 있는 미디어는 프로파간다 매체가 될 뿐이다. 미국의 부시 정권이 2003년 이라크 침략을 개시하면서 이라크가 '대량살상무기'(WMD, Weapons of Mass Destruction)를 가지고 있었다고 주장했지만, 이는

---

* Mark Curtis, *Web of Deceit : Britain's Real Role in the World*, London: Vintage, 2003.

'거대한 거짓말'이었다. 전쟁에 대한 기만적 프로파간다였음이 판명된 것이다. 언론과 방송이 이러한 거짓말의 도구로 전락하면 다름 아닌 '대량기만무기'(Weapons of Mass Deceit) 또는 '대량설득무기'(WMP, Weapons of Mass Persuasion)가 된다. 캐나다 토론토 대학의 역사학 교수 폴 루더포드(Paul Rutherford)가 정리한 'WMP'*라는 이 개념은 언론과 방송이 권력과 자본의 휘하에 놓일 때 어떤 파괴적 결과와 인명의 희생 그리고 민주주의의 위기가 오게 되는지 여실히 깨우치고 있다.

밀워키대학의 언론학 교수 로렌스 솔리(Lawrence Soley)는 대자본이 언론과 방송을 장악하는 경우, 이는 근본적으로 언론과 표현의 자유를 침해하고 민주주의를 해체시킨다고 비판한다. 그는 언론과 방송이 자본의 소유가 될 때 미디어는 표현의 자유가 아닌 표현의 왜곡과 침묵을 구조화시킨다고 강조했다. 또한 시장에서 자본이 저지르는 범죄를 감추며, 시민을 주권적 존재가 아니라 자본이 세뇌하는 대로 물건을 구입하는 피동적 소비자로 만들어갈 뿐이라고 지적하고 있다.**

자본이 지배하는 언론·방송 매체는 그 사회 전체에 대한 '검열기구'로 작동하고 자본축적의 구조로 편입되고 만다. 그런데 솔리는 언론이 자본을 위한 검열기구로 전락할 때 가장 문제가 되는 것

• Paul Rutherford, *Weapons of Mass Persuasion: Marketing the War Against Iraq*, Toronto: University of Toronto Press, 2004.

•• Lawrence Soley, *Censorship INC.: The Corporate Threat to Free Speech in the United States*, New York: Monthly Review, 2002.

은 왜곡보다 침묵이라고 지적하고 있다. 왜곡이라도 하면 그것이 사회정치적 논란의 대상이라도 되겠지만, '침묵하는 미디어'(Muted Media)가 지배하면 그 사회는 자신의 문제에 대한 지식과 이해, 성찰과 비판이 시작조차 하기 어려운 상황에 직면하고 말기 때문이다. 이는 초국적 자본의 지구 전체에 대한 지배체제가 견고해지는 과정에서 전 세계적인 문제가 되고 있다.

자본의 지배 아래 놓인 미국 언론에 대해 오랫동안 비판적인 연구를 해온 에드워드 허먼(Edward Herman)과 로버트 맥체스니(Robert W. McChesney)는 1980년대 이래 신자유주의 체제의 세계화 과정에서 거대한 자본이 언론과 방송을 쥐게 되면서 미디어가 세계적 차원의 자본 축적 도구가 되고 있다고 비판했다. 이러한 과정은 결국 그 사회의 공적 가치를 기본적으로 위협하면서 민주주의의 정상적인 작동을 가로막고 있다는 것이다.*

이러한 연구와 비판에 따르면 권력과 자본의 언론 장악은, 진실을 은폐하고 자본의 이익을 그 사회 전체의 이익처럼 포장해서 관철시켜나가려는 의지를 실현하는 과정이다. 더군다나 이는 본질적으로 '권력과 자본의 동맹체제'에 기반을 두고 있다. 이를 타파해나가는 노력이 사회적으로 힘 있게 추진되지 못할 경우, 그 사회는 민주주의의 해체와 자본의 지배력 강화 속에서 그 사회의 자원과 에너지, 그리고 미래적 가능성을 권력과 자본에게 박탈당하는 처지에 놓이게 된다.

---

* Edward S. Herman & Robert W. McChesney, *The Global Media*, London: Cassell, 1997; *The Problem of Media*, New York: Monthly Review, 2004.

이는 하비가 갈파했던 것처럼 신자유주의 체제의 자본축적 과정에서 기본적으로 발견되는 '박탈을 통한 자본축적'(accumulation of capital by dispossession)이다.[*] 이 박탈을 통한 자본축적은 '국가의 공적 영역을 허물고'(dismantling the public sphere of the state) 공적 영역에 대한 자본의 지배를 견제할 수 있는 규제를 풀어 '민영화'라는 이름 아래 이를 자본이 사유화할 수 있는 길을 열어나간다. 그리고 이는 권력의 결정에 의해 이루어진다. 전형적인 신자유주의 체제의 정치적 지배와 작동방식이라고 하겠다.

출범 이전 대통령직인수위원회(인수위) 시절부터 추진해온 이명박 정권의 언론·방송 장악은 이러한 비판적 지적대로 진행되었다. 곧 공적 영역을 해체해서 주권자인 국민의 권리를 박탈하고 이를 자본의 사유화 대상으로 삼도록 함으로써 권력과 자본의 동맹체제를 견고히하겠다는 것이었다. 그 내용에서도 프로파간다 매체로 전락시켜 이 사회를 권력의 의도대로 대중을 설득하고 침묵시키며 검열의 일상적 구조를 만드는 일이 벌어졌다. 이러한 이명박 정권의 언론정책은 박근혜 정권 등장의 기초가 되었으며 이후 이와 같은 파행적 언론현실은 일상화되고 말았다. 사회적 사고의 자율회로가 차단되고 만 것이다. 공영방송 KBS와 MBC가 대중의 신뢰를 상실하게 된 원인의 뿌리도 모두 여기에 있다.

따라서 YTN 사태는 단지 노조와 사측의 갈등이거나, 정권에 의한 사장 임명의 문제 정도로 그치는 것이 아니라 이 나라의 언론 자

• David Harvey, *A Brief History of Neoliberalism*, Oxford: Oxford University Press, 2005.

유와 민주주의, 공적 가치의 수호와 관련된 사안이었다. 민주 언론의 공적 가치를 복원하면서 권력과 자본의 동맹체제 지배에서 이 나라의 민주주의를 구해내는 작업과 직결되어 있는 문제였던 것이다. 이러한 과정을 통해 이루어질 민주주의의 복구는 신자유주의 체제의 작동을 견제·중단시켜나갈 수 있는 중대한 근거지를 확보하는 일이다.

이명박 정권의 언론 장악 일지

이명박 정권은 권력과 자본의 동맹체제 구축을 위한 언론·방송 장악을 어떤 과정을 통해 관철했는가? 그 큰 그림의 일정을 간략히 살펴본 다음, YTN 사태에 집중해보자.

2008년 1월 12일 이명박 정권의 인수위는 언론사 간부와 광고주의 성향을 분석한다. 언론·방송 장악을 위한 준비단계에 시동이 걸린 것이다. 3월 26일에는 이명박 대선 언론특보였던 이몽룡이 Sky Life 사장으로 선임됐다. 권력에 충성해온 언론계 인사들의 전진배치가 시작되는 지점이었다. 5월 13일에는 이명박 정권은 MBC PD 수첩 소송을 발표하면서 언론·방송의 입에 재갈을 물리겠다는 신호를 보낸다. 6월 5일에는 KBS의 정연주 체제를 흔들기 위해 KBS에 대한 국세청 조사를 시작했고, 6월 11일에는 감사원 감사를 착수했으며 6월 16일에는 정연주 당시 KBS 사장에 대한 소환조사를 통보했다. 이와 함께 6월 20일에는 정권의 입맛에 맞지 않는 신태섭 동의대 교수가 KBS 이사회에서 축출되고 만다. 이로써 KBS에 대한 전방위적 포위작전이 완료되었다. 6월 13일에는 이명박 대선팀 방송특

보단장 양휘부가 한국방송광고공사 사장에 선임된다.

6월 27일에는 방통위가 TV방송 사업관련법 제정안을 내면서 신청자격을 자산규모 3조에서 10조로 자본의 규모를 높여 거대자본의 방송 진출의 길을 여는 작업을 했다. 이날 검찰은 MBC PD수첩에 대한 수사에 착수했으며 7월 3일에는 촛불광장 생중계 플랫폼이 됐던 아프리카 대표 문용식이 구속된다. 한편 7월 2일에는 6월 27일에 있었던 법제정안의 연장선에서 방공광고공사 해체와 민영방송 광고 대행업체 허용방침을 밝히고, 7월 6일에는 기획재정부가 지역신문 지원과 신문발전기금 삭감을 발표하는 가운데 신문법 무력화와 거대신문의 독점구조를 강화하는 정책을 내놓았다.

이러한 일련의 흐름과 움직임은 결국 언론·방송의 주요 지점을 이명박 정권의 인사가 점거하면서 언론·방송의 방향을 규정하고, 자본의 언론·방송 장악을 위한 법적·제도적 장치를 강구해온 과정이라고 할 수 있다. 그렇다면 이러한 환경 속에서 YTN 사태는 어떤 과정을 거쳐왔는가? 다소 길지만 당시의 상황을 구체적으로 복기하는 것은 권력에 의한 언론장악을 정확히 파악하는 데 중요한 작업이 된다.

2008년 5월 29일, 이명박 대선 후보 시절 언론특보 구본홍이 YTN 사장으로 내정되었다는 발표가 있었다. 이 발표 직후 YTN 노조는 낙하산 인사에 대한 반대 집회를 개시했다. 7월 14일, 사측은 주주총회를 소집해서 구본홍 사장에 대한 선임을 시도했으나 노조의 저지로 무산되었고, 결국 3일 뒤인 7월 17일, 수백 명의 용역회사 직원들을 동원하여 낙하산 선임을 강행했다. 이후 YTN 노조와 구본홍의 협상과정에서 일부 내부문제가 생기면서 8월 12일에는 노종면 노조위원장, 권석재 사무국장이 선출되어 새로운 대응방안이 강구되었다. 협상은 결렬되었고 8월 20일부터 주말과 공휴일을 포함하여 매일 오전 7시 30분부터 오후 9시까지 노조의 구본홍 출근저지투쟁이 시작되었다. 이와 함께 노조는 사장실 앞에서 릴레이 시위에 돌입했으며, 8월 22일 구본홍은 '월급 결재'를 이유로 출근했다가 노조의 저지에 막혀 10분 만에 돌아가게 된다.

상황이 이렇게 되자 8월 25일에는 출근저지투쟁 참가 노조원에 대하여 인사보도국 부장급 등 구본홍의 측근으로 구성된 주요보직 인사가 단행되었다. 다음날인 8월 26일 노조는 인사발령 원천무효를 선언하고 신임 부서장 업무지시를 거부하는 방침을 천명했다. 이에 대해 8월 29일, 신재민 문화부 2차관은 공기업이 보유한 YTN 주식의 전체 매각방침과 8월 28일까지 이미 2만 주 가량 매각한 사실을 밝힌다. 이는 YTN 민영화 방침을 통해 노조의 저항을 진압하려는 것이었다. 고흥길 당시 문방위원장은 9월 1일, "정부가 YTN 주식을 소유하고 있다는 것은 부자연스럽지 않느냐"며 찬성 입장을 밝힌다.

이날 YTN에서는 일반 보도국 사원에 대한 인사를 전격 단행했고, 노조는 긴급비상총회를 열어 인사발령 대상자들이 소속부서에서 계속 근무하기로 하는 '불복종투쟁'을 결정한다. 그러자 사측은 다음날인 9월 2일 12시를 기해 인사발령 대상자들의 해당부서 기사 작성권 및 승인권을 폐쇄조처하고, 9월 3일에는 인사발령을 거부한 채 기존 소속부서에서 불복종투쟁을 벌이고 있는 24명의 조합원들에게 개별적으로 '경고' 메일을 발송한다. 구본홍 사장 체제가 생각보다 강력한 저항에 직면하면서 사측은 인사권으로 문제를 해결하려고 했으나, 출근저지운동이 더욱 전면적으로 펼쳐지면서 이러한 기도는 좌절되었다.

구본홍은 9월 8일 8시30분에 출근을 시도했지만 노조의 저지로 10시경 퇴장했고, 이어 오후 3시40분에 재출근을 시도하나 역시 노조의 강력한 저지로 오후 5시에 퇴장한다. 9월 9일, 회사측은 노조 6인(노종면 노조위원장, 권석재 사무국장, 현덕수 전 노조위원장, 정유신 「돌발영상」 PD 등)을 업무방해혐의로 고소했다. 여기에 맞서 9월 10일, YTN 노조는 서울중앙지방법원에 구본홍 사장을 이사로 선임한 주주총회 결의 취소 소송을 제기했다. 9월10일에는 결국 경찰의 개입이 이루어졌다. 김기용 남대문 경찰서장이 오전10시경 정복 차림으로 간부 2명과 함께 노조의 출근저지농성 직접 조사를 위해 현장 진입을 시도했지만 조합원들의 강력한 반발에 부딪혀 돌아간다. 이날 노조가 실시한 총파업 찬반 투표는 76.4퍼센트 찬성률로 가결 발표되고(전체 조합원 395명 가운데 360명이 참여(투표율 91.9퍼센트), 찬성 275표(76.4퍼센트), 반대 82표(22.8퍼센트), 무효 3표(0.8퍼센트)), 9월11일 오후 7시 30분 노조는 사옥 19층 보도국에서 조합원 총회를 열고 투쟁지침(연가투쟁과 함께 '공정방송' 리본과 '낙하산 반대' 배지를 방송에 노출)을 발표한다. 전면적인 투쟁을 선포한 것이다.

9월12일, 회사측은 임장혁 「돌발영상」 팀장 등 6명을 고소했다. 9월16일 오후 1시경 생방송 뉴스 도중 앵커 뒤쪽에서 피켓 시위가 벌어진다. 이에 회사측은 경영기획실 명의의 공지를 내어 "기자나 앵커가 배지나 리본을 패용해 해당 기관으로부터 제재를 받는다면 사규에 따라 관련자들에게 책임을 물을 것"라고 경고했고 9월 17일, 회사측은 오후 1시「뉴스의 현장」시간에 앵커의 오프닝 멘트로 '피켓시위 노출'에 대한 사과방송을 하게 한다.

9월 18일, 회사측은 '인사명령 불복종투쟁'을 벌이고 있는 노조원 22명 등에 대해 인사위원회 출석을 통보하고 징계대상자에 대한 인사위원회를 개최한다. 이와 함께 9월 25일, 경찰은 12명의 조합원을 조사하고 당일 노조는 경찰조사에 항의하면서 집단 연가투쟁에 들어갔다.「돌발영상」제작팀은 경찰조사로 손발이 묶여 오후 2시 40분에 방송되어야 할 YTN「돌발영상」이 결방되었다. 9월 29일 오전 10시, 2001년 이후 입사한 사원 55명으로 구성된 'YTN 젊은 사원 모임'이 기자회견을 열고, 구본홍의 사퇴와 노조원 33명 징계철회, 노종면 노조위원장 등 조합원 12명 고소 취하, 8월 26일 임명된 부·팀장 보직사퇴 등을 촉구하며 무기한 릴레이 단식농성에 돌입한다. 9월 30일에는 1995년부터 2000년까지 입사한 51명의 사원이 릴레이 단식 농성에 동참하고 10월 1일, 1994년과 1995년에 입사한 YTN 공채 2기와 2.5기 사원 77명이 릴레이 단식농성에 동참(총 193명 농성)한다. 이는 사측의 인사정책과 경찰의 탄압이라는 양면 작전에 대해 노조의 더욱 강력한 결속을 과시한 것이었다.

10월 1일, "이달 안에 YTN이 사태를 풀어갈 능력이 없다고 생각하면 방송통신위원회가 재허가를 내주지 않을 수 있다"라는, 새누리당 전신인 한나라당의 공개발언이 나온다. 한편 10월 2일, 차장대우 이상 중견사원 65명과 공채 1기 19명이 각각 성명을 발표하고 단식농성에 동참(총 283명)하자, 사측은 10월 6일 YTN 인사위원회를 열고 노종면 노조위원장을 비롯한 전현직 노조위원장 6명 해임, 임장혁 기자 등 6명 정직, 8명 감봉, 13명 경고조치를 내린다. 이날 오후 7시부터 4시간 30분 동안 노조는 비상총회를 개최하고, "출근저지투쟁 재개 등 투쟁 수위를 높이며 총파업 돌입 시기는 노조 집행부에 일임"한다고 결의한다. 10월 7일, 릴레이 단식농성을 중단하는 대신 오전 8시부터 출근저지투쟁을 재개했으며, 10월 16일, 노조는 무더기 부당징계에 대해 서울중앙지법에 '징계무효 확인소송'을 제기했다.

여기까지 보자면, (1) 노조의 저항으로 구본홍 사장 체제의 정상작동이 불가능, (2) 탄압할수록 노조의 저항 강도가 날로 높아짐, (3) 인사권과 경찰력, 민영화 위협과 재허가 불용이라는 장치로 저항을 무산시키려 했으나 여의치 않은 상태로 요약할 수 있다.

그러나 이러한 상황에서 YTN 사측이 YTN 언론노조에 대해 낸 업무방해금지 가처분 소송의 일부가 받아들여져 서울중앙지법은 12월 8일 "노조는 구 사장이 사장실이나 사무실에 출입할 때 고함을 지르거나 위력으로 이를 방해해서는 안 된다"며 "이를 위반할 경우 회당 1천만 원을 지불하라"고 판시했다. 재판부는 업무방해금지 행동의 구체적인 장소까지 적시했는데, "YTN 사옥, 정문, 후문, 주차장, 사장실, 비서실, 사무실" 등 사실상 YTN 사옥 전체에서 농성이나 시위를 금지시켰고, 이에 대한 노조의 투쟁방식도 변화하지 않으면 안 될 상황에 이르렀다. 결국 YTN 노조는 투쟁수단과 공간을 박탈당함으로써 저항의 강도가 꺾여나가기 시작한다.

결국, 이명박 정권은 (1) 인사권 발동으로 언론방송 장악, (2) 저항이 있으면 인사권 발동으로 제지, (3) 여의치 않으면 법적·제도적 장치를 강구하여 저항의 무력화를 시도하는 대응 작전을 펼쳤고, 마침내 YTN 장악에 성공한다. 이로써 권력의 언론장악 작전이 일단 성공을 거둔 것이다.

신문의 방송겸영 허용과 자본의 방송진출

이러한 상황이 펼쳐지고 있는 때에 한나라당이 확정한 신문법 개정안은 일간신문과 뉴스통신의 상호 겸영금지 폐지, 일간신문과 뉴스통신 또는 방송사업 소유자의 일간신문과 뉴스통신의 주식 및 지분 취득 규제 폐지, 2006년 6월 위헌 결정이 내려진 '시장지배적 사업자' 관련 조항의 삭제 등이 주된 내용으로 되어 있다. 거대 신문언론의 방송장악으로 가는 길에 놓인 법적 장애를 없앤 것이다. 뿐만 아니라 이 개정안에 따르면, 뉴스통신을 포함해 신문과 대기업이 지상파 방송은 20퍼센트, 종합편성채널과 보도전문채널은 49퍼센트까지 지분을 보유할 수 있도록 했다. 외국 자본의 지상파 진입은 현행대로 금지하지만 종합편성 및 보도전문채널의 경우엔 20퍼센트까지 지분을 가질 수 있다. 또한 가상광고 및 간접광고의 개념을 신설해 방송광고 규제도 완화했다. 결국 언론방송에 대한 자본의 독과점 구조를 만들기 위한 길을 깔아놓은 것이었다.

이러한 조처에 대한 한나라당의 논리는 어떤 것이었는가? "방송통신융합이라는 기술발전으로 미디어 환경이 전반적으로 급변하고 있으므로, 이에 맞지 않는 낡은 규제와 불균형적인 규제를 개선하는

데 중점을 뒀다"는 것이었다. 그러나 이러한 기술변화는 미디어가 쌍방향적 매체로 발전해서 시민들의 보편적인 민주적 권리가 될 수 있는 조건이 만들어지고 있음을 일깨우는 것이지, 권력과 자본의 독점대상으로 언론방송환경이 정리되어야 한다는 논리가 될 수 없음은 자명하다.

언론에 대한 지배, 여론에 대한 장악, 그리고 자본 축적의 사회문화적 기반의 강화를 위한 일련의 작업이 추진된 것은 민주주의를 해체할 '기만의 그물망'을 정교하게 짜고 비판적 언론을 침묵시키며 검열구조가 체계화되도록 하자는 것이다. 이는 우리 모두의 시민적 권리를 박탈하는 것을 목적으로 하고 있다. 이렇게 되어가면 권력의 모순과 자본의 독점적 지배에 따른 문제를 제기하고 비판하며 진실을 드러내는 사회적 동력은 해체되어갈 수밖에 없다. YTN 사태는 바로 이러한 현실에 대응하는 우리의 방파제가 무너지느냐에 대한 문제였다.

결국 우려대로 YTN 사태는 이후 이 나라의 언론 상황을 단적으로 압축해서 보여주는 사건의 시발점이 되었다. 뒤이어 KBS, MBC 등도 공영방송이라기보다는 권력을 위한 홍보수단으로 전락하고 말았다. 권력에 대해 비판적 긴장의 거리를 유지해야 하는 언론의 존재는 이로써 해체되었다. 박근혜 정권의 등장과 유지는 이러한 언론의 현실과 분리해서 생각하기 어려운 현실이다.

언론은 무엇을 해야 하는가

미국에서 가장 진보적인 정치학자 가운데 대표적 인사로 꼽히는 마이클 퍼랜티(Michael Parenti)는 저서『현실의 가공』*을 통해, 언론을 소유하고 지배하는 자들이 현실까지 가공해낸다고 지적하고 있다. 그는 이들이 "미국의 의도는 언제나 선하고 의로우나 과정상의 문제가 있을 뿐이라는 신화"를 유포시킨다고 질타했다.

미국 진보언론운동의 맹장 노먼 솔로몬(Norman Solomon)은 이라크 침략 전쟁에 대한 여론의 지지를 이끌어내기 위해 미국 언론이 은폐하고 있는 것들을 신랄하게 파헤쳤다. 그는 자신의 저서『이라크를 겨냥하여』**에서, 1990년대부터 2000년대에 이르는 10년 동안 미국이 이라크에 대하여 취해온 경제봉쇄의 가장 혹독한 희생자가 어린이들이었음을 미국 언론은 말하지 않고 있으며, 미국과 영국의 공습으로 한 번에 수백 명씩의 민간인 희생자가 생겨난 것 등에 대해서도 침묵했다고 비판했다.

솔로몬은『한국전쟁 비사(秘史)』의 저자이자 미국 진보언론의 표상으로 인식되고 있는 I.F. 스톤이 한 말, "모든 정부는 거짓말을 한다(All the Governments lie). 정부가 말하는 것에서 믿을 수 있는 것은 아무것도 없다"를 언론취재의 기본지침으로 내세운다. 그는 권력의 발표를 아무런 비판적 논평이나 시각의 개입 없이 그대로 보도하는 것은 언론의 자세가 결코 아니라고 일침을 가하고 있다. 그렇게 하는 순간부터 권력의 추악한 음모에 의해 희생자들이 계속 생겨나는 것을 막을 길은 없어져간다는 것이다.

• Michael Parenti, *Inventing Reality*, N.Y.: St. Martin's Press, 1993.
•• Norman Solomon, *Target Iraq*, N.Y.: Context Book, 2003.

미국의 대외정책과 언론이 서로 어떤 공조체제를 유지해가는가에 대해서는 제임스 애런슨(James Aronson)이 『언론과 냉전』[*]이라는 고전적인 연구를 남긴 바 있다. 이 책은 각 사안마다 어떤 식의 보도로 냉전외교를 정당화했는가를 살핀다. 냉전은 언론을 통해 상대를 언제나 악마화(demonize)하고, 자신의 행위는 비판과 검증의 대상으로 삼지 못하게 만들며, 그렇게 하는 경우 이적행위로 몰아부친다는 것이다. 애런슨은 이와 같은 언론의 모습은 파시즘의 여론장악 전략을 그대로 베낀 것이라고 지적한다.

언론과 자본의 관계를 맹렬하게 추적해온 허먼과 맥체스니는 공저 『세계적 미디어: 기업 자본주의의 새로운 선교사들』[**]에서, 언론이 그야말로 세계자본주의 체제의 내적 지배 기관으로 자리매김하고 있다고 말하고 있다. 이제 언론은 세계자본주의의 작동논리를 대중에게 정당화하는 역할로 그 기능이 변모하고 있다는 것이다. 한국 언론이 대자본의 문제를 정면으로 거론하지 못하는 것도 이미 상식이 되었다.

그렇다고 해서 이러한 상황이 돌파할 수 없는 거대한 난공불락의 성채는 아니다. 이미 1971년 미국 정부의 월남전 비밀전략 지침서 「펜타곤페이퍼」를 『뉴욕타임스』지에 게재하는 작업에 관여한 닐 시한(Neil Sheehan)은 올바른 언론인 한 사람의 의지와 능력이 어떤 변화를 가져올 수 있는지를 입증한다. 그는 「펜타곤페이퍼」의 서문에

---

[*] James Aronson, *The Press and the Cold War*, N.Y.: Monthly Review, 1970.

[**] Edward Hermann and Robert W. McChesney, *The Global Media: the new missionaries of corporate capitalism*, London: Cassell, 1997.

서 이렇게 말하고 있다.

「펜타곤페이퍼」가 공론의 장으로 조속히 진입하도록 하여 보통의
시민들과 전문적 역사학자들이 모두 자신들의 힘으로 이 문서들을
판단할 수 있도록 하는 것이 나의 희망이다.

뿐만이 아니다. 오스트레일리아의 종군기자 존 필저(John Pilger)
역시 한 사람의 언론인이 노력하기에 따라서 중요한 세계사적 의미
를 가진 사안들의 실체가 얼마나 제대로 밝혀질 수 있는가를 일깨우
고 있다. 가령 그의 『숨겨진 의제들』* 등을 비롯한 탐사 저널리즘을
담은 책들은 그 본보기다. 그는 미국 등 서구제국의 침략적 제국주
의가 저지른 비극의 현장에 대한 이해를 깊게 하면서, 이에 대해 어
떻게 대응해나가야 할 것인지를 성찰한다. 필저는 1997년도의 이른
바 '아시아 금융위기' 국면에서 미국 등 초국적 자본이 어떻게 이들
아시아 경제를 유린하고 찬탈했는지에 대해서도 구체적인 사실과
증거들을 들어 입증해내고 있다. 그러면서 그는 주류 언론들이 이러
한 현실을 은폐하고 그 책임을 그 나라 민초들에게 전가하는 정책에
대해 복잡한 경제이론을 이데올로기처럼 내세워 정당화했다고 비판
했다.

결국 대안언론의 등장이 절실해지고 있다. 그리고 대안언론의 내
용을 충실한 실력으로 채울 언론인들이 요구되고 있다. 쉬운 일은

• John Pilger, *Hidden Agendas*, N.Y.: The New Press, 1998.

아니지만, 최근 미디어 기술이 발전하면서 한국사회에서 뉴스타파, 국민TV, 한겨레TV, 팩트티비, Ohmynews TV 등 다양한 대안언론이 생겨나고 있다. 팟캐스트의 등장도 그런 흐름의 한 줄기이다. 물론 자금력의 기초가 부족하기에 확장력에 일정한 한계가 있기는 하나, 이들 매체가 내용으로 승부를 거는 노력이 쌓여간다면 언론과 권력, 언론과 자본의 관계에 일정한 균열을 내면서 민주주의의 역량을 강화시켜나갈 수 있을 것이다. 여기저기서 해체된 공공자산을 다시 국민의 손에 돌려주고 그것이 민주주의의 기반이 되도록 하는 작업도 진행되어야 한다.

파시즘은 어느 날 갑자기 오지 않는다. 그것은 알게 모르게 우리의 일상을 지배하면서, 의식을 혼미하게 하고 의지를 차츰차츰 꺾어 놓으면서 영향력을 굳혀가고 정체를 드러낸다. 이 악한 세력을 미리 알아차리고 강력한 밧줄로 묶어내지 못하면 거꾸로 우리가 결박당하고 만다. 그래서 민주주의는 눈에 보이지 않는 악령과의 싸움을 닮았다. 이 싸움에서 이기는 법은, 이 악령의 정체를 끊임없이 폭로하는 일에서부터 시작한다.

'기만의 그물망'은 언론과 방송이

권력과 자본의 지휘 아래 놓였을 때 가능해진다.

권력과 자본의 의도대로 움직이는 미디어는

프로파간다 매체가 될 뿐이다.

민주주의는 눈에 보이지 않는 악령과의 싸움을

닮아 있다. 이 싸움에서 이기는 법은,

이 악령의 정체를 끊임없이 폭로하는

일에서부터 시작한다.

윤리적 선과 법

'곽노현 사건'의 경우

공정성의 판단기준

권리와 관련해서 '나는 그럴 수 있지만 너는 그럴 수 없다'고 한다면 이런 주장을 받아들이기 어려울 것이다. 그건 누군가의 특권을 인정하고 누군가의 불리함을 강요하는 논리이기 때문이다. 그런 까닭에, 다른 사람에게 요구하는 것과 자신에게 요구하는 것이 동일하다면 그건 공정하다. 그러한 공정성을 바탕으로 우리 사회를 만들어간다면 누구도 불만을 갖지 않게 될 것이다. 기준의 보편성이 확립되기 때문이다. 또한 그건 윤리적으로도 법적으로도 타당한 근거를 갖게 된다.

그런 전제를 깔고 하나의 질문을 던져보자. 우리는 과연 어떤 사회를 원하는가? 이 글에서 다루려는 '곽노현 사건'은 이 문제와 관련해서 다시 짚어봐야 하는 사안이다. 왜 그런가? 곽노현 사건에 적용되고 있는 잣대를 스스로에게도 적용하게 된다면, 이에 대한 판단이 저절로 내려지고 우리가 꿈꾸는 사회의 기준이 드러날 것이기 때문이다.

우선 이 사건이 어떤 것이었는지 잠깐 기억을 더듬어보자. 2011년 9월, 당시 곽노현 서울시 교육감의 해명 회견이 있었다. 그에 대한 검찰의 수사가 있게 될 것이라는 이야기가 나돈 뒤였다. 그는 검찰이 그간 수사한 내용대로, 후보 단일화 과정에서 상대 경쟁후보였던 박명기 교수에게 당선 이후 돈을 주었다는 사실을 공개 고백한 것이었다. 이렇게만 보면, 단일화에 대한 대가를 지불한 것으로 판명된다. 이로써 곽노현 교육감은 도덕성에서 치명상을 입고, 법적 책임을 지게 되는 것으로 상황은 결말이 났다.

그런데 통상의 다른 사건과는 달리 이번의 경우 검찰의 수사가 더 깊게 진전되기 전, 곽노현 교육감 자신이 후보 단일화 당시 경쟁 상대였던 박명기 서울교대 교수에게 그것도 2억 원이라는 큰 돈을 준 것이 사실이었다고 스스로 밝힌 것이다. 그로써 이 사건에 대한 검찰의 수사는 일정하게 근거를 갖춘 것이 되었다. 이제 논쟁의 핵심은 곽노현이 후보 단일화 대가로 박명기에게 돈을 주었는가의 여부에 있었다. 돈을 건넨 동기와 목적에 대한 판단이 확정되어야 했다.

상대가 대가성으로 받았다고 했다 해도 그것은 어디까지나 그의 일방적인 주장이므로 사건의 성격을 좌우할 수 있는 결정적 근거가 되지는 못한다. 곽노현은 그에게 돈을 준 것은 인정하지만, 그 동기에 대해서는 대가성을 부인했다. 단일화의 대가가 아니라 박명기의 인생이 자칫 망가질 것을 우려해서 주었다는 것이다. 이것은 돈을 준 진짜 이유를 호도하는 곽노현의 거짓말일 수 있다. 일단 곽노현의 주장을 하나의 가설로 놓고 생각해보고, 그래도 석연치 않고 논리가 서지 않으면 다시 되돌아와서 따져보도록 하자.

『한겨레』는 곽노현의 기자회견 전인 2011년 8월 29일 사설을 통해, 2억 원이 선의가 될 수 있는가라고 물었다. 이 사설을 거론하는 까닭은, 진보교육감에 대한 지지를 드러냈던 신문의 사설이라는 점에서 그 논리가 주목되기 때문이다.

어떤 이유로든 곽 교육감이 2억 원을 건넨 것은 합리화되기 어려운 행위다. 돈을 전달한 방법이나 횟수, 금액 규모 등을 고려할 때 '선의'라는 설명은 설득력이 떨어진다. 박 교수의 처지가 아무리 어려웠다고 해도 후보 단일화를 한 특수 관계자에게 거금을 준 것은 국민의 상식과 눈높이에서 용인되지 않는다. 단일화의 대가로 비칠 소지가 크다.

2억 원은 결코 적은 돈이 아니다. 그러나 만일 2억 원으로 누군가의 목숨을 살릴 수 있다면 그건 큰 돈이 아니다. 인간의 목숨은 2억 원으로 살 수 없다. 게다가 돈의 액수에 따라서 선의가 판별되는 방식은 그 돈의 목적에 대한 사고를 정지시킨다. '그만한 돈이라면'이라는 주장이 통하면, 아무리 선의가 있다 해도 그 선의가 부정되는 방식이 되기 때문이다. 물론 이는 보통의 경우 결코 쉽게 이루어질 수 있는 일이 아니다. 그렇기 때문에 의혹을 살 수 있다. 그러나 "국민의 상식과 눈높이"라는 기준이 여기에서 작동되는 것은 문제가 없는가? 그 상식의 내용과 눈높이의 기준을 누가 어떻게 정하는가? 그것을 내세워 얼마나 많은 낙인찍기와 마녀사냥이 있었는가? 합리적 논의를 깊게 진행하지도 않고, 이 행위를 "합리화할 수 없다"고 결론

내리는 것은 얼마나 합리적일까?

"어떤 이유로든"이라는 대목과 "아무리 어려웠다 해도"라는 전제나 조건은 곤궁한 처지를 돕는 것에도 상대에 따라 달리 적용되어야 하는 원칙이 있다는 이야기이다. 정말 그런가? 이것은 결국 특수한 조건에서는 궁지에 몰린 상대의 경제적 어려움을 돕는 일은 악이 되고 만다는 논리다. 도둑이 도둑질을 하는 상황을 돕는 것은 악이다. 강도가 강도행위를 하는 것을 지원하면 그건 악이다. 그러나 그렇지 않은 경우에는 어떻게 하는가? 도움은 상대의 처지가 어떤가가 아니라, 상대와의 관계에 따라서 결정되어야 하는 것인가? 도움을 줘도 괜찮은 관계가 있고 그렇지 못한 관계가 있다는 이야기니 말이다. 그런 사회는 어떤 사회가 될 것인가? 게다가 '단일화의 대가로 비칠 소지가 크다'고 해서 그것이 곧 단일화의 대가로 확정할 수 있는 근거는 되지 못한다.

그렇다면 왜 하필이면 그걸 곽노현이 해야 하고 그 상대가 박명기여야 하는가라는 질문이 이어질 것이다. 아니었다면 애초에 문제가 될 것이 없으니 말이다. 이 사설대로 '특수 관계'라는 점이 걸릴 수 있기 때문이다.

상황이 이렇게 된다면 어떻게 판단해야 할까. 선거에 함께 나간 한 사람은 교육감이 되고, 다른 한 사람은 후보에서 물러나고도 경제적으로 어려운 처지에 몰리게 되었다. 선거 채무로 채권자들에게 시달리고, 진보적인 지식인으로서의 자존감과 품격이 모두 땅바닥에 내팽개쳐진 채 자살까지 고민해야 하는 형편이었다. 한때 그의 경쟁자였던 곽노현은 이런 상황에서 무엇을 느껴야 옳을까? 박 교수의 이런 처지에 대해 고의는 아니더라도 원인제공의 책임을 느껴야 하는 것 아닌가? 그것은 인간이라면 지니는 게 마땅한 윤리적 태도이다. 만에 하나 정말 그가 죽어버린다면 곽노현은 앞으로 어떻게 살아가게 될 것인가?

단일화에 합의해서 자신이 당선되는 데 조력해준 상대, 그러나 이제는 죽겠다고 하소연하고 있는 선거 당시의 경쟁 후보가 조금만 도와준다면 살 길이 열릴 것이라고 호소한다면 그 상대가 누구든 이는 고민스러운 문제가 되지 않을 수 없다. 나중에 밝혀진 것이기는 해도, 상대는 후보 단일화의 대가로 돈을 받을 수 있다는 기대를 했다는 점이 문제가 될 수 있다. 하지만 곽노현이 그걸 당시 인지하고 약속한 바는 없다. 자신이 하지도 않은 약속에 대한 기대를 상대가 했다고 해서 그걸 이유로 처벌받을 수는 없는 것이다. 상대가 그런 생각을 하고 있는 것을 설령 인지(認知)했다고 해도, 그건 인정(認定)과는 다르다.

그런데 여기서 정치적으로 매우 위험한 상황이 펼쳐진다. 곽노현이 아무리 마음이 아파서 인정(仁情)을 베풀려 해도 이건 누가 봐도 오해할 수 있다. 자신은 물론 진보진영 전체에 위기를 가져올 수 있는 일이 될 가능성이 매우 높다. 현실정치적 판단을 중심에 놓고 선택하자면 곽노현은 상대가 어떻게 되든 도움의 손길을 뻗치지 말아야 한다. 그를 계속 감시하고 노리는 세력들이 뻗히 있는 상황에서 상대의 처지를 외면하는 것이 곽노현에게 가장 지혜롭고 옳은 결정이 된다. 게다가 박명기 말고도 경제적 곤경으로 자살을 생각하는 이들이 어찌 더 없겠는가?

문제는 그런 사람이 곽노현 앞에 나타났다는 사실이다. 어떻게 해야 할 것인가? 만일 그의 외면 때문에 박명기가 죽기라도 했다면? 만일 그랬다면 우리는 곽노현을 매몰차고 잔혹한 인간이라고 평했을 것이다. 그렇게 애원했는데도 돌아보지 않고 외면했다는 뒷이야기를 들으면 우리는 무엇을 생각하게 될까. 정황은 이해되지만 인간성에 대해서는 그에 대한 호감을 접게 될 것이다.

경쟁 상대방 후보에게 돈을 준 처신에 대한 질타가 정당한 것으로 성립하려면, 후보 사퇴에 대한 대가일 경우 외에는 없다. 재판과정에서 '사후매수'라는 개념이 등장했지만 그건 논리적·현실적으로 성립이 불가능하다. 교육감 당선 이후에는, 후보 단일화를 조건으로 하는 매수의 조건이 이미 존재하지 않기 때문이다. 미리 약속하고 돈을 주는 시기를 교육감 당선 이후로 할 수는 있지만 그건 사후매수가 아니라 약속을 전제로 한 대가의 지불 기일에 대한 문제일 뿐이다. 그런데 이 경우에는 약속이 존재하지 않았으니 성립할 수 없는 논리가 된다. 약속이 없었다는 점은 재판부도 인정한 사실이다. 따라서 사후매수의 개념은 실체적으로 부인된다.

만일 대가가 아니라면 '다른 이유'가 있는 것이다. 우리는 이 '다른 이유'에 대해 이해하려 들지 않는 현실과 대면하게 된다. 그러면 곽노현 말고 누가 박명기의 일에 나설 수 있을까? 박명기에게 2억 원이라는 돈을 아무런 대가도 바라지 않고, 또 빌려주는 것이니 갚으라고 하지 않고 줄 수 있는 사람은 아마도 이 세상에 없을 것이다.

이는 철저히 논리적 가설이다. 그걸 출발점으로 다시 곽노현의 문제로 돌아와보기로 한다.

법은 윤리적 선을 처벌할 수 있는가

일반적 원론의 차원에서 논리를 전개해보자. 우리가 만일 윤리적으로 올바른 선택에 대해 법적으로 처벌하는 사회를 만들어내고 있다면 어떻게 될 것인가? 그것은 누가 봐도 분명 잘못된 것이다. 윤리를 지원해야 할 법이 도리어 그것을 압도하고 파괴한다면 그 존재가치를 스스로 부인하는 결과에 봉착하지 않겠는가? 어디 그뿐인가? 그런 사회에서는 윤리적 선에 대한 기대를 하기 어렵게 될 것이다. 더군다나 제대로 된 교육과 선한 공동체를 이루어가는 노력은 이런 상황에서 애초부터 좌절감을 불러일으키고 말 것이다. 우리가 정말 그런 사회를 원하는가? 당연히 아니다.

그렇다면 이제 무엇이 윤리적인 선인가를 판단해야 할 것이다. 사람을 살리는 것이 옳은가, 아니면 죽음으로 몰고 가는 것이 옳은가? 당연히 사람을 살리는 것이 윤리적 선이다. 그런데 사람을 살리는 일을 했다고 법으로 처벌한다면? 국가가 '적'으로 규정한 존재를 제외하고는 사람을 살렸다고 해서 법으로 처벌하는 경우는 없다. 누군가를 죽음으로 몰고가는 선택은 윤리적 비난을 받게 마련이며, 그런 행위야말로 처벌대상이 되도록 하는 것이 법의 정신이다.

자칫 자신이 그 행위로 억울한 오해를 받거나 희생당할 수도 있다는 걸 내다보면서도 사람을 살렸다면, 우리는 그런 선택과 행동을 고귀하게 여긴다. 상대를 살리는 일이 자신에게 불리할 수도 있다는 것을 알면서도 그렇게 하기는 쉽지 않기 때문이다. 만일 이런 선택을 한 사람이 도리어 처벌의 대상이 된다면, 그 누구도 이를 정당하다고 여기지 않을 것이다.

더군다나 물질적으로도 자신의 것을 적지 않게 내놓으면서까지 사람을 살린다고 한다면, 칭송의 대상이 되었으면 되었지 질타와 비난의 대상은 아니다. 돈이 많다고 누구나 그럴 수 있는 것은 결코 아니다. 그 물질이 통상의 예상이나 기대수준을 넘을 경우, 사람들은 나도 그럴 수 있을까라고 한번 생각해보게 된다. 참 어려울 것이다. 그러니 궁지에 처한 사람을 어떻게든 살려보려고 그런 물질적 지원을 한 사람이 있다면 그 사람은 윤리적으로 선한 사회를 만들어가는 데 하나의 이상적 모델이 된다.

여기서 한 가지 매우 중요한 질문 하나를 던져보자. 어떤 선택이 윤리적으로 아무리 옳다고 믿어도, 혹여 있을 세간의 오해나 비난을 염려하면서 그걸 행하지 않는다면 어떻게 봐야 할까? 이는 앞서 언급했던 "상대를 살리는 일이 자신에게 불리할 수도 있다는 것을 알면서도"와 반대의 경우라고 할 수 있다. 여기서 '세간의 오해나 비난'이라는 것은 사람을 살리는 것 자체는 문제가 없다 해도, 그 동기에 문제가 있다고 사람들이 여기는 경우다. 가령 마치 자신이 부당한 동기를 가지고 약속한 결과를 이행하는 것으로 받아들일 수 있는 가능성 말이다. 의혹의 대상이 되는 것이다.

오해나 비난이 있을지도 모른다는 이유 때문에 윤리적 선택을 포기해버린 결과, 누군가가 말할 수 없는 궁지에 몰린다면? 그걸 뻔히 내다보고도 오해의 가능성으로부터 자기를 우선 지켜내기 위해 그 상대의 처지를 외면한다면 우리는 그런 사람을 어떻게 평가하게 될까? 또한 상대가 그런 궁지에 처하게 된 것에 대해 아무런 윤리적 통증을 느끼지 않는 사람이 만일 많은 사람들의 권리에 막대한 영향을 끼치는 자리에 있다고 한다면? 이런 사람을 괜찮은 사람, 공직자로서 선한 판단을 내릴 수 있는 사람이라고 여길 수 있을까?

그와는 달리, 혹여 있을지 모를 세간의 오해나 비난에 개의치 않고 윤리적 선에 대한 확신으로 상대가 어려운 처지에서 벗어날 수 있다는 가능성에 기대를 걸고 행동하는 사람이라면? 우리는 그런 사람을 악하다고 해야 하는가 아니면, 선하다고 해야 하는가? 만일 그가 악하다고 여기면 법적 심판을 받는 것은 마땅하다. 하지만, 선한데도 법적 심판의 대상이 된다면 우리는 '선한 사람을 처벌하는 사회를 선택'하게 되는 것이다. 우리의 결론은 어느 쪽이어야 할까?

만일 '선한 사람을 처벌하는 사회를 선택'한다면, 우리 자신도 같은 이유로 처벌받아 마땅하다고 믿는가? 그렇다면 자라나는 아이들에게 무얼 가르쳐야 하는가? 윤리적 선이 때로는 법적 처벌을 결과하는 사회이니 자신을 보존하기 위해서는 상황을 봐가면서 되도록 윤리적 선에 대한 생각 자체를 하지 말라고 가르쳐야 하는가? 이런 생각을 가진 사람이 교육정책의 수장이라면 우리는 기쁠 것인가?

존재하지 않는 사실에 근거한 법적 결론

무엇보다도 그 비난의 근거가 사실관계에 근거하지 않은 오해라면? 그런데도 그걸 근거로 법적결론을 내려버린다면? 당연히 억울한 희생자를 구할 도리가 없어질 것이다. 의혹 하나만으로 유죄가 되는 사회라니, 상상만 해도 끔찍하다. 그렇게 되는 순간, 그런 법적결론을 내린 사법부 자신의 신뢰성과 권위도 부메랑을 맞은 것처럼 함께 무너지고 말 터이니, 그 사회를 근본적으로 지탱할 수 있는 최종적 법질서는 어떻게 되겠는가? 법은 잔혹한 얼굴을 하고 말 것이며, 인간관계의 근본은 파괴될 것이다. 이게 우리가 갈망하는 현실인가?

추가 질문이 하나 더 있다. 자신이 하지도 않은 약속에 대해 책임지라고 강요 당한다면? 그 약속이 애초에 존재하지도 않는데 그런 일이 생긴다면? 이렇게 된다면 도대체 약속이라는 걸 어떻게 이해해야 하는가? 개인적 약속에는, 그것을 지키겠다고 하는 사람과 그 약속을 받은 사람이 있고, 그 약속의 내용이 있기 마련이다. 그런데 약속을 한 사람도 없고, 그 약속을 그 사람으로부터 직접 들은 사람도 없고, 서로 그 약속의 내용에 대해 합의한 바도 없는데도 여전히 '약속의 존재'를 주장한다면, 그런 약속을 뭐라고 불러야 하나?

참 교묘하게도, 그런 것이 존재하지 않지만, 얼핏 그 존재하지 않은 약속의 내용이라고 여긴 것과 겉보기에 유사한 현실이 벌어졌다면, 충분히 오해할 수 있다. 그렇다고 해서 그것이 바로 약속의 결과라고 결론을 내려도 되겠는가? 약속이라고 주장되고 있는 것과 비슷하게 보인다고, "봐, 약속 이행에 따른 행위야"라고 말할 수 있을까? 그런 까닭에 "아유, 괜한 오해 사니까 그런 선택을 하지 말지"라고 말할 수는 있다. 하지만 이건 오해의 대상이 될지도 모를 당사자 자신에게 불리하다고 윤리적 선을 포기하기를 요구하는 일이지, 사실 확인의 근거는 아니다. 사실 자체가 없는 것이기 때문이다.

'비슷한 것'과 '같은 것'은 결코 동일하지 않다. 재판은 이런 것을 구별하는 데서 진실의 권위를 얻는다. 만일 법이 '비슷하므로 똑같다'고 판단한다면, 법은 '유사한 것'과 '동일한 것'을 구별하지 못하는 수준으로 스스로를 격하시키는 셈이다. 이는 통합진보당 해산 판결에서도 그대로 나타난 문제이다.

곽노현 사건의 본질

다시 곽노현 사건으로 돌아가보자. 이 사건은 사법부가 말한 '후보 단일화에 대한 대가성을 인식'하고 돈을 준 것이 아니었다. '인식' 또는 인지(認知)한 것이 곧 '인정'(認定)한 것과 같을 수는 없다. 인식은 인정으로 갈 수도 있고, 부인(否認)으로 갈 수도 있다. 따라서 만에 하나 대가성에 대한 인식이 있었다고 해도 그것이 대가성을 인정하고 전제로 한 돈의 지불이었다는 결론으로 갈 수는 없다.

후보 경쟁을 했던 상대가 선거가 끝나고 처한 정신적·물질적 어려움은 선거를 해본 입장에 있었던 곽노현이야말로 가장 잘 알 수밖에 없다. 그렇다고 그런 처지에 조력을 표하는 일은 아무나 하지 못한다. 자칫하면 오해를 살 수 있는 일이다. 돈의 규모도 결코 작지 않다. 그러나 돈의 액수를 선악판단의 기준으로 삼는 것은 옳을까? 경우에 따라 선의를 표시하는 적정액수라는 것이 있기는 하다. 그럼에도 그 경우라는 것에 대한 판단에는 얼마나 많은 변수와 요인이 있는가? 어떤 기준도 일률적일 수 없다.

곽노현은 이런 선택 앞에서 어떤 결론을 내렸는가. 도와줘야 할 사람은 천지에 깔렸고, 그 모두를 도울 수는 없는 노릇이다. 그렇지만 자신의 삶에 깊이 연루된 한 사람이 절박한 상황에 맞닥뜨려 자칫하면 자살을 할지도 모르는데, 인간적으로 그를 나 몰라라 할 수 있겠는가? 오해나 비난이 두려워 외면한다면 이해는 할 수 있겠지만 그런 태도를 보였다면 우리는 내심 실망할 것이다. 더군다나 진보교육 운동의 발전을 위해 함께 노력해왔던 사람이 곤경에 처해 있었다. 이럴 때, 당신이라면 어떻게 행동하겠는가? 그리고 우리는 곽노현이 어떻게 행동하기를 바라겠는가? 곽노현이 도움을 요청하는 상대를 외면했다면, 그래서 그 결과 상대의 자살로 상황이 끝맺음했다면, 세상은 '안 도와주기를 참 잘하셨어'라고 할까?

곽노현은 교육자이자 법학자다. 두 영역 모두 윤리적 선을 최고의 이상으로 삼는다. 그가 직업적으로 따라야 할 행동지침은 윤리적 선을 우선적으로 선택하는 것에 있지, 정황에 따라 유불리를 따져 행동하는 것에 있지 않다. 만일 곽노현이 그런 기준에서 행동하지 않는 교육자요 법학자라면, 여기서 그를 논의할 가치도 없다. 법이 어려움에 처한 이를 돕는 윤리적 선을 택한 그를 처벌하고 이 사회가 그를 버린다면, 그것은 이 사회가 지켜야 할 윤리적 덕목의 근본을 포기하는 일이 되고 만다. 그렇다면 곽노현에 대한 법적 처벌을 그대로 받아들이는 것은 우리 자신의 현재와 미래를 버리는 일과 다름이 없다. 그것은 곽노현 또는 그의 교육관을 좋아하는가 싫어하는가, 그를 믿는가 아닌가에 따른 판단과는 별도다. 이러한 판단에 따른 곽노현 사건의 이해는 법적·윤리적 오류를 낳을 뿐이다.

다시 묻자. 우리는 아이들에게 무엇을 가르칠 것인가? 불리한 때는 윤리적으로 옳다 해도 가급적 그런 건 선택하지 말아라? 유리하다고 판단될 때만 행동에 나서라? 그러나 이런 사람을 우리는 뭐라고 부르는가?

우리는 어떤 사회를 바라는가? 나에게 적용되는 기준이 상대에게는 적용되지 않거나, 또는 상대에게는 적용되지만 나에게 그 적용이 거부되는 사회인가? 분명 그렇지 않을 것이다.

한 걸음 더 들어가 묻자. 어려운 처지에 빠졌을 때 우리는 무엇을 기대하게 되는가? 나의 절박한 상황을 외면하는 사회를 바라는가, 아니면 누군가 나서서 도움을 주는 사회를 바라는가? 자신이 불리해질 수 있는데도 도와주는 사람을 우리는 어떻게 대하는가?

결국 곽노현 사건은 우리가 어떤 사회를 갈망하는가라는 질문에 대답할 때 그 결론이 나온다. 그건 단지 곽노현의 문제로 그치지 않고 우리 자신의 삶을 선택하는 문제다. 진정으로 좋은 사회는 법이 윤리를 지배하는 것이 아니라, 윤리가 법을 이끄는 사회다.

오해의 가능성이 있다는 정황을 내세워 윤리적 선을 행할 수 있는 권리가 법으로 부정되는 사회는 선과 결별하는 습관을 기르게 된다. 그런 곳에서는 누군가 곤경에 처해도 상황에 따라 혹여 오해를 살 두려움으로 그를 구하려 들지 않을 것이다. 이 도움이 절박한 '그'가 다름 아닌 당신이라면? '특수한 관계'라는 낙인이 도움의 손길을 가로막아도 정말 괜찮은가?

만일 윤리적 선이 법적 심판의

대상이 된다면 우리는 선한 사람을

처벌하는 사회를 선택하는 것이다.

도움이 절박한 그가 다름 아닌 당신이라면?

특수한 관계라는 낙인이 도움의 손길을

가로막아도 정말 괜찮은가?

유죄 추정은 없다
통합진보당 해산 결정과 헌법정신

통합진보당 해산 과정과 논리

통합진보당이 사라졌다. 2014년이었다. 분열된 진보세력을 하나로 모아 강력한 정당으로 만들겠다던 애초의 목표를 달성하지 못하고, 민주적 정치 과정을 통해서가 아니라 법적인 사망선고를 받았다. 생성 과정에서 도리어 내부 분열을 가속화했고, 마침내 진보정치에 대한 대중적 혐오를 지울 수 없는 낙인처럼 새긴 채 없어지고 말았다. 해체와 붕괴의 씨앗이 내부에 일부 있었다고 해도, 권력과 주류 보수언론의 끈질긴 압살정책이 성공한 셈이었다. 어떻게 이런 일이 일어났을까.

통합진보당은 2011년 12월 6일, 민주노동당, 국민참여당, 새진보통합연대가 합친 이후 10개월 만인 2012년 9월, 비례대표 선거부정 논란에 빠져 당이 쪼개졌다. 다시 2년이 지난 2014년 12월 19일, 대법원 판결로 해산 조치되었다.

2011년과 2014년의 중간에 해당하는 2013년 8월, 통합진보당은 이른바 내란음모 사건에 연루되어 정치논쟁의 중심에 섰다. 국가정보원이 통합진보당 소속 국회의원인 이석기를 중심으로 한 이른바 '혁명조직'(RO, Revolutionary Organization)이 대한민국 체제전복을 목적으로 사회주의 혁명을 도모했다며 내란음모와 선동 및 국가보안법 위반 등의 혐의로 고발한 것이다. 이어 9월에는 국회에서 이석기 의원에 대한 체포동의안이 가결되었고, 11월 5일에는 국무회의에서 통합진보당에 대한 '위헌정당 해산심판 청구의 건'을 심의·의결하면서 헌정 사상 처음으로 법무부가 헌법재판소(이하 헌재)에 정당해산심판을 청구하는 사태가 일어났다. 통합진보당은 이런 과정을 겪으면서 소멸되었다.

통합진보당에 대한 헌재의 정당해산 결정은 세월이 지나면서 빠르게 잊혔고, 끈질긴 논쟁의 대상이 되지 못했다. 그만큼 통합진보당에 대한 여론은 헌재 재판 당시 내리막길이었고, 당연하게도 지지세력을 찾기 어려웠다. 그러나 헌재 결정에 대한 반발이 없었던 것은 아니다. 이는 통합진보당에 대한 지지여부를 떠나 제기된 문제였다. 즉 헌재의 판결은, 정당해산 요건을 입증하지 못한 상태에서 통합진보당 해산을 요구한 정권의 의중에 따른 것이라는 비판이었다. 뿐만 아니라 이로써 민주주의의 위기가 더욱 심화되리라는 우려도 제기되었다.

판결은 8인의 해산 찬성과 1인의 반대로 정리되었다. 압도적인 다수 판결로 통합진보당 해산은 법적인 마무리를 지었다. 박한철 헌재 소장이 대표한 해산 논리는 이러했다. "통합진보당의 활동은 민주적 기본질서에 위배되고 이러한 실질적 해악을 끼치는 구체적 위험성을 제거하기 위해서는 정당해산 외에 다른 대안이 없다."

반면 소수의견으로 유일하게 통합진보당 해산에 반대한 김이수 재판관은 "(일부가 통합진보당의 기본노선에 반하는 행동을 했다고 해도) 통합진보당 전체가 민주적 기본질서에 위배되는 목적을 위하여 조직적·계획적·적극적·지속적으로 (그런) 활동을 한 것은 아니다. 결국 통합진보당 활동은 민주적 기본질서에 위배되지 아니한다"고 반박했다. 그의 견해에 따르는 이들은 이후 '종북'이라는 화살을 맞았다. 소수의견이 국가전복 세력의 주장처럼 매도당한 것이다.

통합진보당 해산은 새로운 논쟁을 가져왔다. 통합진보당이 그간 보였던 여러 정치적 문제점에도 불구하고, 헌재에 의한 정당 해산은 민주주의에 대한 전면적 도전이자 헌법정신의 붕괴라는 논란이 이어졌다. 물론 정부와 여당, 우익단체의 헌재 옹호는 단호했다.

이 문제를 어떻게 봐야 할까? 법 논리 차원에서 접근해보자. 법으로 죄를 확정하려면 증거로 입증해야 한다. 처벌은 그에 따른 국가권력의 집행이다. 심증과 자백이 처벌의 근거가 될 수 없는 까닭은 법이 근거 없는 판결과 처벌을 하지 않도록 하기 위해서다. 그런 까닭에 무죄추정의 원칙이란 입증되지 않은 혐의는 아직 무죄로 받아들여 처벌할 수 없다는 것이며, 이 원칙에 반하는 판결은 그 어떤 경우라도 법적 정당성과 효력을 가질 수 없다.

만일 무죄추정 원칙을 인정하지 않게 된다면, 우리는 근거 없는 단정이나 확정으로 유죄판결을 내리는 법정을 정당하다고 받아들이게 된다. 그런 법정이 재심 없는 최고판결을 내릴 수 있는 위치에 있게 되면, 근거 없이 유죄판결을 받게 된 당사자는 법적 구제의 가능성이 봉쇄된 채 법관의 자의적 판단에 따른 희생자가 된다. 그 법정이 만일 독립적 위치를 갖지 못하고 국가권력의 지배 아래 있을 경우, 그것은 법관의 자의적 판단에 그치는 게 아니라 국가권력의 명령을 수행하는 도구가 되고 만다.

이런 사태를 막지 못하면, 독점적인 법집행을 통해 강력한 권력을 행사하는 국가 앞에서 시민의 자유와 권리를 극대화하는 것을 목적으로 하는 민주주의는 중대한 위기에 처하게 된다. 죄형법정주의를 비롯해서 증거주의를 채택하는 근대 법체계와 정신의 뼈대는 프랑스혁명의 산물이자, 우리 헌법 제27조 4항에도 분명하게 표현되어 있다. 그렇기에 이런 원칙을 토대로 판결을 내리지 않는 법정은 위헌 행위를 하는 것이며, 그 판결은 불법적이고 위헌적인 것이 된다.

결론적으로 그러한 판결은 법적 정당성과 효력을 갖지 못하며, 위헌 행위의 책임은 그러한 판결을 내린 법정에 귀속된다. 헌재의 통합진보당 해산 결정은 과연 헌법정신에 기초한 판결인가, 아니면 그것을 위배한 것인가? 헌재는 '헌법'재판소라는 점에서 헌법에 대한 해석과 적용이 핵심이다.

여기서 헌재가 짚은 가장 중요한 논거는 '민주적 질서' 개념이다. 우리 헌법이 수호하고자 하는 정치질서에 대한 헌재의 입장이 여기에 담겨 있다.

헌재가 밝힌 민주적 기본질서의 개념

통합진보당 해산에 대한 헌재의 결정은 통합진보당이 '정당'으로서 '민주적 기본질서를 위배했는가의 여부'를 판단하는 문제다. 정당해산 심판 사유에는 '정당의 목적이나 활동 중 어느 하나라도'라고 되어 있다. 따라서 이 문제를 해결하려면 우선 민주적 기본질서가 무엇인가라는 논의와 통합진보당의 목적, 활동에 대한 실체적 검증이 요구된다. '실질적 해악' '구체적 위험성 제거'라는 구절이 결정문에 등장한 것도 주목해야 한다. 해악과 위험성이 현실로 입증될 때 헌재의 논리가 서기 때문이다.

헌재의 판결문은 정당에 대한 헌법 제8조 4항의 '민주적 기본질서'를 다음과 같이 해석한다.

> 개인의 자율적 이성을 신뢰하고 모든 정치적 견해들이 상대적 진리성과 합리성을 지닌다고 전제하는 다원적 세계관에 입각한 것으로서, 모든 폭력적, 자의적 지배를 배제하고, 다수를 존중하면서도 소수를 배려하는 민주적 의사결정과 자유와 평등을 기본원리로 하여 구성되고 운영되는 정치적 질서를 말한다.

이처럼 '민주적 기본질서'에 대한 개념 규정은 '개인의 자율적 이성에 대한 신뢰'를 근거로 '모든 정치적 견해'라는 포괄적 범주를 설정해놓고, 소수까지 담아내는 '자유와 평등'을 기본원리로 받아들이고 있다. 여기서 '폭력적·자의적 지배'는 배제된다. 그런데 이러한 개념 규정에는 로크 이후 민주주의의 기본질서에 해당하는 '부당한 권력질서에 대해 시민들에게 저항권이 부여되어 있다는 점'이 결정적으로 빠져 있다. 또한 "국가권력과 자본권력의 독점적 지배를 배제한다"는 오늘날의 논의 등이 부재한다는 점에서 충분치 않다.

그런 한계도 있지만, 민주적 기본질서의 개방성, 포괄성, 사상과 표현의 자유와 소수를 포괄하는 평등의 문제까지 거론했다는 점에서 의미가 있다. 또한 폭력적·자의적 지배를 배제한다는 점에서도, 정당을 포함한 정치권력의 폭력적·자의적 지배를 비판적으로 정의한다는 것 역시 평가할 수 있다.

민주적 기본질서를 위배하는 구체적 위험

이제 문제는 이러한 민주적 기본질서에 대해 '실질적 해악을 끼칠 수 있는 구체적 위험'이 무엇인가를 밝히는 데 있다. 그 위험의 성격은 '모든 정치적 견해'를 개방적으로 수용하면서 포괄적 논의의 민주적 제도를 유지하고 자유와 평등을 지켜내려는 사회적 의지를 폭력적, 자의적으로 지배하려는 것인가의 여부로 규정될 것이다. 즉, 다원적 세계관을 부정하고 독단적 정치견해의 지배와 이를 이루기 위한 폭력적·자의적 지배행위를 시도하거나 하고 있는 경우다.

역사적으로 보면 이러한 목적과 활동을 한 예로 히틀러의 파시스트 정당, 스탈린의 전체주의가 대표적이다. 대한민국 역사에서 돌아본다면, 한민당을 기반으로 이승만 독재체제, 공화당과 유신체제를 통한 박정희 군사독재체제, 민정당을 기반으로 했던 전두환 군사독재체제가 이에 속할 것이다.

이런 움직임이 우리 사회에 일어난다면, 그것을 민주적 기본질서를 좌절시키는 행위로 판단하고 마땅히 방어 권한을 행사해야 한다. 우리가 지켜내려는 민주주의를 폭력적 내란이나 쿠데타 등으로 해체하려 들거나, 그런 위험성이 보인다면 당연히 가만히 있을 수 없는 노릇이다.

그런데 이 같은 사태에 대해 경계경보를 발동시키는 경우에도, 그 것이 정치적 공간 안에서 해결할 문제인지 아니면 법적으로 해당 조직을 해산해야 할지는 또 다른 논의가 필요하다. 정당해산이라는 방식은 자유로운 정당활동을 보장하는 민주주의 원칙과 배치될 가능성이 높다. 달리 말해, 권력이 어떤 정당을 민주적 기본질서와 위배되는 행위를 했다고 규정하고 해산을 통해 정적을 제거하거나 그로써 민주적 기본질서 자체를 와해시키는 수단으로 사용할 가능성이 있기 때문이다. 그래서 정당해산은 매우 엄격하고 제한적으로 법적 판단을 내리게 되어 있다.

그렇기에 헌재가 결정문에서 밝힌 대로 '구체적 위험성'이라는 방식으로 통합진보당 문제에 접근해야 하는 것이다. 민주적 기본질서에 실질적 해악을 끼칠 수 있는 구체적 위험성은 말 그대로 구체적인 입증을 요구한다. 입증하지 못하면, 풍문이나 설 또는 권력에 대한 단순한 비판 발언과 움직임 정도를 가지고 위험성을 규정함으로써, 민주적 기본질서에 대한 해악이 아니라 권력에 대한 해악을 제거하려는 행위로 볼 수밖에 없게 된다.

헌재는 통합진보당이 민주적 기본질서에 끼칠 실질적 해악에 해당하는 구체적 위험성에 대해 그 목적은 통합진보당의 강령에 나온 '진보적 민주주의'를, 활동은 '이석기 사건'을 근거로 파악해 들어갔다. 헌재가 밝힌, 진보적 민주주의가 민주적 기본질서에 끼칠 실질적 해악이 무엇인지 살펴보자.

'숨은 목적'에 대한 증거 있는가?

헌재는 '진보적 민주주의'가 자주파에 의해 도입되었다면서, 이들 자주파의 주도세력은 북한의 주장에 동조하거나 연계되어 있거나 아니면 북한의 주체사상을 추종했다고 규정하고 있다. 이런 논리에서는 이제 진보적 민주주의가 어떤 내용을 담고 있어도 북한의 입장을 대변한 것이라고 결론 나게 되어 있다. 그래서 헌재 결정문은 통합진보당이 '북한식 사회주의를 실현한다는 숨은 목적'을 가지고 있다고 밝혔다.

그런데 이 '진보적 민주주의'는 세계적으로 1920년대에서 1930년대에 식민지 해방투쟁을 했던 지역에 공통된 사상적 경향이다. 서구가 겉으로는 자유주의적 민주주의를 내세워 제국주의 지배를 그로써 정당화한 데 대한 반발이자, 대안 논쟁의 산물이었다. 미국의 허버트 크롤리(Herbert Croly)는 이를 하나의 정치운동으로 펼치는 데 주도적인 역할을 했다. 그는 『진보적 민주주의』라는 저서를 통해, 산업사회에서 계급적 지배에 좌우되는 대의민주주의가 아니라 직접 민주주의적 토대를 갖춘 새로운 민주주의 구성이 필요하다고 역설했다. 이러한 사상은 1930년대 대공황을 겪으면서 뉴딜 정책에도 영향을 미쳤으며, 오늘날 미국 민주당 진보세력에게도 중요한 사상적 자양분을 공급했다. 헌재는 이러한 '진보적 민주주의'에 대한 지식이나 역사적 이해가 기본적으로 부재한 상태였다.

통합진보당의 경우, 민주노동당 시절 택한 강령에서 '사회주의'

• Herbert Croly, *Progressive Democracy*, Transaction Publishers, 1998.

항목을 삭제하고 이를 대체할 단어에 대한 논쟁을 거치면서 '진보적 민주주의' 항목을 넣게 되었다. 이 시기 통합진보당의 전신인 민주노동당은 새로운 진보세력 구성과 관련해서 더 대중적인 정당을 지향해야 하는 상황에서 사회주의 또는 사회민주주의라는 단어가 냉전 정치구도에서 반발을 살 것을 우려한 결과 이러한 논의를 전개했던 것이다. 당시 이 문제는 민주노동당 내부에서도 진보성을 애매하게 표현하고 사회주의적 지향을 청산하는 방식이라는 비판에 봉착하기도 했다.

그런 점에서 보면 통합진보당의 '진보적 민주주의'는 그 내용에 대한 구체적인 논쟁 과정이 치밀하게 펼쳐지지 못한 채, 사회주의 표방이 냉전 이념구도에 갇힐 수 있다는 점을 의식하면서 선거전략상 대중성 확보라는, 수세적이고도 통합적인 각도에서 강령에 담기게 되었다. 그러니 이를 자주파가 일방적으로 도입했다는 주장은 사실관계도 틀렸고, 자주파의 주도세력이 주사파라는 식의 규정 역시 오류다. 외세에 자주적인 나라를 만들겠다는 것은 어떤 특정계파인 자주파의 주장도 아니며, 그 어떤 주권국가의 국민이라도 당연하게 받아들이는 주장이기 때문이다.

게다가 헌재가 '북한식 사회주의를 실현한다는 숨은 목적'이라고 했을 때는 이를 입증해야 한다. '숨은 목적'은 겉으로는 드러나지 않지만, 실체적으로 존재한다는 뜻이다. 그렇다면 이를 실체적으로 입증해야 그 주장의 정당성이 확증된다. 그러나 이와 관련한 헌재의 모든 주장은 자주파의 주도세력인 주사파의 주장이 담긴 진보적 민주주의라는 식의 추정일 뿐, 그 어느 곳에서도 구체적인 입증을 하는 데에는 실패했다. 우리 사회에서 북한식 사회주의 체제를 진보적 민주주의의 모델이라고 인식할 사람들 역시 찾아보기 어려운 상황에서 헌재의 이러한 규정은 논리적으로나 실증적으로나 무리를 범한 결과라고 할 수 있다. 그렇지 않아도 김이수 재판관은 이에 대해 다음과 같이 견해를 밝혔다

통합진보당 강령에 언급된 '진보적 민주주의'가 북한식 사회주의 추구를 위한 전제조건이라고 볼 수 있는 증거가 없다. (단순히 용어의 일치만으로 증거의 효력이 발생하지는 않는다는 요지)

피청구인이 사회주의적 요소를 내포하는 강령을 내세우고 있고, 북한도 적어도 대외적 · 공식적으로는 사회주의 이념을 내세우고 있으므로, 피청구인의 주장이 북한의 주장과 일정 부분 유사한 것은 자연스런 현상이다. 피청구인이 북한을 추종하기 때문에 위와 같은 유사성이 나타났다고 보는 것은 지나치게 단순한 해석이다. 정부와 권력에 대한 비판적 정신과 시각이 북한과의 연계나 북한에 대한 동조라는 막연한 혐의로 좌절되는 일이 재발하지 않도록 하기 위해서는 북한의 주장과 유사하다는 점만으로 북한 추종성이 곧바로 증명될 수 있다고 보아서는 안 된다.

유사성이 곧 추종성을 입증하는 것이라는 논리는 받아들일 수 없다는 그의 논지는 기초논리학에 해당하는 내용이다. 헌재 판결은 기초논리학의 범주에도 미치지 못한 결론을 주장한 셈이다.

무죄를 근거로 유죄를 내리다니

헌재의 결정문은 한 걸음 더 나아가 바로 그 숨은 목적을 가지고 내란을 논의하는 회합을 했다고 규정했다. 이와 관련된 이석기 사건은 2014년 12월 19일 헌재 판결 이전 대법원의 최종 판결을 기다리고 있었다. 결국 내란음모도 무죄, 이를 조직적으로 이끌었다는 RO의 조직적 실체도 인정되지 못했다. 판결은 내란선동은 유죄, 국가보안법 위반에 대해서는 일부유죄를 내렸다. 이는 통합진보당이 조직적으로 숨은 목적인 북한식 사회주의를 성취하기 위해 조직적으로 내란음모를 한 정당이 아니라는 이야기다. 이석기를 중심으로 한 경기동부연합의 행태는 이미 사회적 비판 과정에서 명확하게 정리된 바 있다. 이들의 사고와 발언, 행위를 우리 사회에서는 실질적으로 위험하다고 받아들이기보다는 어이없다고 결론 내렸고, 통합진보당 내부의 패권주의도 정치공간에서 척결대상이 되었다.

그런데도 10만 당원을 가진 정당이며, 3만에 이르는 진성당원을 가진 정당이 이들을 조직적으로 움직여 내란을 획책하고 북한식 사회주의를 이루려 했다는 증거가 하나도 없는 상태에서, 폭력에 의해 진보적 민주주의를 실현하려고 했다는 주장을 어떻게 정당화할 수 있는가? 이에 대한 소수의견 김이수 재판관의 논지를 주목한다.

2013. 5. 10 및 5. 12 모임에서 이루어진 이석기 등의 발언은, 분명 국민의 보편적 정서에 어긋나는 것일 뿐만 아니라 민주적 기본질서에 위배된다. 그러나 위와 같은 행동은 비핵평화체제와 자주적 평화통일을 추구하는 통합진보당의 기본 노선에 반하여 이루어진 것

으로 통합진보당이 이석기 등의 의견을 적극적으로 옹호하거나 그로부터 영향을 받고 있다고 인정하기엔 부족하므로 이를 통합진보당의 책임으로 귀속시킬 순 없다.

민주노동당 시절부터 지금까지 통합진보당이 한국 사회에 제시했던 여러 진보적 정책들이 우리 사회를 변화하게 만든 부분이 있음을 부인하기 어렵고, 이는 통합진보당에 소속된 10만에 가까운 당원들이 당원이 되고자 결심하도록 만든 큰 이유가 되었을 것이다. 그런데도 이석기 등 일부 당원들이 보여준 일탈행위를 이유로 당을 해산해버린다면, 이 노선과 활동을 지지한 당원들의 정치적 뜻을 왜곡하고, 그들을 위헌정당의 일원으로 낙인 찍는 결과를 초래할 것이다.

과거 독일에서 공산당 해산 결정이 내려지고 12만 5천명에 이르는 관련자가 형사처벌을 받고 직장에서 해고되는 등 사회활동 자체에 제약을 받는 문제가 발생하였던 것에 비추어보면, 이 결정으로 우리 사회에 그러한 일이 나타나지 않으리란 보장이 없다.

헌재의 결정문은 이런 반론을 의식했는지, '실질적 해악을 끼칠 구체적 위험성이 발현된 것으로 보인다'고 했다. '보인다'라는 현상과 실제로 '있다'의 차이는 크다. 법은 그걸 가려내는 역할을 하는 것이다.

아니나 다를까, 헌재는 '진보적 민주주의는 북한의 대남 혁명 전략과 거의 모든 점에서 전체적으로 같거나 매우 유사하다'고 말하고 있다. 법정은 '유사' 또는 '거의 같다'와, '동일' 또는 '일치'의 차이를 명확히 가려내는 책임을 진 곳이다. 만일 이 차이가 소멸된 채 법적 판결이 난다면, 비슷한 것과 같은 것은 다를 게 없다는 논리가 통용될 것이며 비슷한 것이 유죄의 근거가 될 상황이 벌어질 수밖에 없다. 그런 법정은 법적 판단의 능력을 상실한 공간일 뿐이다. 헌재의 주장은 자신에게 부과된 임무를 포기한 것에 다름 아니다.

김이수 재판관의 반론에서 핵심논리는 '입증되지 못한 죄를 처벌할 수 없다'는 것이다. 그런데 헌재는 바로 이 입증의 근거를 실체적으로 제시하지 못한 채 해산이라는 유죄처벌을 내렸다. 내란음모도, 그것을 구체적으로 기획하고 실행에 옮길 수 있는 조직도 없는 정당임이 대법원에서도 확인되었지만, 헌재는 이를 묵살해버렸다.

무죄로 결정된 사항을 근거로 유죄 판결을 내리는 법정은 이미 법정이 아니다. 그야말로 민주적 기본질서를 위배하는 자의적 지배의 보기이자 헌법정신의 파괴를 입증한 사건이다.

법이 폭력이 되는 세상

진보세력이 어떤 미래를 만들어가야 할지 논의하는 것과 별개로, 우리는 죄를 입증하지 못한 상태에서 유죄판결을 내리고 그에 따라 정당해산이라는 처벌을 내린 행위에 대해 엄밀하게 따져야 한다. 이 문제에 대한 논쟁은 시효가 없다. 이는 교육과정에 담겨 치열하게 토론해야 할 대상이다.

그렇지 않아도 헌재 판결 이후 민주질서를 수호하기 위한 국가보안법의 포괄적 적용이라는 논리가 등장하고, 2016년에 이르러 '테러방지법'이라는 법적 장치를 통해 정부가 테러 소지가 있다고 판단하

수사과정에서 유죄를 추정할 수는 있다.
그러나 법정에서 유죄를 '추정'하여 판결하는 순간,
법의 근본이 무너진다.
민주주의는 그런 법의 붕괴를 막는 것에서부터
실질적인 효력이 발생한다.

면 입증근거가 분명치 않아도 이 법에 따라 사찰을 비롯해 테러단체 지정 등에 이르는 권한을 국정원이 집중적으로 갖게 되었다. 이야말로 민주적 기본질서에 대한 실질적 해악의 구체적 사례가 아닐까? 테러를 막겠다는 것을 반대할 국민은 없다. 그것도 민주적 논의의 절차와 법적 정당성이 전제되어야 한다. 그러나 현실은 법을 통한 국가폭력의 지배체제가 강화되고 있다. 혐의를 추정하고 이에 따른 법적 조치를 취하는 것은 그 자체가 불법이고 헌법정신의 위배다.

수사과정에서 유죄를 추정할 수는 있다. 그러나 법정에서 유죄를 '추정'하여 판결하는 순간, 법의 근본이 무너진다. 민주주의는 그런 법의 붕괴를 막는 것에서부터 실질적인 효력이 발생한다. 그러지 못하면, 우리는 법이 폭력이 되는 세상에서 살게 될 것이다.

반드시 해봐야 할 정치적 상상
2012년 대선결과 돌아보기

민주주의는 반칙을 인정하지 않는다

"문재인은 지난 2012년 대선에서 정말 패자(敗者)였을까?" 이는 박근혜의 당선을 공식화한 대선의 결과에 대한 질문이지만, 그 대선 과정과 결론의 정당성에 대한 비판적 검토이기도 하다. 국정원의 대선개입 공작은 이러한 질문을 던지게 했다. 이는 문재인에 대한 지지여부와는 다른 독자적 사안이다. 아무리 시간이 흘러 사실에 기반한 진상규명이 불가능하다고 해도, 승자와 패자가 바뀌는 사태가 용인된다면 그것은 우리의 민주주의가 공격받아도 어떻게 할 수 없다는 논리와 자세를 정당화할 뿐이다. 패자가 승자로 둔갑하고, 승자가 패자로 조작되는 사회에서 선거는 근본적으로 그 의미를 상실하고, 민주주의는 동력을 뿜어낼 수 없게 된다. 그런 곳에 남는 것은 권력의 공작과 언론의 여론조작 외에는 없다.

국정원의 이른바 '댓글 업무'나 정상회담 기록 대선시기 유출과 유세 활용 등은 모두 '문재인 낙선과 박근혜 당선'이라는 축을 중심으로 움직인 일련의 정치공작이었다. 이것 말고 다른 목적은 있을 수 없었다.

국정원의 정치개입과 부정선거활동, 경찰의 국정원 사건조작이 문재인 당선을 가로막는 결정적 역할을 했는지는 계량화하기 어렵다. 또 이들의 정치개입이 없었다고 해도 문재인의 당선이 이루어졌을지도 확실하지 않다. 따라서 문재인이 국정원 대선공작으로 인해 당락이 뒤바뀌었다고 말한다면, 그래서 그의 당선이 탈취되었다고 주장한다면 진정한 개표결과와 다른 주장이 될 수 있다. 이 모든 부정행위의 요인이 존재했다고 해도 그걸로 그가 낙선되었다는 것을 증명하는 것은 별도의 일이다. 그렇다면 무엇을 문제 삼자는 것이냐는 반박이 나올 수 있다.

2012년 당시 대선은 초박빙의 상황이었다. 개표 후 나타난 결과는 51대 48의 지지도 차이였다. 이것은 2~3퍼센트 정도의 변화에도 판이 달라지는 것을 의미한다. 그런 조건에서 이들 권력기관의 지원을 받은 당사자가 바로 박근혜라는 점은 움직일 수 없는 진실이다. 박근혜는 국정원의 댓글과 자신이 무관함을 강조했지, 국정원의 선거 관련 활동 사실을 부정하지는 못했다.

그런데 조직적인 부정선거에 의한 당선은 당선자 본인의 인지 여부나 의도, 개입에 관계없이 선거법에 의해 그 당선의 법률적 효력이 정지된다. 선거과정에서 밥 한 끼 잘못 사거나 식당에서 발언 하나 아차해도 국회의원직이 순식간에 날아가는 것이 오늘날 한국의 선거법이다. 이번 사건은 그런 수준과는 하늘과 땅 차이다. 군까지 포함된, 주요 권력기관이 총망라된 조직범죄였다.

게다가 손으로 직접 확인하는 수개표 없이 개표부정까지 논란이 되는 것은 앞으로 규명되어야 할 바이나, 일단 선거 과정만 살펴보기로 하자. 여기서 더 나아가기 전에 한 가지 짚고 나갈 바가 있다. 이 권력기관의 책임자들은 댓글 공작 사건이 개인의 일탈행위라고 주장했다. 그렇다면 관련자들을 조직의 규율에 따라 처벌했어야 한다. 그런데 그러지 않고 오히려 변호사 비용까지 대주었다. 관련자들이 조직의 보호를 받은 것이다. 더욱이 업무 중 상당시간에 그런 행위를 했음이 드러났는데, 그렇다면 그것은 일탈행위가 아니라 일상업무 자체라고 봐도 할 말이 없다.

다시 부정선거 문제로 돌아가보자. 득표에서 실제로 이겼더라도 부정선거 요인이 있었음이 확인되면, 그것은 승리로 승인되지 못한다. 민주주의 선거에서 반칙에 의한 승리를 인정해주는 곳은 어디에도 없다. 페어플레이 원칙을 어기는 순간, 후보 자격조차 박탈하도록 되어 있는 것이 민주주의 사회의 선거다. 그렇다면 남는 것은, 진정한 승자의 승리가 다시 확인되는 수순이다. 반칙한 자는 퇴장당하고 관련자들이 처벌받으면 된다.

그런데 그렇게 될 경우, '헌정 파괴' 또는 '헌정질서 중단'이라는 문제가 야기되는 것을 우려한다. '대선불복론'으로 문제제기를 원천봉쇄하면서 나오는 주장이 이런 종류의 것들이었다. 헌정질서 중단이라는 개념은 헌법질서의 작동이 중단되는 것을 뜻한다. 그렇다면 반칙이 개입된 당선 결과를 기정사실로 인정하고 그 체제를 지속하는 것은 헌법질서에 기여하는 것인가 아니면 파괴하는 것인가? 이에 대한 결론에 따라 헌정파괴나 헌정질서 중단의 정의가 내려질 것이다. 이는 기존 질서의 갑작스러운 변화에 대한 대중들의 현실적인 우려나 두려움과는 별도로 제대로 따져봐야 하는 사안이다.

반드시 해야 하는 정치적 상상

국정원 사태를 조사하는 과정에서 우리는 국정원이 단지 댓글 정도가 아니라 새누리당 재집권 전략의 중추를 맡았다는 것을 알게 되었다. 뿐만 아니라 경찰은 국정원의 보조기능을 톡톡히 감당했다. 2012년 12월 16일, 경찰은 밤 11시에 느닷없이 수사발표를 했다.

"국정원 선거관련 댓글 하나도 없다."

이것은 이후 거짓말이었음이 판명되나, 당시 박근혜 후보는 이에 맞추어 기세를 올린다.

"문재인과 민주당은 국정원 여직원에 대한 인권유린에 사죄하라."

선거는 12월 19일이었다. 진실과 관련한 여론의 반전이나 검토가 거의 절대적으로 불가능한 시점이었다. 만일 이날 경찰이 같은 시각에 긴급 수사발표를 하면서 국정원의 정치개입 증거를 만천하에 공개했다면, 그것이 박근혜의 여직원 인권유린 운운 발언에 역풍으로 작용했더라면 상황은 어떻게 전개되었을까? 박근혜는 사과해야 했을 것이고, 국정원도 정치개입 공작의 배후가 누구인지 추궁하는 여론 앞에서 궁지에 몰렸을 것이며, 여당의 기세가 꺾이지 않을 수 없었을 것이다.

만일 국정원의 정치공작과 이를 선거에 이용한 그 모든 불법행위나 범죄가 선거 직전에 뜨거운 쟁점이 되었더라면, 박근혜의 당선은 과연 가능했을까? 권력기관에 의한 정치개입 공작 사실이 분명하다면, 당선자 본인이 당당하게 대통령의 합법적 권위를 존중해달라고 말할 수 있을까? 반칙·불법·공작으로 점철된 자신의 당선에 대해 어떻게 정리하고 해명해나갔을까? 이러한 문제제기는 현실적 효력이나 관철 가능성 여부와 별도로, 아무리 시간이 지나도 여전히 유효한 질문이다.

너무도 분명했던 것은, 국정원 정치공작이 민주주의 유린과 남북관계의 정상화를 파괴하는 방식으로 이루어졌다는 사실이다. 박근혜 정권은 이 토대 위에서 등장했다. 민주주의에 대한 기본인식이 없고, 남북관계 해결의 진정한 관심도 없는 권력의 출현이었다. 집권 초기 미국에서 성추문으로 논란을 빚은 윤창중 사건은 이 권력집단의 윤리적 수준을 고스란히 드러냈고, 국정원 대선 개입 공작 사건은 이 권력 집단의 조직적 불법행위를 입증했다. 윤리와 법이라는 정치의 기본 구조물이 심각한 상태에 있었던 것이다.

이러는 사이에 시국선언이 이어졌다. 여러 대학의 총학생회와 교수들의 공동보조는 사태의 심각성을 여과 없이 입증해주었다. 사제들의 대통령 퇴진 요구도 거세어졌고, 촛불이 다시 붙었다. 다급한 나머지 민생문제를 내세워 불을 끄려 했지만, 민생을 저버린 정치공작에 몰두한 당사자가 바로 집권 세력이라는 점이 논쟁의 대상이 되면서 이러한 논리도 별반 힘을 쓰지 못했다. 이러한 세력이 버티고 있는 한, 진정한 민생문제 해결을 기대하기 어렵다. 국가권력을 사유화한 집단이 민생을 내세우는 것은, 양고기를 진열해놓고 실제로는 개고기를 파는 양두구육(羊頭狗肉)과 다름 없기 때문이다.

여론조사 결과도 집권 세력에게 당혹감을 주었다. 국정원의 정상회담 기록 공개가 잘못되었다는 여론이 우세하고, 북방한계선 (NLL)에 대한 노무현 전 대통령의 발언에 문제가 없다는 쪽도 더 높았다. 새누리당 지지자들조차 국정원 사태에 관해 새누리당의 조처에 대폭적 지지를 보내지 않았다. 사건이 파란을 일으킨 지 1년이 지난 2014년, 새누리당의 권력핵심 인사는 자리에서 물러나면서 노무현 전 대통령이 NLL을 부인한 적이 없다고 공식 발언했다. 그러나 사과는 없었다.

근대 이후 민주주의의 확고한 원칙

국정원의 대선공작과 민의조작은 우리의 지난 정치사 전체의 모순을 압축한 사건의 절정이다. 국가의 권력기관이 민주정치의 본질을 흔들고도 무사했던 시대는 종지부를 찍어야 한다. 정치에는 정의가 바로 서는 것이 최우선이다. 그렇지 못한 권력은 일체의 정통성과 효력, 그리고 추진력을 갖지 못한다. 정의 위에 기초한 정치가 민생을 올바로 해결해나갈 수 있다.

워터게이트 사건에 대해 "나는 모르는 일"이라고 했던 닉슨의 몰락에 2년이 걸렸다. 그 과정에서 미국은 국가권력에 대한 의회와 민의의 감시체계를 만들어냈다. 비판적 언론을 통한 시민들의 각성과 요구가 그러한 조처의 밑받침이었다. 미국 시민들이 더는 침묵하지 않았고, 언론 역시 지속적인 탐사취재와 보도를 통해 진실을 밝혀내는 데 성공했던 것이다. 결국 이 문제는 직접 민주주의의 현장에 그 해결의 열쇠가 있다. 표현의 자유, 시위와 집회의 권리는 민주주의 사회의 기본권이다. 정당하지 못한 권력에 대한 저항권은 로크 이래

국정원의 대선공작과 민의조작은 우리의
지난 정치사 전체의 모순을 압축한 사건의 절정이다.

정치에는 정의가 바로 서는 것이 최우선이다.

민주정치의 상식이며, 이 힘이 민주주의를 지켜왔다. 직접 민주주의의 요구와 만나지 못하는 정치는 그 어떤 방식과 구조, 제도를 취한다고 해도 뿌리가 썩은 고목이 될 뿐이다.

국가 최고권력의 정당성에 발생한 문제를 그대로 묵과하면서 민주주의가 발전할 수 없고, 민생을 책임져야 하는 정치권력에 진정한 추진력이 생겨날 까닭이 없다. 더군다나 부당한 방식으로 국가 공권력을 장악한 세력에게 자신의 주권을 대표, 위임하도록 하는 국민 개념은 우리 헌법에 존재하지 않는다.

국민을 속일 수 있다고 믿는 권력은 국민에게 버림받기를 자초하고 있는 줄을 모른다. 민주주의는 민의의 표출을 철저하게 보장하는 것에서부터 시작된다. 이걸 가로막고 왜곡하는 권력은 그 어떤 경우라도 민주정부라는 이름을 자신의 것으로 삼을 수 없다. 주권자의 의사를 봉쇄하고 억누르는 권력은 붕괴시켜야 한다는 것이 근대 이후 민주주의 정치사의 확고한 원칙이다. 아니면 우리의 삶이 파괴되기 때문이다.

따라서 2012년 대선의 과정과 결과에 대한 추적과 진상규명은 민주주의 정치의 근본을 바로 세우는 데 있어서 두고두고 비판적으로 검증되어야 할 역사적 과제다. 이 집요한 질문 던지기와 그 의미를 정리하는 작업은 한국 정치의 향후 진로를 올바로 잡아나가는 데 매우 중요한 근거가 될 것이다. 주권자 국민의 뜻을 정확하게 관철하고 담아내는 정치가 실종되는 순간, 또는 그런 정치를 장외로 밀어버리는 술책을 받아들이는 순간, 우리는 거짓과 탐욕이 주인 노릇을 하는 세상을 인정하는 꼴이 된다. 그건 거꾸로 뒤집힌 나라다. 이런 걸 바로 세우는 것이 우리 모두의 정치적 책임이자 권리다. 권력기관의 불법공작이 내재된 대통령 선거를 망각하고 넘어가는 것은 민주정치에 대한 포기행위이기 때문이다.

제 3 부   특권을 폐기하는

민주주의

민주주의는 고대부터 교양과 재산이 부족한 민초들이 좌우하는 중우정치(衆愚政治)라는 의미가 강했다. 정략적 선동에 휘말린 군중들이 훌륭한 지도자를 배척하거나 죽여버리는 현실에 대한 고대 현자들의 반감이 컸던 탓이었다. '다수의 결정'이라는 원칙이 절대적 기준이 될 때, 수와 양으로 압도해버리는 정치가 주도할 것이며 이 다수를 배후에서 조종할 수만 있다면 민주주의는 전제정치의 위장술에 동원되는 처지로 전락할 수도 있기 때문이다.

그러나 이제 민주주의는 단지 개념적으로만 존재하는 정치가 아니다. 근대 혁명의 과정을 통과하면서 민주주의는 내용적 풍부함을 획득해냈다. 사상적 깊이는 물론이고 이를 감당할 수 있는 주체가 역사적으로 출현한 덕분이다. 이러한 현실을 부정한 채 민주주의를 규정하고 생각하는 것은 몰역사적 사고일 수밖에 없다. 그럼에도 민주주의는 권력에 의해 끊임없는 견제와 억압, 그리고 폐기대상이라는 운명에 처한다. 권력은 독점이 본성이고, 민주주의는 평등과 공유가 본성이기 때문이다.

이 두 가지는 서로 충돌하고 섞이면서 민주주의 정치의 긴장을 형성하고 그 긴장을 통해 새로운 현실을 계속 만들어낸다. 그런 까닭에 민주주의는 우리에게 이론과 사상에 대한 공부는 물론이고, 현실에 대한 비판적 분석과 평가를 지속시킬 것을 동시에 요구하고 있다. 그렇게 하지 않으면 민주주의는 권력의 욕망, 자본의 탐욕, 시민들의 무지에 의해 왜곡되고 타락하며 껍데기만 남게 된다.

민주주의는 우리의 삶이 자유롭고, 차별받지 않으며, 평화롭게 살아가기 위한 근본 토대이다. 우리들 각자가 자신의 삶과 공동체의 결정에 주체적 권리를 행사할 수 있는 위치를 갖는 것은 민주주의의 핵심요건이다. 이걸 근거로 우리는 자신의 인생과 사회를 의미 있게 기획하고 창출해나갈 수 있게 된다. 이러한 가치와 가능성을 가로막고 나서는 것이 있다면 그것은 우리에게 격파의 대상이 될 수밖에 없다. 이 격파행위는 물리적 동작만을 의미하지 않는다. 더 근본적인 가치들에 대해 성찰하고, 이를 우리의 현실과 결부시키면서 그것이 제도와 법, 문화와 교육이 되게 하는 노력이다.

여기서 가장 중요하게 우리가 접전(接戰)을 벌여야 하는 것은 기존 질서가 강력하게 방어하고 있는 특권이다. 그것은 그 특권에서 배제되는 모든 이에게 희생과 차별을 강요하는 억압이다. 중세 봉건적 신분차별은 사라졌지만, 현대 자본주의 사회의 새로운 신분과 계급의 차별구조가 도리어 더더욱 단단해져가고 있다는 점에서 이 특권은 하루 속히 폐기되어야 하는 정치사회적 악이다.

민주주의를 공격하고 무너뜨리려는 모든 부당한 정치는 이 '특권의 정치'에서 나온다. 특권을 없애겠다고 혁명을 한 세력들조차도 새로운 특권을 만들어 군림하는 지배자가 되는 것을 역사는 수없이 증언한다. 이것은 민주주의가 언제나 현재진행형으로 자신을 관철하지 않으면 안 된다는 깨우침을 주는 사례다. 그래서 민주주의는 세상이 중심이라고 여기는 곳에서 태어나지 않는다. 현실의 변경 (frontier)은 민주주의의 요람이다. 그곳에 서는 것은 미래의 역사를 위한 첨병이 되는 일이다.

고전의 시대 VS 자본의 시대
우리 안의 인문정신

욕망의 정치가 밀어낸 것들

2008년 5월 초, 한국사회에는 그 현재와 미래의 지향점을 압축해서 보여주는 세 가지 의미 있는 사건이 겹쳐 일어났다. 하나는 한국 문학의 웅대한 역사가 된 대하소설 『토지』의 작가 박경리 선생의 타계, 다른 하나는 출판사 한길사가 지난 12년 동안 이루어낸 동서양 고전 시리즈 '한길그레이트북스' 100권(이후 한길그레이트북스는 150여 권의 간행을 기록하고 있다), 마지막으로 미국산 쇠고기 수입 전면개방 결정을 내린 신자유주의 권력에 대한 민심의 반발과 저항이다.

각기 떼어놓고 보면 서로 인연이 없을 듯하나 이 세 가지는 잘 들여다보면 오늘날 우리의 정신세계를 구성하는 매우 중요한 화두를 던질 '하나의 몸을 가진 인문주의적 유기체'다. 다시 말해, 자본이 모든 것을 거침없이 집어삼키고 권력이 자본의 하수인 또는 동맹 세력이 되어 정작은 자기 탐욕을 추구하면서도, 마치 대중의 욕망을 채워줄 것처럼 속이고 있는 현실에서 그걸 본질적으로 이겨낼 근거지를 여기서 발견하게 되기 때문이다.

자본의 선전을 무작정 추종하게 하는 '욕망의 정치'는 2007년 대선과 2008년 총선에서 위력을 발휘했다. 신분상승의 벽 앞에서, 사회경제적 궁지에서, 그리고 낙오의 불안감으로 소외되어가는 사람들의 핍박한 삶 속에서 '욕망의 정치'는 그 마법의 힘을 드러냈다. 유권자의 표를 포대기로 주워 모은, 이른바 'CEO 경제 대통령'과 '뉴타운 공약'은 그 마법이 외운 주문(呪文)의 실체였다. 사람들은 마법의 주문이 일으킬 환상적인 순간을 권력의 약속대로 가만히 앉아서 기다리고 있기만 하면 된다고 여겼다. 집단적 환상과 마취 상태의 비극이었다.

일부 진보세력과 지식인들조차 욕망의 정치를 거부하는 것은 현실정치에서 패배하는 것이라는 주장까지 하는 상황이었다. 자본이 제공해주는 욕망에 대한 기대는 당시에는 미처 깨닫지 못했던, 모두의 삶을 집어삼키는 일종의 광풍이었다.

그랬기에 다른 가치들은 뒷전이 되었다. 이 사회의 미래를 위해 깊이 생각해야 할 바들은 거론조차 사치스러운 것처럼 여겨지기도 했다. 당장에 생존이 위협받아 힘들어 죽을 판에 생명이니 평화니 또는 성찰적 인간이니 격조 있는 사회니 하는 것들은 나중에, 아주 나중에 혹시 여유가 생기면 그때 가서 비로소 잠시 관심을 가져도 문제가 아니지 않겠는가 하는 식이었다. 진실보다는 당장의 실리를, 윤리보다는 수단방법을 가리지 않는 수완을, 성찰보다는 이기적인 계산을 더 높이 떠받드는 선택을 하는 것이었다. 경박한 실용주의의 확산이 압도했다.

사회주의를 비롯한 대안사회의 현실성이 사라진 지점에 왔다고 여긴 상황에서 자본주의는 이제 더는 근본적인 질문을 던질 대상이 아니었고, 다만 그 운용의 기술만 제대로 체득하고 잘 굴러가게 하면 문제는 해결된다고 믿는 것이 대세처럼 보였다. 이에 따르면 이념과 사상은 소모적이고 비현실적이며 결국 빵이 되지 못한다는 것이다.

이런 풍토가 지속되어온 나라나 사회에서 인간의 본질을 묻고 미래의 좌표를 긴 역사의 눈으로 전망해보면서 철학적 성찰의 모험을 해보는 일은 쉽지 않다. 자신과 그 공동체가 살아온 시간의 의미를 새롭게 발견하고 이를 세계적 차원의 화두로 삼아나가는 작업을 하는 일은 더더욱 외면당하기 마련이다.

돈과 지위와 힘이 되지 않는다면 모두 헛된 것이라고 윽박지르듯 주장하는 개인과 세력이 주도하는 사회에서, 인간됨의 의미를 짚어나가는 일은 초라하고 무력하게 보일 수 있다. 이른바 인문학 또는 인문주의 정신의 위기나 실종은 그런 질문을 저버린 사회의 진상이기도 하다. 인문주의는 철저하게 멸시당했다.

권력의 지배, 개인의 원자화

그런 현실에서, 힘과 돈을 가진 자들은 자기의 탐욕을 위해 양심의 가책도 없이 다수의 대중들을 기만하고 희생시킨다. 자본의 선전에 세뇌 당해가는 대중들은 점점 혼자만의 세포 단위로 고립 분산된다. '너와 나'의 관계를 진실로 복원시키는 노력보다는, 자기 앞가림에 바빠 자신이 살아가는 역사의 정체를 알아볼 겨를이 없고, 너와 나의 진정한 소통과 굳건한 연대가 나와 우리 모두를 힘차게 변모시켜나간다는 것에 자신을 가지기 어려워지는 것이다.

이는 권력의 전체주의적 지배를 가능하게 하는 토대이다. 역사상 존재했던 극단의 전체주의뿐만 아니다. 욕망의 정치를 추구하는 지배체제 아래에서도 권력은 인간 내면의 밑바닥에서 솟구쳐 오르는 진정한 갈망을 서로 간의 대화 주제로 삼는 일을 어떻게든 차단하려 든다. 이로써 권력이 설파하고 이끄는 대로 끌려가며 그것이 내세우는 목표가 곧 자신의 목표인 것처럼 사고하는 이들이 늘어나는 것이다. 기득권을 누리는 언론과 교육, 그리고 지식인 사회는 자본과 권력의 동맹 세력이 되어 여기에 협력하거나 더욱 적극적으로 선두에 나선다.

이와 같은 풍토에서 다수 대중의 결정을 정통성 있는 것으로 승인하는 절차적 민주주의는 자칫 집단적 오류가 되기 쉽다. 결정의 내용을 질적으로 판단하고 평가하는 능력이 쇠퇴한 상태에서 내리는 다수의 선택이기 때문이다. 여기서 시대의 중심을 잡으려는 이들은 깊은 고민에 빠지게 된다. 세뇌되어가는 대중과 정면으로 맞서는 각오가 요구되기 때문이다. 그것은 대중을 가르치려 드는 오만함이 아니다. 권력과 자본이 기른 대중의 욕망과 환상을 깨지 않으면, 위기에 빠진 민주주의가 구출되지 못하며 인간이 참되게 살아가는 길이 봉쇄되고 만다는 의식이다.

진정으로 욕망해야 할 것이 무엇인지 명료하게 꿰뚫고 그걸 가려내어 자신의 목적으로 삼아나갈 수 있는 힘을 가진 인간과 사회는 참되게 진보한다. 그러나 욕망에 사로잡혀 이기적이 되는 인간과 공동체는 자본과 권력의 노예가 되기 십상이다.

사상과 이념, 철학과 역사는 이러한 우리를 진실과 하나의 몸이 되게 하는 힘이다. 그것은 우리 모두가 다 잘 알다시피 결코 하루 이틀 만에 형성되는 능력이 아니다. 오랜 시간 깊이 파고 넓게 주유(周遊)하며, 깎고 다듬고 채우고 그득그득 출렁이게 해서야 비로소 물건 하나가 될까 말까 한 그런 작업의 소산인 것이다.

당장에 이기적 욕망을 채울 수단으로 써먹는 것에만 눈을 밝히는 실용주의적 안목과 자세로는 도저히 도달할 수 없는 경지이다. 그것을 우리는 '고전'이라고 부른다. 고전이 정신적 자산으로 개인과 사회를 훈련시키는 시대와 현장은 그 내공이 단단해진다. 그걸 가볍게 여기고 소홀히 방치하는 시대와 현장에서 인간의 삶은 갈수록 그 내용이 경박해지고 그 정신은 황폐해진다. 그런 정신과 영혼에서 나올 것은 조잡한 이기적 욕망과 위선적인 논리, 그리고 사회적 약자들을 희생시키는 폭력일 뿐이다.

교육은 이러한 문제를 놓고 고민하며 인문학적 질문을 지속적으로 던질 수 있어야 한다. 그렇지 않으면, 교육은 비교육적이거나 반교육적 인간과 사회를 만들어가는 데 일조할 뿐이기 때문이다.

박경리 문학의 인문주의 정신

박경리 선생의 타계는 한국 문단의 거목이 세상을 뜨셨다는 것만이 아니다. 선생의 타계 소식에 새삼 『토지』에 대한 여러 발언이 나오고 있었지만 정작 이 작품을 떠받치고 있는 역사와 인간에 대한 성찰, 생명과 평화를 꿈꾸는 사회적 능력은 제한되고 있었다.

구한말부터 시작해서 해방공간에 이르기까지 이 땅의 백성들이 겪어온 세월의 의미를 다채롭게 관통하는 박경리 문학은 주인공 서희를 통해 빼앗긴 토지에 대한 욕망의 악착같은 복원이 부질없음을 일깨우면서 땅의 생명과 평화를 일구어낼 세상을 꿈꾼다. 그런데 우리의 지난 세월은 이와는 반대의 방향으로 치달아왔다. 욕망을 움켜쥐는 일에는 치열했지만 그걸 놓으면서 사는 법을 배우는 일에는 무력하기조차 했다. 생명의 가치가 여기저기서 짓밟혀왔다.

그런 까닭에 문학만 놓고 보아도 장편은 기력이 달려 읽지도 쓰지 않는 세상이 되었다. 길고 두꺼우면 보지 않는 습성이 배어간다. 빨리 결론을 재촉하는 현실에서 가슴에 담아둔 응어리를 하나하나 차분하게 풀 길은 없어지고, 경청의 대상이 없어지는 자리에서 저마다 지니고 있는 사연들이 어디론가 연기처럼 사라지고 있다.

그런 현실에서 박경리 선생의 부음(訃音)은 우리에게 지리산 자락의 역사에서 일구어낸 저 장엄한 『토지』라는 서사문학의 존재를 새롭게 일깨웠다. 25년의 세월 동안 혼신의 힘으로 파고 들어간 문학이 우리에게 있다는 것 하나만으로도 우리 자신에 대한 모든 조소와 세상에 대한 탄식, 정신적 무력감을 이겨낼 수 있는 인문주의적 진지가 있음을 자랑스럽게 깨우치는 것이다.

박경리 선생의 죽음을 통해 당대의 고전을 소유한 사회의 기쁨을 새삼 확인하는 계기가 주어진 것은, 역설적이지만 감사한 일이다. 당연히 이것을 우리의 일상으로 만들어내는 것은 우리 자신의 몫이다. 박경리 문학은 우리에게 존재하는 희망의 한 막강한 실체를 각성시켜준 역사의 한 대목이다. 우리의 책무가 무엇인지 분명해지는 것이다.

그 책무의 핵심은 다름 아닌 '사람답게 사는 세상'에 대한 우리의 갈망을 실현시켜나가는 일이다. 이를 위해서는 다수의 생명과 미래를 위협하면서 자신들의 욕망을 채우는 권력과 자본에 대해 윤리적 비판과 성찰이 필요해지진다. 바로 이 지점에서 우리는 인문주의 정신의 새로운 근거지를 보게 된다.

한편 한길사의 작업은 특별히 주목할 필요가 있다. 한길사가 지난 12년 동안 각고의 노력으로 성취해낸 동서고전총서 한길그레이트북스 100권 발간은 단지 한 출판사의 출판 업적으로 끝나지 않는 하나의 '문화사적 사건'이다. 1996년 논리철학자 화이트헤드의 『관념의 모험』에서 시작해서 2008년 미학자 아서 단토의 『일상적인 것의 변용』까지, 한길그레이트북스가 번역 출간해낸 책들은 인문주의적 역작이다. 그 이후 계속된 책들의 명단은 여기에 다 옮겨놓을 수 없을 정도로 많다.

이런 작업은 당장에 돈이 되지 않는다. 대중이 쉽게 읽고 즐길 수 있는 저작은 더군다나 아니다. 어려운 출판 여건 아래에서, 일개 출판사로서 달려들 만한 일도 아니다. 그런데도 이 일을 10년도 더 넘게 해온 것은 경이롭기조차 하다.

단 몇몇의 작가 이름과 제목만 열거해도 이 책들이 얼마나 소중한 인류적 자산인가 하는 것은 확연해진다. 레비-스트로스의 『슬픈 열대』, 마르크 블로크의 『역사를 위한 변명』과 『봉건사회』, 라다크리슈난의 『인도철학사』, 플라톤의 『정치가』, 루소의 『에밀』, 토크빌의 『미국의 민주주의』, 『순자』, 『한비자』, 헤겔의 『정신현상학』, 홉스봄의 『혁명의 시대』, 『자본의 시대』, 『제국의 시대』, 마루야마 마사오의

『현대정치의 사상과 행동』 등 한 시대의 사상과 정신을 꿰뚫고 인간의 역사를 총체적으로 파악해 들어간 노작들이 즐비하다.

한길사는 100권으로 그치지 않고 계속 200권, 300권 발간할 계획을 세우고 있다고 한다. 바라기로는 이 목록에 우리의 작가와 저서가 포함될 날을 고대한다. 세계적인 수준의 사상적 영향력과 철학적 깊이, 그리고 한 시대를 거머쥐는 인문학적 역량을 발휘할 수 있기를 원하는 것이다. 그렇게 되려면 그만큼 우리의 시대가 더욱 치열하게 자신의 내면을 돌아보고 세계적 고전과의 대화가 깊어지며 우리 사회가 지향하는 가치에 대한 진지한 모색이 꾸준히 이어져야 할 것이다.

길고 두꺼운 책들로 둘러싸인 고전의 시대는 이제 지났다고 하지만, 도리어 그 고전의 가치가 더욱 힘차게 발휘되지 않으면 안 되는 시대가 되고 있다. 인류적 지혜와 자산의 결정체들을 우리의 현실에서 새롭게 만나 시대를 역동적으로 변화시킬 저력을 갖지 못한 사회는 항상적인 위기에 처하기 마련이고 어떻게 해결의 지점을 발견해 낼 수 있을지 모르게 될 것이다. 한길사의 '한길그레이트북스 100권 출간'은 그런 우리에게 던지는 오늘의 질문이다.

우리 안에 존재하는 인문주의 정신

서사문학의 산맥이 된 『토지』가 주는 자랑스러움, 그리고 10여 년의 세월을 묵묵히 쌓아올린 그레이트북스의 존재 등으로 표현되는 고전적 인문정신, 여기에 촛불광장에서 민주주의에 대한 우리 사회의 고뇌가 폭발한 사태가 가세하면서, 이들 세 가지로 대표되는 흐름이 서로 하나되는 길을 만들 때 오늘날 우리를 둘러싼 이 답답하고 힘겨운 현실을 변화시킬 수 있는 처력이 길러지지 않을까 하는 희망을 갖는다. 다채로운 지식과 인문적 성찰이 풍부하고 역사와 철학이 일상의 문화와 교육환경을 이루며 그것이 마침내 우리 모두의 유쾌한 축제의 현장이 될 때, 우리는 전혀 다른 새로운 힘을 뿜어내게 될 수 있을 것이다.

욕망으로 점철된 시대에도 굴하지 않고 견고하게 자리를 지켜온 인문주의 정신이 우리 안에 존재하고 있다. 미래의 정치는 이러한 토대에서 자양분을 받아 펼쳐져야 한다. 책을 읽지 않는 정치는 타락과 소멸의 증거다. 진정 인간을 위한 인문정치에 대한 깊이를 만드는 근원에는 인류문명의 오래된 정신사가 있다. 그것과 만나는 시대와 사회는 스스로를 구원할 수 있다.

고전의 시대는 자본의 시대를 이길 것이다. 그것이 우리에게 희망의 깃발이다. '위대한 책들'을 읽는 현실에서 절망은 없다. 교육은 이 절망을 축출하고 희망을 세워나가는 인간사회의 건축학이다. 고전적 저작을 읽는 운동에 합류하는 정치야말로 진정한 공화국의 기초를 다질 수 있다.

사상과 이념, 철학과 역사는

우리를 진실과 하나의 몸이 되게 하는 힘이다.

고전이 정신적 자산으로

개인과 사회를 훈련시키는

시대와 현장은 그 내공이 단단해진다.

고전의 시대는 자본의 시대를 이길 것이다.

그것은 우리에게 희망의 깃발이다.

'위대한 책들'을 읽는 현실에서 절망은 없다.

민주주의는 광장에서 태어난다
촛불집회와 광장의 정치

소통의 정치, 봉쇄의 정치

2008년 5월, 서울의 도심은 광장의 정치로 용틀임했다. 미국산 쇠고기 수입 협상 과정에서 드러난 국민건강권 문제가 민심의 온도를 들끓게 했던 것이다. 이명박 정권과 새누리당의 전신인 집권당 한나라당은 임기 초반부터 위기에 몰렸다.

"지난 대선과 총선에서 저는 이명박과 한나라당을 찍지 않았습니다. 그런데 이번에는 꼭 찍고 싶어요. 짱돌로." 얼핏 과격한 느낌을 주긴 했으나 40대 중반의 한 여성이 단상 위에서 터뜨린 이 발언에 모인 사람들은 박장대소를 터뜨렸다. 물론 정말로 돌을 들고 폭력을 쓰겠다는 뜻은 아니었다. 풍자였다. 그만큼 집권 세력이 밉고, 저항의 힘으로 그들을 국민 앞에 무릎 꿇게 하고 싶다는 말이었다.

이 여성의 연설은 계속되었는데, 그 해학의 수준은 단연 독보적이었다. 그녀는 "우리 엄마가 예쁜 애는 남들 앞에 서는 게 아니다 했는데, 제가 오늘 할 수 없이 이 자리에 나왔습니다"라고 좌중을 웃긴다. 자기가 광우병으로 죽는다면, "그거야 미인박명(美人薄命)이니 숙명으로 알겠지만 앞길이 창창한 어린아이들은 어쩌느냐?"라며 여유 있는 너스레를 펼친다.

이어 한 고3 여학생이 단 위에 오르자 또래의 아이들은 열광했다. 광우병 우려가 있는 미국산 쇠고기 수입에 대한 이야기만이 아니라 무한경쟁으로 치닫는 교육정책과 의료보험 민영화까지 거론하고 나섰다. 이처럼 광장은 청소년에게도 사회정치적 교육의 현장이었고, 소통의 무대였다. 중학생 자녀를 둔 어떤 엄마는 단 위에 올라와, "저는 정치에 관심이 없었습니다. 조중동이 사람 이름인 줄 알았어요" 하고 참석자들을 웃게 하더니, "우리 시민의 힘으로 반드시 이 문제를 해결합시다"라고 시민행동의 힘을 진지하게 촉구하고 나섰다. 결국 이 자리에서 압축되는 메시지는 바로 "껍데기는 가라!"였다. 청계천 복구를 자신의 최고의 치적으로 내세운 이명박은 역설적이게도, 그 청계천에서 터져 나오는 함성과 규탄의 소리 앞에 마주서게 되었다.

이처럼 광장에서 벌어진 즉석 토론은 신자유주의 체제에서 직면하게 된 사회적 안전망 파괴의 문제까지 그 주제가 확장되면서 시민 민주주의의 광장을 만들어내고 있었다. 문제는 이러한 요구와 쟁점들을 끌어안으면서 대안을 내놓고 관철할 수 있는 정치세력의 준비와 존재가 보이지 않는다는 점이었다. 직접 민주주의의 동력이 제도정치와 합류할 수 있는 지점이 존재하지 않았던 것이다. 바로 여기서 직접 민주주의의 동력과 정당정치의 제도적 탄력성이 서로 결합되어야 하는 이유가 절실해진다.

그런데 정당정치가 거리로 나서면 '장외로 나갔다'는 식의 비난이 터져 나온다. 그러나 그것은 '장외'가 아니라, 민주주의의 현장이다. 정치를 장외와 장내로 구별하는 것은 직접 민주주의와 대의제의 연관관계를 끊으려는 논리일 뿐이다. 그런 현장을 찾지 않는 정치는 뿌리가 없는 나무이며 제도화해야 하는 내용이 비어 있는 껍데기 정치에 불과하다.

직접 민주주의와 제도권 정치의 합류

시민들이 스스로 만든 민주광장은 하나의 대오가 획일적으로 모든 것을 끌고 나가는 곳이 아니었다. 다양한 모습으로 시민 민주주의의 직접행동을 벌이는 현장이었다. 참여한 사람들은 각기 자신의 개성을 즐겁게 뿜어내고 있었다. 중심은 다양하게 존재하면서도, 하나의 분명한 방향을 향해 움직이는 모습이었던 것이다. 이 광장의 경험은 이후 반복되었고, 그 과정에서 촛불시위의 사회정치적 의미를 심화시켜왔다. 자발적 정치참여라는 차원에서 중요하게 연구되어야 할 사건이었다.

시민들의 촛불시위와 광장에서의 집결은 그 이후 지금까지 여러 형태로 진화하면서 정치의 운동력으로 작용하고 있다. 2014년 세월호 참사에 대한 시민들의 움직임과 2015년 역사교과서 국정화 반대 시위도 2008년 촛불시위의 연장선에 존재했다. 2008년 당시의 청소년은 2014년, 2015년에는 청년세대가 되었다. 이들의 경험세계 속에서 광우병 시위와 세월호 참사, 교과서 국정화 반대는 중요한 비중으로 각인되어갔다. 역사는 그렇게 새로운 세대를 훈련시킨다.

미래의 정치적 대안에 대한 고민은 시민의 주체적인 운동과 제도

정치가 어떻게 공동의 집결처를 만들어가는가에서 시작된다. 제도권 정치의 지도력이 빈곤하면 이러한 융합은 이루어지기 어렵다. 직접 민주주의의 요구와 육성을 체화시키지 못하는 정치는 표류하고 만다. 거리와 광장의 의미를 주목하지 않는 민주주의는 고사(枯死)되고, 그곳에서 일어나는 움직임을 통제와 봉쇄의 대상으로만 보는 권력은 시민들을 적으로 삼는다. 이러한 현실은 갈등과 모순을 증폭시키는 과정이 될 뿐이며, 진지한 토의와 정치적 합의 창출의 능력이 상실된 무한 격돌의 전투장으로 변하고 마는 것이다.

정치는 타협의 지점을 발견할 수 있으면 발견해야 한다. 이때 타협이란 원칙을 저버리고 현실의 조건을 서로 맞춰 대충 넘어가자는 의미가 결코 아니다. 어떤 역사든 과거에 축적해온 조건이 있기 마련이며 현실에서 조성된 힘의 구조가 있으므로, 그에 바탕을 두고 문제해결의 방식이 정해진다. 모든 것이 한꺼번에 해결될 수는 없다. 끊임없는 인내와 상호존중, 그리고 원칙을 확인하면서 이루어지는 정치적 타협의 기술은 민주주의의 성숙을 위해 포기할 수 없는 역량이다.

때로 그 타협 지점이 모색되지 않아 충돌을 거듭할 수 있다. 그럴 경우, 우리는 격변의 정치에 돌입할 것이다. 그러나 그러기 전에 거리의 정치와 광장의 육성에 귀를 여는 정치는 이를 제도 속에 용해시켜 정치적 진화의 새로운 성과물을 내놓는 과제를 감당할 수 있을 것이다. 제도권 정치의 진정한 위력은 여기서 발휘된다. 제도가 불가능하다고 여긴 일들을, 기존의 제도를 새로운 방식으로 작동시키거나 제도의 변화를 통해 풀어나갈 수 있는 길이 열리는 것이다.

그러므로 정치의 한계가 드러날 때마다 제도권 정치는 거리와 광장의 정치가 가해오는 카오스적 도전에 자신을 열어야 한다. 그것을 배제의 대상으로만 보는 순간부터 현실정치는 민주주의와 거리가 멀어질 수밖에 없다. 역사가 입증하듯이, 민주주의의 격동적인 파동에 의해 기존 질서에 균열이 생기는 것은 도리어 창조의 순간이 된다. 의식이 변모하고, 행동방식이 다른 기준 위에서 이루어지며 그로써 일상의 혁명이 일어날 수 있다. 민주주의는 바로 그렇게 '줄기차게 흐르는 물의 변화' 속에서 자라는 것이지, 고인 물에 뿌리를 내리는 삶의 방식이 아니다. 정치는 장외와 장내의 구별이 본질적으로 부재한, 열려 있는 광장이기 때문이다. 밀실의 권력에게 공동체의 운명을 결정하도록 내맡기는 습관은 민주주의와 전혀 관련이 없다.

권력의 밀실, 광장의 목소리

현실은 어떤가? 시민의 목소리가 커지면 권력은 밀실에서 공권력의 폭력행위를 지시하고, 시민은 광장에서 그 폭력과 대치한다. 밀실이 음모의 산실이 되면, 광장은 그 음모를 만천하에 공개하는 역할을 하기 마련이다. 민주주의는 거리에서 태어난다. 그것은 제도권 정치를 요동시키며, 그로써 새로운 정치질서를 창출하는 동력의 현장이다. 그리하여 기존 질서의 견고한 기득권은 타격을 받고, 방향 전환의 계기가 만들어진다. 제도권 정치 스스로 변화를 선택하면서 민주주의를 발전시키는 일은 매우 드물다. 정치적 생존의 위기가 감지되어야만 피할 수 없는 변화를 향해 몸을 움직이는 것이 제도권 정치다.

정당만을 중심에 놓고 정치를 파악하려 든다면 이처럼 직접 민주주의의 육성이 출렁거리는 현실을 가볍게 보게 된다. 민주주의의 응집력과 확산력은 기존 제도의 밖에 존재한다. 기존 질서란 언제나 기득권의 요구에 제한당하고 있으며, 거리와 광장은 그런 것들로부터 해방되어 있기 때문이다. 정치가 고착된 평형상태를 이루어 진전의 기미를 보이지 않을 때, 비평형상태를 만드는 균열과 해체 또는 창의적 무질서는 오로지 제도권 밖의 정치적 소용돌이가 이루어낼 수 있다. 현실정치는 시민 민주주의의 수준만큼 작동하는 법이다. 여론에 대한 정당정치의 민감한 반응은 이런 진실을 일깨운다. 그러므로 광장의 정치는 어떤 이유로도 폐쇄되어서는 안 되며, 민주주의의 보루라는 점에서 완강하게 방어되어야 한다. 이 사회의 다채로운 요구와 주장이 권력의 위협으로부터 안전하게 보호되고, 그 발언들에 귀 기울이는 정당정치는 민주주의의 근본토대가 될 수 있다.

그 소용돌이의 현장에서 어떤 일들이 벌어지는가? 시대의 육성이 들리고, 정치가 가야 할 방향이 선포된다. 이것을 탄압하는 권력은 민주주의와 적대적 관계에 들어서게 된다. 광장에서 목격되는 시민과 경찰의 대치는 이런 권력의 얼굴을 고스란히 보여준다. "우리가 민주주의다"라고 외치는 시민들 앞에 선 경찰은 그 순간 스스로 불법이 되고 만다. 경찰은 실정법을 내세운 통제와 진압의 기구로 작동하지만, 그 어떤 법과 질서도 민주주의와 대적하는 순간 민주주의의 파괴자인 동시에 역사의 훼방꾼이 되기 때문이다. 이것은 혁명의 역사 전반이 보여주는 본질과 일치한다. 권력은 이런 상황에서 늘 법과 질서를 외치지만, 그 법과 질서는 권력의 안전을 위한 장치일 뿐이다.

민주주의를 지키려는 시민과 대치하고 그들을 억압하는 순간, 조직의 명령으로 움직여야 하는 경찰은 공권력으로 포장한 무기를 든 폭력으로 전락한다. 아무리 비폭력의 가치를 앞세운 시위나 농성이라도 공권력이 폭력으로 나타날 경우에는 시민의 저항이 물리적 대응으로 변모하게 된다. 이때 시민의 대응은 폭력이 아니라 정당방위의 성격을 지니는 동시에, 민주주의가 인정하는 저항권의 표출이 된다. 부당한 권력에 대해 저항하는 것은 광장과 거리 정치의 권리이다. 이 권리를 기본권으로 받아들이는가 아닌가는 그 사회의 민주주의 수준을 확인시켜준다.

권력에게 민주주의는 본질적으로 불온한 체제이다. 따라서 이 긴장과 갈등은 정치의 숙명이 될 수밖에 없다. 그러나 그것은 시민의 삶을 더욱 낫게 하는, 누구에게도 양도할 수 없는 권리가 낳은 결과물이다. 그것을 포기하라는 것은 민주주의를 포기하라는 것과 동일하다. 광장에서 벌어지는 사건과 함께하지 않는 정치는 새로운 질서 창출의 동력이 어디에서 비롯되는지를 알지 못하는 박제된 정치로 전락하고 만다.

지배되지 않는 시민의 힘

민주주의는 권력의 일방적 지배를 거부해온 사람들에 의해 발전해왔다. 어제 이루어진 이들의 문제제기와 저항, 대안적 요구와 주장은 오늘의 제도와 법이 되어왔고, 권력의 권위주의를 무너뜨림으로써 민주정치의 공간을 끊임없이 확대해왔다. 서구의 역사적 대도시

직접 민주주의의 요구와 육성을

체화하지 못하는 정치는 고사한다.

그곳에서 일어나는 움직임을 통제 대상으로만

보는 권력은 시민을 적으로 삼는다.

민주주의는 '줄기차게 흐르는 물의 변화'

속에서 자란다. 광장은 혁명의 산실이다.

민주주의는 그곳에서 태어나 힘차게 자란다.

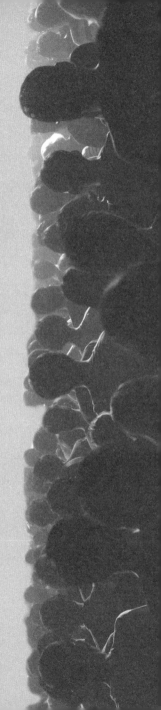

들에는 모두 이 '광장'(plaza)이 있다. 그곳은 한때 권력에 의한 동원과 지배의 공간이었으나, 민중은 그곳을 자신들의 광장으로 점거하는 데 마침내 성공한다. 혁명의 바리케이트를 설치했고, 그렇게 이루어진 점거는 애초에는 불법으로 취급되었다. 그러나 민주주의의 성장과 함께 당연한 권리행사가 되었으며 광장은 민주주의의 영토로 확정되는 과정을 밟게 된다.

『독재와 민주주의의 사회적 기원』*을 통해 유럽과 미국, 중국과 일본 등 동서 비교혁명사를 쓴 배링턴 무어(Barrington Moore, Jr.)는 민주주의를 파괴하는 것이 될 뿐인 시민적 자유의 억압은 무엇보다도 "노동에 대한 탄압을 권력의 기반으로 삼는 곳"에서 일어난다면서, 이에 대한 저항이 분출되는 혁명이 근대 민주주의의 근간이 되었다고 강조했다. 그의 논리는 달리 말하자면 바로 이 광장의 정치가 형성한 시대의 변화를 주목한 결과였다. 그에 더하여 그는 노동운동과 시민운동의 결합이 민주주의를 튼튼하게 만든다는 점을 갈파했던 것이다.

그런 의미에서 보면, 우리는 아직 광장에 대한 혁명적 점거를 제대로 이루지 못했다. 물리적 점거의 차원과는 별도로, 한 시대를 격정적으로 요동치게 하는 힘을 발휘하지 못하고 있다는 점에서 그러하다. 1917년 상트페테르부르크 광장의 시위는 러시아혁명의 도화선이었다. 1963년 25만 명이 모인 워싱턴 광장에서 마틴 루터 킹은 "나에게 꿈이 있다"고 외쳤다. 인권운동의 혁명적 폭발력이 터져 나온

* Barrington Moore, Jr., *Social Orgins of Dictatorship and Democracy,* Boston: Beacon Press, 1967.

현장이었다. 1989년 피 흘리지 않는 벨벳혁명을 이끈 체코의 하벨은 전체주의 청산의 깃발을 프라하 광장에 세웠다.

광장은 혁명의 산실(産室)이다. 민주주의는 그곳에서 태어나 힘차게 자란다. 서울의 광화문과 청계광장은 어떨까? 역사의 요구 앞에 사람들을 집결시키는 자리가 되는 것이 마땅치 아니한가?

특권을 해부하는 논리

영화 「부러진 화살」과 「남영동 1985」

정지영 감독의 뇌관 건드리기

1990년 영화 「남부군」으로 냉전의 사유체계에 균열을 냈던 정지영 감독이 2011년 말과 2012년, 「부러진 화살」과 「남영동 1985」을 연달아 내놓고 또 한 번 사회적 논란을 제기했다. 「부러진 화살」은 저예산 영화로 제작되어, 4백만이 넘는 관객이 보는 성과를 거두어 흥행에도 성공한다.

영화 「부러진 화살」은 사전 시사회에서 폭발적인 반응을 지속적으로 얻었다. 아무리 의미가 깊고 의의가 있다 해도 영화적 재미를 선사하지 못하면 그 작품은 실패이다. 그러나 「부러진 화살」은 법정 공방의 현실감과 함께 우리 사회의 적나라한 이면을 들여다보게 하면서도, 안성기를 비롯한 연기자들의 명연기를 보는 즐거움은 물론 서사적 통쾌함과 결론의 유쾌함을 동시에 선사한다.

"이게 재판입니까? 개판이지"라는 영화 속 대사가 말해주듯 '세상에 이런 상황이 벌어지다니' 하는 개탄과 함께, 그것을 돌파하는 개성 강한 인물들은 극적 긴장을 높이는 동시에 분명한 메시지를 제시한다. 우리에게 '주어진 법적 권리조차 놓고 사는 자신의 모습'을 돌아보게 하는 한편, '아, 이럴 수 있는 거로구나. 이래도 되는 거였네!' 하는 용기로 다가온다.

법으로 기득권을 방어하려는 세력에게 바로 그 법을 고스란히 되돌려주는 방식으로 그 방어벽을 허무는 반전과 역설이 펼쳐지는 장면들은 영화이면서 또한 현실에 바탕을 둔 주장이다. 그래서 이 영화는 힘이 있다. 감독의 상상력으로만 구성한 픽션이 아니라, '사실과 영화적 구성이 하나가 된 팩션(fact+fiction)의 위력'을 가감 없이 보여주기 때문이다.

이 영화가 다루는 사건은 이른바 '석궁 테러'라는 이름으로 불리면서 사회적으로 논란이 있었다. 이는 '법'에 대해 우리 사회가 무엇을 생각해야 할 것인지 일깨우고 있다.

법정의 현장을 정면으로 문제삼은 우리 영화는 「부러진 화살」 이전까지 없었다. 시간이 지나면서 잊고 있던 사건을 되돌아보게 하면서 지금의 현실을 생생하게 길어 올린 감독의 시선은 구체적이고도 날카롭다. 우리 사회와 역사의 뇌관을 과감하게 건드려온 정지영 감독다운 영화다.

대학입학시험 문제의 오류를 밝히려다 대학에서 제명된 교수는, 법정 소송과정에서 억울한 판결을 받고 이에 대해 문제를 제기한다. 그 과정에서 해당 재판관에 대한 석궁테러 혐의가 발생한다. 영화는 이 혐의에 대한 법정 공방을 중심으로 전개된다. 석궁에 의한 테러가 실제로 일어났는지 아닌지를 규명해가면서, 재판 과정은 우리 사회의 특권조직이 어떻게 움직여나가는지를 하나하나 보여준다. 이 작품은 관객들에게 공분과 흥미로움 그리고 아, 하는 경탄을 자아내게 한다. 법이 우리의 일상을 지배하고 있고 우리는 그 지배에 별 도리 없이 복종하고 있는 상황을 순식간에 무너뜨리기 때문이다.

이 영화는 개봉 직전 사법부와 거대 자본의 견제, 이와 동맹 체제를 구성하고 있는 보수언론의 비난이라는 현실에 포위되었다. 어느 신문의 기명 칼럼은 문제가 많은 인물 역으로 국민에게 편안함을 주는 배우 안성기를, 판사 역에는 '음흉한 악역 배우'를 썼다면서, 사법부를 공격하기 위해 의도적으로 캐스팅을 했다는 식으로 이 영화를 공격했다. 연기와 현실의 구별이 전혀 안 되어 있는 글인 데다가 연기자에 대한 명예까지 훼손했던 것이다.

바로 이러한 상황을 뚫어내자는 의식과 의지를 담은 영화이기에 「부러진 화살」의 흥행 성공은 우리 사회에서 더더욱 중대한 정치사회적 의미를 갖는다.

유죄와 무죄 사이, 사법부의 특권의식

우리 사법부는 믿을 만한가? 검찰을 이대로 둬도 괜찮은가? 이 질문에 대해 그렇다고 대답할 수 있는 한국인은 많지 않다. 기존 법률 체계를 지켜야 하는 특징상 법조계는 보수적일 수밖에 없다. 문제는 그것이 법적 정의가 아니라 기득권 또는 특권을 방어하기 위해 사회적 약자를 짓밟는 경우가 허다하다는 데 있다. 「부러진 화살」에 대한 반응이 그렇게 열렬했던 것은 다름 아닌 이런 현실에 기인한다.

법은 법조문의 기계적 해석과 적용이 아니라, 구체적인 상황과 연유에 대해 치밀하고 섬세한 관찰과 판단, 그리고 고도의 복합적인 법

철학적 사고능력을 요구한다. 실체 판단이 쉽지 않은 사안에 대한 증거능력 검증과 상황 분석, 논증의 과정에서도 정밀한 판단능력이 필요하다. 이런 과정 자체를 의도적으로 배제한다면 더더욱 큰 문제다. 아니, 그 배제는 범죄다. 이른바 '전관예우' 관습이 지니는 해악은 전직 고위 법조인에 대해 특별예우를 하는 특혜가 문제가 아니라, 이 때문에 재판과정에서 사실관계나 법 논리 적용의 의도적인 오류에 의한 판결의 왜곡이 나타나 억울한 피해자가 발생하는 불법에 있다.

영화 「부러진 화살」은 피고의 억울한 상황을 돌아보기보다는 그 상황을 정당화하는 법적 판결을 내리는 사법부의 무염치함을 고발하고 있다. 그건 무염치함이라기보다는 범죄행위라고 해야 마땅해진다. 결코 과도한 규정이 아니다. 무죄인 사람을 유죄로 몰아 옭아맨다면, 우리는 그것을 무엇이라고 불러야 하는가?

이 나라 사법부에는 자기 성찰의 자세가 없다. 가령 한미 FTA에 대한 법적 토론과 논의가 필요하다는 판사에게 사법부는 경고를 내리면서, 공인의 발언에 조심스러움이 있어야 한다고 일침을 놓는다. 그러나 한미 FTA로 말미암아 생겨날 희생자에 대한 공인의 책임에 대한 고뇌와 발언은 일체 없다. 사법부의 기득권을 흔드는 상황에 대한 경계경보만 발동할 뿐이다. 「부러진 화살」은 그런 사법부에 대한 국민적 경계경보다.

「부러진 화살」은 사법부의 오만과 특권의식, 기득권 동맹 체제를 폭로하고 있다. 이런 사태를 만들어낸 것은 사법부 자신이다. 「부러진 화살」은 사법부 자체를 정조준하려는 것이 아니라, 그 특권의식과 기득권에서 해방된 사법부를 보고 싶어하는 것이다. 그런 사법부가 되는 것은 사법부 자신에게도 당연한 과제이자 책임 아닌가?

실제 재판과정에 근거한 영화의 내용으로 잠시 들어가보자. 석궁 테러의 혐의 확인에는 증거가 반드시 요구된다. 석궁을 쏜 사람이 없으면 맞은 사람도 없게 마련이다. 그러나 맞았다고 주장하는 사람이 있다면 그 증거를 확보하는 것은 누구라도 가장 먼저 떠올려야 할 기본이다. 더군다나 맞았다고 주장하는 사람이 법정에서 증거 논쟁을 정리하는 판사라면 그 증거가 얼마나 중대한지도 알 것이다. 뿐만 아니라 가해의 증거라는 화살이 자신이 피해자라고 주장하는 이의 몸에 박혔다고 한다면, 그건 가해자가 어떻게 인멸할 수 없는, 피해자의 손에 들어간 가장 확실한 물증이다. 그런데 그 증거가 사라졌다. 누구의 손에 의해서일까? 어떤 경로로?

가령 누군가를 칼로 찌른 뒤, 그 칼을 범인이 없애버렸다고 그 범죄 사실이 사라지지는 않는다. 찌른 칼을 찾지 못한다고 해서 찔린 상처가 없어지는 것도 아니니 칼이라는 물증이 없을 때는 다른 정황 증거가 범죄를 입증하는 능력을 가지게 될 것이다. 따라서 결정적 물증이 없다고 해서, 그 범인이 잡히든 아니든 해당 범죄 사실이 부인될 수 없다. 그러나 석궁사건의 경우, 피해자의 손에 들어갔다는 결정적 물증이 실종된 것은 그 실종의 책임부터 가려내야 옳다. 피해자의 책임이 아니라면 범인이 피해자 몰래 은폐, 인멸했을 때나 가능한 이야기다.

피해자가 주장하는 상처가 석궁 발사의 결과인지 아닌지도 확증되지 못했고, 발사체인 화살이라는 물증도 없어진 상태이며 혈흔이 피해자의 것인지 밝히는 과정도 없는 상태에서 내려진 판결이라면,

그것에 승복할 사람은 어디에도 없다.

　법정에서 판사가 전문가를 불러 실험해본 과학적 결과도 부정하고, 피해자의 혈흔 검증도 거부하고 결정적 물증이 사라진 경위에 대해서도 묻지 않고, 동료 판사인 피해자의 말만 근거로 판결을 내리는 모습을 보였다면, 그 재판의 일방성은 비판의 도마 위에 오르지 않을 수 없다. 법은 만인에게 평등하지 않다는 것을 확실하게 보여준 셈이기 때문이다.

　제출된 증거의 증거능력 판별은 판사의 자유재량이라고 할지라도 상식적 설득력이 있을 경우에 한한다. 여기에는 절차적 정의라는 과정의 공정성이 매우 중요하다. 판사의 자유재량 발동에 필요한 절차를 엄밀하게 구성하는 것은 공판주의의 정신이기도 하고 법의 권위를 확보하는 첩경이기도 하다. 이것을 판사 스스로가 무너뜨리는 순간, 법의 권위를 몰락시킨 당사자는 다름 아닌 판사 자신이다.

　물론 '판결에 불만을 품고 석궁을 들고 갈 수 있는가'라는 윤리적 문제가 생긴다. 석궁을 들고 해당 판사를 겁주려 한 것은 찬동할 수 없다. 그러나 '아무리 그렇다고 해도'라는 생각과 동시에, '오죽하면'이라는 시각을 동시에 가지는 순간, 그를 대표로 하는 무수한 이들의 억울한 심정을 읽어내는 것이 판사의 양심이어야 한다. 이것이 법적 판단의 균형성이다. 법의 공정한 판결에 대한 상징은 눈이 가려진 채 천칭저울을 들고 있는 정의의 여신 디케(Dike)다.

"우리가 이길 수 있다"

　사실 이 영화는 사법부의 현실만을 문제 삼고 있지 않다. 이 점 또한 중요하다. 이 영화에서 우리는 우리 사회가 제기하고 고민하며 토론하고 해결해야 할 사안들과 두루두루 직면하게 된다. 사립학교법, 국가보안법, 노동자 탄압, 사법피해, 교도소 인권상황, 언론의 비굴함, 이명박과 주가조작 사건 기업 BBK, 검찰개혁 등 하나둘이 아니다. 특히 노동자 탄압은 이명박 정권 아래에서만이 아니라 국민의 정부, 참여정부 아래에서도 벌어졌다. 영화는 이에 대한 장면을 놓치지 않고 담아낸다. 시위 진압과정에서 경찰이 노동자들을 인간 이하로 취급하면서 두들겨 패는 장면은 영화를 위해 새로 찍은 것이 아닌 실제 상황이었다.

「부러진 화살」은 이 같은 사회적 악폐와 억압구조를 사법부의 현실에 비추어 더욱 적나라하게 드러낸 영화이다. 그렇다고 다른 권력기관들은 그냥 넘어가도 좋다고 하는 것은 아니다. 민주정부 10년의 공과 과, 그리고 이명박 정권의 폐습, 사법부를 비롯한 권력기관의 오만과 특권체제, 이 모든 것이 이 영화에서 하나로 뭉뚱그려 얽혀 있음을 일깨우는 것이다. 이러한 시선은 박근혜 정권 아래 사법부의 현실을 바라보는 데도 여전히 의미가 있다. 그런 점에서 「부러진 화살」은 민주주의의 완성과 남북관계의 진화, 복지체제의 건설을 위해 필요한 우리의 의식과 시선을 재정리하는 데 매우 중요한 화두를 던진 영화다.

이 영화의 핵심 메시지는 "우리가 이길 수 있다"이다. 법이라는 철옹성에 미리 겁먹지 말고 잘 연구하면 거꾸로 그것이 우리의 수단이 된다는 것이다. 방법도 나와 있다. 포기하지 않고 끝까지 밀고 나가 보는 것이다. 대담하게.

그렇다면 누가? 2008년 촛불광장을 하나의 기점으로 본다면, 현실을 역동적으로 변화시키는 힘의 밑바닥에는 '보통 사람들의, 미미하게만 여겨졌던 목소리'가 있다. 세상으로부터 잊힐 뻔했던 석궁 사건의 실제 당사자 김명호 교수도 그 목소리의 하나이고, 저예산으로 만든 이 영화 또한 그 목소리이며, 개봉 후 흥행여부에 따라 받기로 하고 일단 노개런티로 출연한 연기자와 스텝들도 그 목소리를 만들어낸 이들이다. 과감히 배급을 결정한 이들도 마찬가지다.

그뿐인가? 영화 「부러진 화살」은 거대한 자본의 공세와 벽 앞에서도 SNS를 통한 사회적 응원에 힘입어 관객 수가 늘어갔다. 개봉 1주일 만에 달성한 100만 관객도 그런 이들의 위력이 만들어낸 거사였다. 이로써 이 영화는 한 시대의 의미를 규정하는 사회적 자산으로 진화해나갔다. 2015년 개봉한 우민호 감독의 「내부자들」은 「부러진 화살」에서 이어지는 우리 사회의 문제의식이 더욱 확대되고 있음을 보여주었다. 정치와 언론, 법의 삼각관계 내부에서 무슨 일들이 벌어지는지, 우리는 더욱 똑똑히 알게 되었다. 두 영화 사이의 5년이라는 시간을 통과하면서, 특권체제에 대한 우리 사회의 비판의식은 확고해졌다.

고문의 역사를 고발하는 「남영동 1985」

「부러진 화살」이 기존의 사법부와 관련한 법적 정의의 문제를 다루었다면, 영화 「남영동 1985」는 고문이라는 정치폭력에 대한 역사를 고발한다. 폭력으로 특권체제를 유지해온 세력에 대한 기억의 정치가 작동한 셈이다.

영화에는 이런 대사가 나온다.

"박정희 대통령 때는 괜찮았지만, 지금은 아니야."

뭐가 괜찮았다는 것일까? 그리고 여기서 '지금'은 언제일까? 고문 수사관 이근안 역으로 나온 이경영은 수사관들의 폭행으로 상처가 난 김근태 역 박원상의 몸을 살펴보면서, 차갑고 절도 있게 남영동 수사관들에게 경고한다. 명계남이 맡은, 이근안에게 경쟁심을 느끼는 수사팀장이 서투르게 한 고문에 대한 질타였다. 왜 그랬을까? 고문폭력과 그로 인한 살해에 대해 문제제기조차 하지 못했던 박정희 정권 때와는 달리, 전두환 정권 시기에는 고문폭력의 증거가 드러나 시위를 통한 집단항의 사태가 일어나는 경우 문책을 받을 수 있었다는 의미였다.

박정희 때는 그랬다. 물론 전두환 때에도 그런 일이 중지되었던 것은 아니다. 그러나 인혁당 사건에서 뚜렷이 드러난 것처럼, 자기 고향 대구·경북 출신의 젊은 지식인들을 사형판결 후 곧장 처형대로 끌고 가도록 명령을 내린 박정희의 통치는 한 시대를 공포로 몰아갔다. 고문이 정치적으로 문제가 될 수 있게 된 현실은 이런 폭압통치에 대한 저항이 지속적으로 이루어진 결과였다. 인혁당 사건을 가리켜 흔히 사법살인이라고 하지만, 대통령이 사형을 승인한다는 점에서 그것은 사법살인이 아니라 적나라한 권력의 살인행위였다. 남영동은 그러한 폭력의 현장을 가감 없이 보여준다.

누구도 선뜻 말하려 들지 않았던 역사

겨우 한 달간에 걸친 촬영기간에 이만한 영화를 만들었다는 것은 놀랍기 짝이 없다. 「부러진 화살」도 그랬지만, 「남영동 1985」도 시대의 침묵을 깨고 나선 정지영 감독의 영화적 투혼이 돋보이는 작품이다. 분단의 계곡에서 죽어간 빨치산 「남부군」, 월남전의 비극 「하얀 전쟁」을 비롯해서 그는 누구도 선뜻 말하려 들지 않았던 역사의 대목을 서슴없이 짚어왔다.

칠성판 위에 발가벗겨진 채 물고문과 전기고문을 받는 연기자 박원상의 모습은 처절했다. 김종태라는 이름으로 글자 하나를 바꾼 김근태는 박원상을 통해 다시 역사의 현실에 환생했다. 그가 겪은 고통과 죽음의 얼굴이 우리에게 또렷하게 말하는 듯하다. "이 일을 결코 잊지 마십시오. 망각은 바로 저들이 원하는 바입니다." 그 얼굴을 마주하는 일은 실로 고통스럽지만, 어디 실제로 김근태가 치렀던 것만 하겠는가?

"박정희 대통령 각하와 전두환 대통령 각하에 대들었던 당신 같은 사람들이 여기 와서 다들 생각을 고쳐먹고 나가지요." 남영동을 총괄하는 인물로 나오는 고위 수사책임자 문성근은 박원상에게 타이르듯 말한다. 자신도 경기고등학교 출신의 엘리트라며, 민주화운동은 북한과 연계된 빨갱이들의 소행이라는 주장을 거듭 강조한다. 국가보안법이 받쳐주는 냉전논리였다.

목욕탕에서 아들과 함께 물장난을 치는 주인공 김종태의 모습은 물고문 장면과 겹치면서 인간의 삶에 기본조건으로 필요한 물을 인간을 말살시키는 도구로 변모시키는 자들의 냉혈적 면모를 직시하게 한다. 인간의 존엄성을 있는 대로 짓밟아 비굴하게 만들고 영혼을 팔게 하는 이들은 악마와 다를 바 없다. 민주주의는 결국 악마와의 싸움이었다.

국가보안법은 국가와 체제의 안전을 내세워 이 악마들이 활개 치도록 만든 법이었다. 고문을 정당한 것으로 생각하게 했고, 그러다가 죽여도 문제가 되지 않는다는 확신까지 주었던 법이다. 사형 판결을 받기도 전에 사형이 가능하게 하도록 한 것이 바로 국가보안법이 해온 일이었다. 국가를 보안한 것이 아니라, 악마의 권력을 지켜온 법이었다. 고문은 이 권력이 애용한 수단이었다.

고문은 폭력으로 자백을 받아내는 방식이 아니다. 정지영 감독은 고문의 정의가 달리 규정되어야 한다고 말한다. "고문은 있지도 않은 사실을 조작해내는 수법입니다. 강제로 자백하게 하는 것이 아닙니다." 박정희-전두환으로 이어지는 시대에는 한 사회 전체가 고문에 시달렸다. 권력이 입을 봉쇄하고, 귀를 막고 눈을 가렸다. 진실을 왜곡하고 있지도 않은 일을 조작해서 수많은 사람들을 희생시켰다.

이런 역사에 대해 박근혜는 "산업화 시대에 본의 아니게 상처받은 사람들"이라는 표현으로 사과 아닌 사과를 했다. 고문은 본의가 아니었다? 우발적 사태였다? 산업화는 본의 아니게 고문을 한 시대였다? 상처? 죽은 자들도 있는데? 김근태는 고문 후유증으로 고통받다가 결국 세상을 뜨고 말았다.

유대인 철학자 에마뉘엘 레비나스(Emmanuel Levinas)는 "타자의 얼굴"이라는 개념을 통해, 고난에 처한 이들의 현실을 직시하지 않는 인간은 그 순간 비인간화된다고 말한다. 아픔을 겪는 이들을 외면하는 것은, 악마와 손을 잡는 것과 마찬가지이기 때문이다. 나치가 학살한 유대인들의 처참한 모습을 보는 것은 고통스럽다. 그러나 그 얼굴을 마주하는 순간 우리는 다시는 그런 시대가 오지 않도록 하겠다는 의지를 본능적으로 굳히게 된다. 비극을 정면으로 마주보지 않으면 그 비극을 막아낼 우리의 의지는 견고해지지 못한다.

정지영 감독은 고문 장면을 촬영할 때마다 오케이 사인을 보내는 것이 아니라, "아니 이 자들이 이렇게 고문했단 말이야?" 하고 고통스러워했다고 한다. 영화이고 연기라고 여기면 되겠지만 촬영은 실제를 거의 방불케했고, 과거를 복원하는 과정에서 감독 자신도 고문의 현실을 새삼 깨달았던 것이다.

야만의 시대를 중단시킬 책무

왜 우리는 이 영화를 봐야 하는가? 야만의 시대를 미래의 유산으로 남겨놓을 수 없기 때문이다. 그 시대를 가슴속에서부터 진실로 반성하고 성찰하지 않는 자들이 권력을 잡고 누리는 일을 용납할 수 없기 때문이다. 이러한 영화를 교육 현장에서 되풀이 보여주는 일은 망각된 역사를 일깨우고 현실의 권력에 대해 지속적으로 질문을 던지는 일과 동일하다. 그래서 「남영동 1985」를 보는 일은 우리가 이 시대의 권력과 정신을 향해 발언하는 일과 같다. 청소년과 청년 세대가 이 영화를 보고, 자신들이 누리는 자유와 민주주의가 어떤 과정을 거쳐 이루어지게 되었는지도 알도록 해야 할 것이다. 이들이야말로 다시는 역사의 후퇴가 생겨나지 않도록 책임져야 할 미래의 주역들 아닌가.

그렇지 않아도 국정원과 검찰의 간첩조작이 잇달아 폭로되고 간첩 혐의자가 무죄 선고되는 일이 증가하면서 우리는 권력기관의 반인도적 폭력에 다시 마주하게 되었다. 냉전논리의 족쇄는 아직도 무고한 사람들을 절망과 죽음의 절벽으로 몰아대고 있다. 이 야만을 중단시키는 것은 우리 사회의 물러설 수 없는 책무다. 야만을 안보라는 이름 아래 은폐하고 미화하는 논리는 이제 완전히 붕괴되어야 한다.

영화가 기록한 어둠의 시대는 그 어둠을 뚫고 나갈 길을 보여주는 방향타가 된다. 오늘 우리가 어디로 가야 하는지를 일깨우기 때문이다. 그런 까닭에 「부러진 화살」과 「남영동 1985」는 암울함 속에서 희망을 찾아 나서는 역사의식의 탐험이다. 아름다운 풍경도, 가슴 떨리는 사랑 이야기도 없는 두 영화에서 우리는 삶에서 가장 중요한 질문과 만나게 된다. 특권과 폭력정치가 배제하는 우리의 권리를 지켜내는 논리와 의지에 대한 문제 말이다. 이 질문을 놓치지 않는 사회는 역사의 비극을 되풀이하지 않을 수 있다.

「부러진 화살」은 사법부의 오만과 특권의식,

기득권 동맹 체제를 폭로하고 있다.

이런 사태를 만들어낸 것은 사법부 자신이다.

「남영동 1985」는 고문이라는 정치폭력에

대한 역사를 고발한다.

폭력으로 특권체제를 유지해온

세력에 대한 기억의 정치가 작동한 셈이다.

노무현의 성공과 실패
노무현 시대의 유산을 성찰하다

노무현의 죽음

2009년 5월 23일, 우리는 대통령을 지낸 노무현의 자살이라는 충격적인 소식을 듣게 된다. 이 사건은 그의 집권 시기의 공과 과에 대한 평가를 제대로 내리기 어려운 상황을 만들었다.

그러나 그가 운명을 달리 한 이후에도 우리의 삶은 여전히 지속되고 있고, 그 삶의 밑바닥에는 그가 남겨놓은 유산이 적지 않다. 그런 점에서 현실을 정직하게 대하기 위해서라도 짚고 넘어갈 바는 짚고 넘어가는 노력이 필요할 것이다. 뿐만 아니라, 그의 정치에서 우리가 비판적으로 검증하려는 대목은 그 자신 역시 퇴임 후 스스로도 반성적으로 성찰했기에, 삶과 죽음을 넘어 서로에게 합류의 근거가 있다고 믿어진다.

노무현은 서민의 대통령이자 민주정치의 호민관이라는 역사의 호칭을 충분히 받을 만한 인물이다. '노무현'이라는 이름 안에는 개혁과 진보의 역사적 성취에 대한 에너지가 담겨 있었기 때문이다. 그는 시민의 참여정치를 강조했고, 열려 있는 정부로의 진화를 위해 노력했다. 그와 함께 기득권 질서에 포위되어 있는 현실을 깨고자 파격의 정치를 선택했다. 이러한 그의 정치는 기본적으로 서민들의 권리와 복지를 위한 것이었다.

호민관의 얼굴을 한 카이사르

호민관이 등장하는 최초의 현장인 로마 역사는 오늘날에도 우리에게 소중한 교훈을 남겨주고 있다. 우리가 흔히 '시저'라고 부르는 '카이사르'는, 한편에서는 독재자라고 비난했지만 실제로는 민중의 벗이었다. 그가 살해된 까닭은 귀족정치를 공화정으로 위장해온 기득권 세력이 자신들의 미래가 불안해졌다고 판단했기 때문이다. 카이사르는 서민들의 빚 탕감을 비롯해서 가난한 민중을 위한 정책을 폈고, 이로 인해 귀족정치의 기반이 무너질 것을 우려한 자들이 그를 '공화정의 적'으로 몰아 암살해버린 것이다.

그런데 역사에서 최종 승리자는 카이사르가 된다. 카이사르가 살해되자 로마 민중이 들고 일어나 암살자들을 추방하고 추격한 것이다. 이는 모두 카이사르가 진정 누구에게 벗이었는지를 보여주는 사건이었다. 카이사르는 형식으로는 집정관이었으나 실제로는 호민관의 모습으로 이들의 마음에 새겨져 있었기 때문이다.

카이사르는 로마 역사에서 어떤 흐름 속에 몸을 담그고 있었는가? 그가 태어나기 30여 년 전인 기원전 131년, 로마의 호민관 티베리우스 그라쿠스는 로마의 가난한 민중에게 토지를 공평하게 나누어줄 토지법을 제안한다. 호민관은 귀족들의 집합인 원로원을 견제하면서 서민의 입장을 지켜내는 자리다. 이 일로 그라쿠스는 암살당하고 말았다. 민의를 배반하는 호민관에 대해서는 아예 관직박탈을 법으로 정했던 그는 자신의 정치관을 지지하고 함께 밀고 나가줄 세력이 부족해 패배하고 만 것이었다.

그의 동생 가이우스 그라쿠스도 형을 따라 호민관이 되어 개혁정치를 펴려다가 역시 살해되었다. 가이우스는 토지법 정도가 아니라 아예 헌정질서의 개혁을 추구했다. 빈민층을 위한 식량공급이라는 사회복지체제를 만들었고 로마시민의 특권을 이탈리아 반도 서민층 모두에게 확대하는 노력을 했으며, 군사도로 건설에 치중했던 정책을 일반사람들의 편의를 위한 도로건설 쪽으로 바꾸어나갔다. 이러한 노력은 기득권 세력의 반격으로 좌절되고 말았고, 그는 죽음에 이르렀다. 그러나 로마 민중은 그를 죽인 세력을 역사에서 죄인으로 만들고 그라쿠스 형제들을 성역의 존재로 떠받들었다. 로마사 연구가로 저명한 영국의 G.P. 베이커는 이 사건을 이렇게 평가하고 있다.

그들은 그라쿠스 형제들을 죽임으로써 이들의 정신과 성과를 파멸시켰다고 생각했으나, 도리어 그라쿠스 형제들을 영원한 존재로 만들고 말았다. 그라쿠스 형제, 그들은 죽었으나 그들의 역사적 성취와 선택은 되살아나서 민중들과 함께 행진하기 시작했다.[*]

바로 이 전통을 이어받은 인물이 카이사르였다. 그는 호민관의 얼굴을 한 집정관이었다. 카이사르를 죽인 자들은 역사에서 소멸되었

---

[*] G.P. Baker, *Sulla The Fortunate Roman General and Dictator*, Cooper Sguare Press, 2001.

지만, 그는 로마 역사의 심장이 되었다. 티베리우스 그라쿠스와 가이우스 그라쿠스는 그 정신을 계승한 카이사르에서 되살아나 '호민(護民)의 정의'를 부단히 일깨웠던 것이다. 카이사르의 정신 골격이 형성된 성장사를 탐구한 아서 칸(Arthur D. Khan)은 공화정이라는 허울 아래 과두제를 확립한 귀족들의 특권체제를 격파하려 했던 카이사르의 면모를 잘 그려주고 있다.* 카이사르는 호민주의 정신을 구현할 수 있는 고전적 계몽군주의 원형을 실현하려 했던 것이다. 이는 보통 카이사르에게 가지고 있는 인식이나 이미지와는 매우 다른 역사의 진상이라고 할 수 있다.

노무현은 이미 고인이 되었으나, 그의 정치적 영혼은 이와 같은 '호민의 정의'로 압축된다. 그에게도 시대적·개인적 한계는 엄존했다. 미국의 군사정책에 대한 동조와 신자유주의 시스템인 FTA에 대한 자세는 서민을 위한 노무현 정치와 모순된 것이었으며, 그로써 남북관계의 평화적 해결을 위한 정책 실현에 적절한 시기를 놓쳤고, 자본이 우리 사회를 지휘하는 권력이 되는 상황을 저지하려는 노력에 부족함을 드러냈다. 물론 이러한 평가에는 당시 가장 강경한 네오콘 세력이 주축이 된 미국의 부시정권이 존재했고, 신자유주의의 기세가 압도하는 시기였다는 점을 함께 고려해야 할 것이다.

미국의 군사주의에 대한 동조

그럼에도 노무현으로 상징되고 대표되는 가치의 차원에서 미국의

---

* Arthur D. Khan, *The Education of Julius Caesar: A Biography A Reconstruction*, An Authors Guild Bacjunorunt, cin Edition, 1986.

침략전쟁에 동조하고 신자유주의 체제를 저항 없이 수용해버린 대목은 노무현 정치의 역사적 평가에서 편안하게 넘어갈 수 없는 대목이다. 이러한 평가기준은 김대중의 경우에도 동일한 적용이 이루어지는 것이기는 하나, 그의 경우에는 외환위기라는 비상상황이 있었음을 감안할 수밖에 없다. 그에 반해 노무현의 경우 미국의 군사경제 정책에 대해 반기를 드는 국내 세력이 만만치 않았다는 점을 전략적으로 정치화하지 못한 것은 역사의 비판을 피해가기 어렵다.

우리의 헌법은 침략전쟁을 부인한다. 미국의 이라크 침략전쟁은 우리의 헌법정신과 공존할 수 없었다. 그런데도 노무현은 2004년 3월, 미국에 의한 이라크의 점령체제를 유지하고 침략전쟁을 정당화하는 파병동의안을 당시 여당인 열린우리당을 통해 밀어붙였다.

이와 대조적으로 에스파냐 사회노동당의 43세에 불과한 젊은 총리 당선자 호세 사파테로(José L. Zapatero)는 선거 승리의 제1성으로 "만일의 경우를 상정하고 그것을 명분으로 내세워 사람들 머리 위로 폭탄을 떨어뜨릴 수는 없는 노릇이며, 거짓말로 전쟁을 계속 밀고나갈 수는 없는 법"이라며 미국 부시 정권의 대 이라크전쟁 정책을 맹비난했다. "이라크 침략과 점령은 '재난'"이라면서 그는 파병 철회와 철군을 공언했다.

당시 에스파냐 총선은 부시 정권의 전쟁정책에 협력한 아스나르 전 정권에 대한 국민심판의 성격을 가졌다. 에스파냐 국민들은 호세 아스나르(José M. Aznar)를 향해 "그대의 전쟁은 우리의 죽음"이라고 외치며, 평화와 대미 관계의 독자적 영역 확대를 선언한 사회노동당에 그들의 미래를 맡겼다. 제2차 세계대전 이전인 1930년대 거의 전 기간을 통해, 파시즘 세력의 제국주의 전쟁에 대한 반대투쟁으로 에스파냐 혁명의 빛나는 전통을 만든 이 나라의 사회주의 세력이 남긴 유산을 이어받은 정당답게, 에스파냐 사회노동당은 민주주의와 평화의 가치를 현실이 되도록 하는 노력을 보였던 것이다.

민주주의에 대한 노무현의 확신과 신념에 비추어보면 그의 선택은 자기배반이 되었다. 민주주의 투쟁의 핵심적 목표는 민중 스스로 자신의 진정한 이해(利害)를 가장 확실하게 반영하는 권력의 주도자가 되는 일이다. 그것은 무엇보다도 인간 생명의 존중과 평화, 주변화된 민중의 사회경제적 권리를 지켜내기 위한 체제를 만들어내는 데 공헌해야 한다. 그런 점에서 침략전쟁에 대한 옹호와 지원행위는 평화의 파괴는 물론이요 이를 반대하는 이들을 정치적으로 소외시키고, 전쟁경제의 추진에 따른 대자본의 독점적 이해를 지배적이 되게 한다. 그로써 민중의 사회경제적 권리를 끊임없이 약화시키거나 박탈하는 결과를 가져온다. 그런데도 노무현은 미국의 침략전쟁 동조 요구에 대해 국내 반전운동의 정치적 압박을 내세워 거부 명분을 만들지 않았던 것이다. 이러한 그의 선택은 지지자의 상당수를 등 돌리게 했다. 국제 현실에서 힘의 관계가 작동하는 것을 인정한다고 해도, 그가 파병과 관련하여 고뇌의 모습을 보이지 않은 점이 지지자들을 실망시켰던 것이다.

제국의 침략주의 노선에 대한 동조행위는 진실을 은폐하거나 억압하는 현실을 만들게 되어 있다. 미국 ABC와 CNN의 베테랑 언론인이자 미국 언론의 전쟁보도에 대한 비판을 통해 전쟁에 가려진 진실을 파헤쳐온 대니 섹터(Danny Schechter)는 "세계는 대량학살무기(Weapons of Mass Destruction)보다 더 무서운 대량기만무기(Weapons of Mass Deception)를 경계해야 할 것"이라고 경고했다. 우리의 언론도 미국의 대 테러 전쟁의 진실에 대해 제대로 보도하지 않았으며, 미국의 입장을 일방적으로 거들었다.

1911년 독일의 사회민주당은 대중들이 지지한다는 이유를 들어 모로코에 대한 독일의 제국주의 침략전쟁에 반대를 표시하지 않았다. 현실을 내세워 이미 혁명적 진보의 길에 대한 전망을 버리고 권력 장악이라는 단기적 목표에만 몰두한 칼 카우츠키(Karl Kautsky)가 이끌던 당시 독일 사회민주당의 이와 같은 결정에 대해 로자 룩셈부르크(Rosa Luxemburg)는 격렬한 비판을 쏟아놓는다. 그녀는 "침략전쟁을 지지하는 한 민주주의는 종말을 고할 것이며, 민중들은 결국 배신당할 것"임을 예견했던 것이다. 룩셈부르크의 통찰과 과학적 분석은 그대로 적중하여 1918년에서 1919년 사이의 독일 혁명은 좌절하고, 이후 전면적인 전쟁으로 치닫는 파시즘의 길이 열린다. 야만의 시대가 거침없이 자신의 정체를 드러내게 된 것이다.

노무현 정부가 미국의 요구에 응한 시기에 정작 미국에서는 이라크 점령체제 종식과 파병 미군 철군 요구를 앞세운 목소리가 날로 높아지고 있었다. 이라크에서 희생당하는 이라크 민간인과 미군의 숫자가 계속 늘어가고, 이라크 정정(政情)이 미국의 의도에 맞게 안정될 전망은 갈수록 흐려지고 있었기 때문이다. 이렇게 미국 내부의 정세도 달라지고 있는 국면에서 파병동의안을 관철시키고 침략전쟁의 보조부대 역할을 떠맡은 것은 노무현의 정치기록에서 부끄러운 대목이 아닐 수 없다. 그런 한편, 이 문제는 미국의 군사주의에 대해 우리가 어떻게 대처해야 하는지를 본질적으로 파고들어가야 하는 과제를 남기고 있다.

한미 FTA와 신자유주의 체제

한미 FTA(Free Trade Agreement, 자유무역협정)는 노무현 시대의 최대 관건이었다. 이 협정의 추진정책과 이에 관련된 그의 경제철학은 지지 세력의 상당부분을 이탈시켰고, 이후 우리 사회의 신자유주의적 재구성의 발판이 되었다는 점에서 두고두고 비판거리가 되었다. 이명박-박근혜를 거치면서 굳어진 신자유주의 체제의 실마리는 김대중 시대에 시작되긴 했다. 그러나 그 시기는 외환위기와 IMF 관리체제라는 강제적 상황에 대한 수세적 수용의 성격이 높았다. 반면 이를 더욱 적극적으로 체제변화의 동력으로 삼으려 했던 것은 노무현 시대였다. 내부 개혁의 전망이 어두워지자 외부의 충격으로 개혁의 기조를 잡으려 했던 것은 일견 이해가 가나, 그건 외부의 충격을 스스로 관리하고 통제할 수 있는 역량이 있는 경우에 한한다. 한미 FTA는 한국정부의 그런 자기 관리의 영역을 허락하지 않는 체제다.

이렇게 되어버린 순간부터 사회적 약자를 위한 정책기조는 점차 무너지게 되어 있다. 노무현이 유지·확대하려 했던 호민정치는 경제적 토대를 갖지 못하는 상태로 전락하고 말았다. 그는 경쟁이 불가피한 세계경제 현실에서 한미 FTA가 우리의 체질강화를 위한 근거가 될 수 있다고 여겼다. 그러나 이러한 체제와 가치관이 한국사회에서 주도적 힘을 발휘하는 때부터 '권력과 자본의 대동맹 체제'가 형성되어, "자본의 독점구조 완결과, 민중들의 배제"라는 질서가 관철된다. 그로써 이 나라는 이후 거대한 양극화 체제가 되고, 다수의 빈곤을 양산하면서 소수의 특권이 굳어지는 결과가 내다보였던 것이다.

현실은 실제로 그렇게 되었다. 더군다나 금융자본의 지배체제는 확고해졌다. 서민 대통령 노무현은 왜 이런 방향으로 치닫게 되었던 것일까? 그의 경쟁력에 대한 자신감의 실체가 대기업 위주의 발상에 근거했기 때문이었다. 노무현은 미국과 경쟁을 통해 우리의 실력이 충분히 발휘될 수 있다고 주장했으나, 그것은 우리의 경제구조에서 취약한 분야에 대한 보호의 책임을 너무 쉽게 생각하고 만 결과였다. 게다가 이후 그는 "권력은 시장에 넘어갔다"고 토로했는데, 이것이 신자유주의 체제의 현실을 인정한 발언인지 아니면 그에 대한 비판적 고뇌를 쏟아낸 것인지 이제는 아쉽게도 알 길이 없다. 어느 쪽이든, 그는 시장이라고 표현되는 자본의 권력에 대해 공공적 차원의 통제력을 강화하는 노력을 제대로 기울이지 못했다.

그렇다면 노무현 시대에 한미 FTA는 어떻게 이해되었던 것일까? 어디에서 잘못된 판단이 비롯되었을까? 그것은 이 협정의 기본틀을 정확하게 이해하지 못했기 때문이다. 한미 FTA체제는 한마디로 "한국시장에 대한 미국의 주도권 장악을 법적으로 승인하는 협약"이다. 단지 관세를 조정하는 협정이 아니었다. 시장에 대한 권력관계를 그렇게 결정하는 것에 별 이의를 제기하지 않는다는 전제 아래 한국과 미국 각자의 사정을 일정하게 반영하는 작업일 뿐이었다. 자유무역이라는 논리 아래 서로 접근의 자유를 강화한다고 하지만, 미국시장에 대한 우리의 권리는 한국시장에 대한 미국의 권리와 비교가 성립되지 않을 만큼 미미하기 짝이 없다. 받는 것보다 주는 것이 훨씬 많은 방식이었던 것이다.

미국의 이라크전쟁 동조와 파병, 한미 FTA 문제 등과 관련해서 2007년 정부에 대한 지식인 사회의 비판이 거세어지자, 노무현은 진보세력의 변화가 필요하다고 주장하면서 다음과 같이 말했다.

용산미군기지가 서울을 떠납니다. 진보진영의 오랜 숙원이었습니다. 역사적으로 의미가 있는 일입니다. 그런데 진보진영의 일부는 평택기지 건설을 반대해 정부를 곤경에 몰아넣고, 이를 지원했습니다. 주한미군 나가라는 말일 것입니다. 그러나 그것이 과연 타당한 일이고 가능한 일입니까? 국제정치의 현실도 현실이지만, 국내 사정으로 보더라도 우리나라가 진보진영만 사는 나라입니까? 진보진영이라고 다 미군철수를 타당하다고 생각합니까?*

용산 미군기지 이전이 진보진영의 오랜 숙원이라고 본 것은 옳지 않았다. 또한 그는 평택 미군기지의 건설이 미국의 동북아 전략 변화의 산물이라는 점도 빼놓고 말했으며, 진보진영에서 기지 이전과 관련한 부담에 대해 어떻게 문제제기하고 있는지에 대해서도 입을 다물었다. 평택 미군기지 문제에 대한 진보진영의 대응이 오로지 미군철수로만 집약되고 있는 듯이 말하는 것은 현실 왜곡이었다. 평택 미군기지 건설과 관련해서 주한미군 철수를 요구하는 목소리도

* 「대한민국 진보, 달라져야 한다」, 2007년 2월 17일자 청와대브리핑.

분명 있었지만, 중요하게 제기되었던 문제 가운데 하나는 오랜 세월에서 가꾸어온 옥토농지를 망가뜨려가면서 군사시설을 세워야겠는가 하는 것이었다. 그에 더하여 평택 미군기지가 동북아 미군 사령부의 전략적 유연성을 추진하는 장소가 되어야 하는가에 대한 비판이 있었다. 제주도 해군기지 건설반대도 그런 까닭이었다.

그런데도 노무현은 사안을 미군철수로만 제한해서, 진보진영의 문제제기를 미군철수에 대해 우려하는 대중과 분리시켰던 것이다. 그는 "우리나라가 진보진영만 사는 나라입니까?"라고 질타했지만, 이는 올바른 현실인식도 아니고, 민주적인 대화의 방식도 아니었다.

다음은 어떻게 읽을 수 있을까?

이라크 파병, FTA가 마음에 들지 않더라도 사실은 인정합시다. 인정할 것은 인정하고 따질 것은 따지는 것이, 지식을 가지고 논리를 말하는 사람들의 자세라고 생각합니다.*

무슨 사실을 인정하라는 것이었을까? 이런 식으로는, 그간 이라크 파병이 어떤 의미를 가지는 것인지, 한미 FTA를 둘러싸고 벌어진 치열한 논쟁들은 사실관계를 토대로 이루어진 것이 아니라는 논리가 되어버린다. 이러면서 그는 정부에 대한 비판을 "매도"라고 규정하고, 특정 지식인을 가리켜 "매도에 앞장서고 있는"이라는 식으로 적대적 감정을 담은 표현을 서슴지 않았다. 지금 돌아보면, 적지 않은

• 같은 글.

이들이 정치적 낭만과 회고의 차원에서 그리움으로 기억하고 있는 노무현 대통령의 입에서 나온 말이라고 믿기 어려운 대목들이다.

그러면서 노무현은 이렇게 말했다.

저는 신자유주의자가 아닙니다. 그렇다고 한나라당이나 일부 정치 언론이 말하는 그런 좌파도 아닙니다. 저는 진보의 가치를 지향하는 사람이지만, 무슨 사상과 교리의 틀을 가지고 현실을 재단하는 태도에는 동의하지 않습니다. ……저는 이제 우리 진보가 달라지기를 희망합니다. 그리고 진보의 가치를 실현하는 데 필요하면 그것이 신자유주의자들의 입에서 나온 것이든 누구의 입에서 나온 것이든 채택할 수 있는 유연성을 가져야 합니다. 유럽의 진보진영은 진작부터 이런 방향으로 가고 있습니다.

당시 상당한 논란을 불러일으켰던 '유연한 진보' 논쟁이었다. 그런데 던져야 할 반문은 적지 않았다. 우선 유럽의 진보진영이 진작부터 이런 방향으로 가고 있었을까. 만일 그렇다면, 유럽 전역에서 격렬하게 벌어진 신자유주의 반대 투쟁이나 미국의 이라크 침략에 대한 대대적인 반전운동은 어떻게 해석했어야 할까. 어떤 진보주의자가 인간을 시장의 상품으로 격하시키고 경쟁의 논리 속에서 생존의 벼랑으로 밀어붙이는 신자유주의적 가치관을 유연성이라는 이름으로 수용하고 채택하는가? 그러는 순간, 그는 진보주의자가 아니라 신자유주의의 자본권력에 투항하고 만 자가 아닌가?

노무현 정권 시기에 이루어진 진보적 성과는 물론 적지 않았다. 정치의 투명성의 문제나 권위주의로부터의 탈각이나 권력기관의 전횡을 제도적으로 차단하는 일 등은 노무현 정부의 업적이다. 그렇지만 이러한 성과가 노무현 정권의 독자적인 성과라고 인정한다 해도, 진보진영이 제기하고 있는 문제들이 온당하지 못하다는 반론의 근거가 될 수는 없다. 노무현 정부 초기, 최장집 교수는 노무현 정부가 정치경제적 사안에 대한 진지한 고민이 부족하다고 지적하면서 사회적 양극화 문제에 대한 현실적 절박성을 가져야 한다고 강조했던 바가 있다. 노동에 대한 고민이 없는 민주주의는 뿌리가 없다는 지적이었다. 한미 FTA를 둘러싼 논쟁에서도, 비판론자들은 개방을 반대하는 것이 아니라, 불평등한 교역구조와 이를 기반으로 한 거대자본의 일방적 지배의 폐해를 반대했다는 사실을 노무현은 정확히 인식하지 못했다.

신자유주의 체제에서 가장 강력하게 추진되는 '민영화'(privati-zation)는 본질적으로 대자본에 의한 '공적 영역의 사유화'(privati-zation)다. 이러한 정책에 대한 비판적 점검이 없는 상태는 민생을 위한 정부의 복지정책이 흔들리면서 기초생활에서부터 의료나 주거 등의 분야에서 사회적 약자에게 고통을 가하고 만다. 민생파괴의 제도화이자 위기의 일상화인 것이다. 이에 대한 논쟁은 노무현의 호민정치 관철에 있어서 매우 핵심적인 사안이었다.

비정규직에 대한 법적 보호도 제대로 하지 못했다. 그로써 이름뿐인 비정규직보호법은 비정규직 대량양산법으로 전락했고 그 결과는

노무현의 정치적 영혼은 그라쿠스 형제와

그 정신을 계승한 카이사르에게서 되살아난

'호민의 정신'으로 압축된다.

사람이 사람답게 살아갈 수 있는 제도와 정책,

사람과 자연이 서로 아름답게 어울려 살아갈 수 있는

나라를 만들겠다고 고뇌하는 이들에게

노무현은 지침이 되는 교과서이자

넘어서야 하는 고개다.

너무도 참담했다. 이명박-박근혜 정권을 거치면서 심화되어온 사회적 양극화와 노동자의 암담해져가는 현실은 갑자기 생겨난 사태가 아니었다. 노무현 당시 집권세력은 이런 문제에 대한 비판적 성찰과 고뇌를 애초의 지지세력과 공유하지 않았고 도리어 거부했다. 이것은 이후 이른바 친노세력의 역사적 부담과 책임으로 작용했고, 경제민주화의 결여에 대한 이들의 반성과 성찰적 고백으로 이어지는 역사적 근거가 되었다.

노무현 시대의 성공과 실패는 이외에도 더 많은 분야에서 돌이켜 평가되고 논쟁되어야 할 것이다. 그것은 그의 호민정치적 사상과 정책이 채우지 못했던 내용을 새롭게 만들어나가는 데 필요한 작업이다. 2012년 대통령 선거에서 후보로 나섰던 문재인은 노무현 시대의 한계에 대한 비판을 받아들이고, 신자유주의 노선의 극복을 위해 사람이 먼저라는 정치구호를 내세웠다. 노무현 정치의 비판적 계승을 통한 진화였다. 사람이 사람답게 살아갈 수 있는 제도와 정책, 사람과 자연이 서로 아름답게 어울려 살아갈 수 있는 나라를 만들겠다고 고뇌하는 이들에게 노무현은 지침이 되는 교과서이자 넘어서야 하는 고개이다. 퇴임 후 그가 시민정치의 힘을 강조했던 것도 바로 자본과 권력의 대동맹 체계에 대한 저항의 근거지를 만들자는 철학과 논리에서였을 것이다.

노무현은 대통령이라는 위치 때문에 도리어 하지 못했던 일을 돌아보면서 각성된 시민의 정치와 변혁 운동의 위력에 대한 기대를 남겼다. 그런 그의 목소리는 노무현 시대에 대한 비판도 모두 받아들이는 것을 전제로 할 것이다. 권력에 대한 역사적 평가와 비판이 부재한 민주주의와 시민정치는 존립하지 않기 때문이다. 민주주의는 실로 자본의 정치와 대립할 수밖에 없다. 노동과 사회적 약자의 권리를 회복하는 정치가 아니고서는 민주주의의 진정한 본령은 만들어지지 않는다. 그것은 궁극적으로 평화의 정치도 불가능하게 한다. 세계적 규모의 거대자본은 평화의 경제보다 군사적 긴장의 증폭을 통해 자신을 확대 재생산하기 때문이다. 노무현 시대가 직면했던 전쟁과 자본의 압도적 지배는 여전히 우리에게 도전해오는 과제다. 노무현 시대가 남긴 숙제는 현재진행중이다.

제4부   전쟁과

평화의 문법

전쟁은 인간의 생명을 '적'이라는 이름 아래 살해하는 것을 공식적으로 인정하는 야만이다. 살육과 파괴의 정도가 심하면 심할수록 '대승'(大勝)이라고 격찬된다. 사람을 죽이지 말라는 윤리는 전쟁의 현실과 논리 앞에서 철저하게 버려진다. 첨단의 무기를 갖추는 것은 국가의 안보를 위해 반드시 필요한 일이 되었으며, 그것을 위해 지불하는 돈은 국민들에게 알려줄 수 없는 비밀이다. 무력을 법적으로 독점할 수 있는 자격을 가진 것이 국가라고 하지만, 그 국가가 살인기계가 되는 것을 막지 못한다면 그 국가의 구성원과 그런 국가의 공격 목표가 되는 인간은 불행해질 수밖에 없다.

두 번의 세계대전으로 인류는 멸절의 위기를 겪었다. 이제는 독일과 프랑스가 전쟁을 하고, 영국과 러시아가 군사적 충돌을 할 것이라고 예상하는 사람은 없다. 적어도 서유럽 국가들끼리는 평화체제를 확립하고 유지하는 일에 일정한 성공을 거둔 셈이다. 그러기까지 이들이 치룬 희생과 비극은 이루 말할 수 없다.

동아시아의 현실은 전혀 다르다. 한때 중국을 침략했던 일본과 오늘의 중국이 다시 전쟁을 치르지 않는다는 보장은 없다. 한반도에서 전면적 대결상태에 놓였던 미국과 중국이 전쟁을 할 가능성이 제로라고 확신하기는 쉽지 않다. 한국전쟁의 재발이 영원히 불가능해졌다고 판단할 수 있는 근거는 더더욱 없다. 우리는 이렇게 전쟁 가능성이 소멸되지 않은 곳에서 하루하루 살아간다. 그런데도 전쟁과 평화에 대한 사회적 논의와 고뇌는 부족하기만 하다.

어찌 보면 주변 강대국들에게 우리의 운명을 맡겨놓은 채 손 놓고 있는 것은 아닌가 싶을 정도다. 한 나라의 군사주권인 전시작전권도 없는 처지인데, 평화를 위한 군사·외교 전략의 얼개마저 제대로 존재하지 않는 상황이니 우리의 미래는 너무도 불확실하고 불안하다. 단지 '설마 전쟁이야 나겠어' 하는 기대만 가지고 동아시아의 오늘과 내일을 바라볼 뿐이다. 지난 100년 전 동아시아 전체의 격변기에 대응했던 우리 조상들의 고뇌어린 자세에도 미치지 못하는 안이하고 수동적인 태도가 아닐 수 없다.

복지국가를 원하면서도 전쟁비용으로 들어가는 막대한 돈에 대해서는 입을 다물고 있다. 또한 그 돈이 누구의 주머니에 들어가고 있으며, 그만한 돈이면 우리의 미래를 위해 무엇을 어떻게 할 수 있는지도 진지하게 논의되지 못하고 있다. 현실인식에 중대한 빈틈이 조성되고 있는 셈이다. 이 '빈틈'에서 우리도 모르는 사이에 전쟁무기가 거래되고, 우리의 주권을 놓고 비밀외교가 진행되며, 알게 모르게 우리 사회의 역량을 탕진하는 사태가 지속된다.

어디서부터 문제를 짚어낼 것인가? 무엇을 중대과제로 선정해야 하는가? 우리를 둘러싼 국제환경의 뿌리를 어떻게 파악하고 해결책을 내놓을 것인가? 인간다운 삶을 살아가기 위해 반드시 필요한 평화에 이토록 무관심한 사회는 전쟁을 준비하는 세력에게 권력을 몰아주는 집단이 된다. 전쟁의 가능성을 사라지게 하는 것 이상의 정치적 고결함은 없다.

북한 핵문제, 어떻게 풀어나가야 하는가?
북한의 NPT 탈퇴와 미국의 핵 정책

북한 핵문제와 NPT 체제

북한의 핵문제는 1990년대 김영삼-클린턴 시대 이래 21세기 초반에 이르는 지금까지 우리에게 지속적인 문제로 제기되고 있다. 그 사이에 김일성-김정일-김정은으로 이어지는 북한 권력의 변화가 있었으나 이 문제는 한국-북한-미국 사이에 여전히 전혀 진전이 없는 상태라고 하겠다. 북한의 핵 능력 강화라는 관점으로 보면 상황은 더 악화된 셈이다. 이제는 단순히 핵실험 수준이 아니라 장거리 미사일까지 개발된 상태에서 북한의 핵무기는 만일의 경우 민족멸절이라는 재앙을 가져올 실제적 위협이 되고 있다. 그런 점에서 북한 핵문제는 고강도의 긴장감을 가지고 인식하고 해결해나가야 할 사안이다. 그러나 우리의 현실은 핵무기 폐기를 위한 평화체제 수립에 대한 총체적 모색의 구상이나 동력 모두 여의치 않은 상태다.

북한의 핵무장 문제는 역사에서 그 뿌리를 찾아 원인을 해소하는 것이 매우 중요하다. 이 문제를 파악하기 위해서는 지난 2003년 1월 10일 북한의 NPT(Non-proliferation Treaty, 핵확산금지조약) 탈퇴

선언을 되돌아 주목해볼 필요가 있다. 이 선택이 이후 북한의 핵무장 체제 강화라는 궤도가 만들어지는 데 매우 중요한 경계선이 되었기 때문이다. 당시 북한의 이러한 선언에 대하여 미국은 "도발"로 규정했고, 북한은 "주권적 차원의 선택"으로 표명하고 나섰다. 따라서 북한과 미국 양자 간의 충돌을 저지할 수 있는 협상공간을 만들지 못하는 한 한쪽에서는 제재로 나가고, 다른 한쪽에서는 이를 주권유린에 대한 저항으로 받아들이는 적대적 대립구도가 필연적이었다.

이 문제의 심층을 살펴보면 이는 미국의 핵 정책이 가진 본질적인 모순을 드러내는 동시에, 북한의 입장에서 적어도 당시 상황으로는 강대국의 적대정책에 따른 인한 생존의 절박성을 동시에 표출하고 있었음을 보게 된다. 어찌해서 그런가?

미국의 핵 정책은 본질적으로 미국을 비롯한 몇몇 강대국의 핵무기 독점체제를 유지하기 위한 핵확산 금지체제를 기본질서로 하고 있다. 핵무기 전면 철폐에 대해서는 부정적이다. 즉 NPT는 핵 개발 관련 조처에 있어서 기존의 핵무장 국가는 문제가 되지 않는 데 반해 다른 나라는 평화적 핵에너지 개발조차 여러 방식으로 제약하고 있다. 그렇기 때문에 NPT는 핵에너지의 자체 개발이 필요한 약소국에게 불리한 이른바 불평등 조약이다. 자신의 핵문제는 거론 대상이 되지 않도록 하려는 미국의 핵 독점정책의 모순이 여기에 있다.

그럼에도 NPT 체제가 국제적 합의로 유지되고 있는 이유는 핵확산 금지에 동의하면 그에 따른 이해관계를 보장해주기 때문이다. 불평등 조약의 모순을 보장조처라는 대가로 해결해주는 것이다. 즉 NPT 가입국가에 대한 핵 선제공격이 금지되고, 이들이 핵에너지 자체 개발을 포기하면 그 대신 국제 핵 감시 관리체제 하에서 평화적 핵에너지 이용을 보장한다는 점 등이 그 보완장치다.

이런 틀 속에서 본다면, 당시 북한이 직면한 현실은 위기였다. 북한은 NPT에 가입한 국가인데도 2003년 3월 이라크전쟁이 있기도 전인 2002년 1월에 이미 '악의 축'(axis of evil)이라는 규정 아래 미국 부시정권이 내세운 '핵 선제공격 전략'(Nuclear pre-emptive strike strategy)의 대상이 된 것이다. 이와 동시에 미국이 약속했던 에너지 문제도 해결되지 못하는 상태가 지속되었다. 따라서 북한은 NPT 규약 준수에 따른 손실보전이나 기타 안보상 현안을 전혀 보장받지 못한 채, 국제 감시체제의 관리 아래 핵에너지 개발에 대한 손발만 묶여 있는 상황이 된 것이다.

NPT 체제의 기본정신을 어긴 미국

핵에너지의 평화적 이용은 주권적 권리로서 국제적으로 인정하고 있다. 따라서 이 권리를 포기하도록 요구했을 때 그에 상응하는 손실보전의 책임은 권리포기를 요구한 측에 있다. 이것은 NPT 체제의 기본 의무조항이다.

NPT 제4조는 핵무기 개발을 제외하고는, 평화적 핵에너지 이용은 누구에게도 양도할 수 없을 뿐만 아니라 누구에게도 차별 없이 주어지는 주권국가의 권리임을 분명히 인정하고 있다. 따라서 NPT 조약에 의해서도 핵에너지의 평화적 이용 활동에 대한 제재는 불가능하다. 핵무기 개발만 아니라면, 북한의 핵에너지 평화적 이용계획을 유엔 안보리에 회부할 근거도 사실상 없는 셈이다.

뿐만 아니라 NPT 탈퇴는 국제적 범죄행위가 아니라 그 당사자 국가가 자신의 국가적 이해에 심각한 위험이 발생한다고 여기면 선택할 수 있는 주권국가의 방어적 차원의 관할사항이라는 점을 NPT 제10조가 인정하고 있다. 그런 까닭에 탈퇴 자체를 국제법적으로 문제 삼을 도리 또한 없는 상황이었다.

더군다나 당시 북한은 "우리는 핵무기전파방지조약에서 탈퇴하지만 핵무기를 만들 의사는 없으며 현 단계에서 우리의 핵 활동은 오직 전력생산을 비롯한 평화적 목적에 국한될 것이다. 미국이 우리에 대한 적대시압살정책을 그만두고 핵 위협을 걷어 치운다면 우리는 핵무기를 만들지 않는다는 것을 조미 사이에 별도의 검증을 통하여 증명해 보일 수도 있을 것이다"라고 밝혔다. 이 시기만 하더라도 북한에게 NPT 체제 복귀는 전력공급과 핵 선제공격 철회라는 두 가지 조건이 충족되면 언제든 가능한 사안이었다.

NPT 전문에는 유엔헌장의 정신에 따라 그 어떤 국가를 향해서도 주권을 위협하는 공격 행위를 반드시 자제하도록 되어 있다. 그럼에도 미국이 북한에 대한 체제 위협을 선제공격 전략으로 선택하여 부시 독트린의 공식사안으로 내세운 현실은 미국이야말로 유엔헌장의 기본정신을 위배하고 있음을 드러냈다. NPT 체제의 기본정신을 부인한 것은, 이렇게 되면 북한이 아니라 미국이 되는 셈이었다.

물론 일단 이렇게 NPT 탈퇴로 인해 북한의 핵 관련 움직임에 대한 국제사회의 감시나 관리조처가 불가능해진다면, 결국 북한의 핵무기 개발이라는 위협을 상정하지 않을 수 없었다. 핵 통제 장치가 전무한 상태는 결코 안전한·조건이 아니다. 북한이 핵 통제 장치의 무력화를 겨냥하는 것은, 탈퇴이유로 주장했듯이 핵에너지 자체 개발을 가로막는 장애물을 소멸시키려는 것이라 하더라도, 통제가 없는 공간에서 핵무기 개발은 현실적으로 매우 쉬워진다. 북한의 이러한 행동은 국제적으로 매우 위험한 상태를 우려하도록 만들었고, 결국 결과도 그렇게 되고 말았다. 돌이키기 어려운 단계로 가기 전에 사태의 악화를 막는 노력이 필요했다. 그러나 미국은 이에 필요한 조처를 취하기보다는 핵무장으로 가는 길로 북한을 몰아가는 역설적 상황을 조성하고 말았다.

아무리 상황이 이렇게 되었다고 해도 북한이 핵무장하는 것은 비난받을 일이라는 주장이 있을 수 있다. 그러나 세계 최강국 미국에 의해 '악의 축'이라는 공격 목표로 설정되고, 핵 선제공격의 대상이 되어 언제 어떤 사태가 발생할지 모르는 상황에서 이러한 논리는 어떤 나라에게도 현실적으로 유지하기 쉽지 않다. 북한으로서는 초비상의 상황이 터진 것이다.

이때 어떻게 해야 했던 것인가? 해법은 어렵지 않았다. 북한은 핵무기 개발 프로그램 포기와 관련해서 국제기구의 사찰을 수용하여 국제사회에 핵무장 의지가 없음을 확인시키고, 미국은 대북 공격정책의 철회를 국제법적 구속력이 있는 방식으로 마련해야 했다. 이것이 이 문제를 둘러싼 일괄적이고 포괄적인 해결의 핵심이었다. 또한 이러한 과정에 이르기 전, 북한의 에너지 문제를 해결하려는 국제적 노력이 매우 중요했다. 북한은 에너지 부족 문제가 심각하다는 발표를 했는데, 이는 사실 국가적 체모를 건 고백이었다. 에너지 문제 해결을 위한 평화적 협상구조가 만들어지면, 핵무장이라는 다음 단계로 갈 의향은 없다는 메시지인 셈이었다. 물론 얼마나 진정성이 있는가의 문제가 제기되겠지만 이 과정에서 북한을 NPT로 복귀시키고 핵 관리를 국제화하는 틀이 만들어졌다면 상황은 충분히 달라질 수 있었다.

이 시기 북한의 NPT 탈퇴선언은 NPT 조약 제10조에 따라 3개월의 사전통고에 해당했다. 국제원자력기구가 90일간 유보기한이 있음을 강조한 것도 이에 따른 것으로서, 곧 향후 3개월의 협상기간이 남아 있음을 의미했다. 이 시기를 거치는 동안 여러 국면의 우여곡절이 있을 수 있겠으나, 결국 중요한 것은 북한의 핵 관리 체제를 국제적 통제권 안에 놓이도록 하고 그 대신 북한의 에너지 문제 해결과 안보상의 위기의식을 국제법적 차원에서 해소해주는 일이었다. 그러나 미국은 이를 논의의 대상으로 삼지 않겠다고 밝혔다. 이로써 협상의 통로가 막히고 대결국면이 펼쳐졌다. 사태가 이렇게 되자 북한의 핵무장은 이제 시간문제가 되었고, 동북아시아 전체가 북한의 핵무장국가 선언을 상대해야 하는 버거운 상황 쪽으로 기울어가고 있었다.

이렇게 정세가 변하기 전 부시 정권의 도널드 럼스펠드(Donald Rumsfeld) 국방장관은 2002년 12월 23일, "한 전선에는 결정적으로(decisively) 승리한다, 그리고 즉각, 신속하게(swiftly) 다른 곳에서도 적을 패배시킬 것이다"라면서, 이와 관련된 전쟁계획을 구체적으로 수립하는 중이라고 밝혔다. 이른바 '이중전선 전략'(Two Fronts Strategy)의 구체화였고, 그 상대가 북한이라는 추론은 당시 상황에서 충분히 가능했다. 이 시기 세계 언론들은 이라크 이후 북한에 대한 공격이 이루어질 것이라는 보도를 쏟아냈다. 미국은 북한과의 평화적 협상의 여지를 북한의 NPT 탈퇴 이전에 이미 사라지게 하고 있었던 것이다.

미국의 저명한 물리학자이자 핵 정책 반대 운동에 깊이 관여해온 헬렌 칼디코트(Helen Caldicott) 박사는 저서 『새로운 핵 위협: 부시의 군산복합체』에서 부시 정권의 핵심 세력을 비롯하여 이들과 연결된 군수산업자본이 핵전쟁을 통한 패권 확보에 관심이 있다고 강조했다.* 부시 정권의 「핵 태세 보고서」를 비롯하여 부시 독트린에서 북한에 대한 핵 선제공격이 공식 전략으로 채택된 사실을 보더라도, 칼디코트 박사의 말대로 이는 심각한 우려 사항이 아닐 수 없었다. 그렇지 않아도 1980년대 말에 이미 또 다른 미국의 저명한 핵물리학자이자 미래 물리학자인 미치오 카쿠(Michio Kaku)와 대니얼 액설로드(Daniel Axelrod)는 공저인 『핵전쟁 승리 전략: 미 국방부의 비밀전쟁계획』**에서, 미국의 핵전략은 겉으로 주장하는 대로의 핵 억지가 아니라 핵 사용 공격 전략임을 밝힌 바 있다.

핵공격 전략은 그 이전 단계에서 군사행동의 불가피성이 최대한 입증되고 그에 기초한 논의가 상당 정도 축적되어야 한다. 북한이 NPT를 탈퇴하기 이전에 미국은 예멘행 미사일 수출선박 나포 사건을 통해 북한의 군사적 위험성을 강조하고 대북 긴장의 강도를 높여

---

* Helen Caldicott, *The New Nuclear Danger; George W. Bush's Military-Industrial Complex*, New York: The New Press, 2002.

** Michio Kaku, Daniel Axelrod, *To Win a Nuclear War: The Pentagon's Secret War Plans*, Boston: South End Press, 1987.

나갔다. 그러자 2002년 12월 12일, 북한은 핵문제에 대한 북한과 미국 간의 협상 결과였던 제네바 협정 파기 선언과 함께 핵시설 재가동 추진을 밝힌다. 사태가 이렇게 굴러가게 된 것에는 북한 지도부가, 미국의 '악의 축 발언'과 핵 선제공격 전략, 나포 사건 등 일련의 조짐이 미국이 북한에 대하여 이미 군사적 행동의 초기 단계로 가고 있다는 정세 판단을 내린 결과라고 할 수 있다.

부시 정권이나 의회 내에서도 미국 대북정책의 강경 대응의 흐름에 제동을 거는 움직임이 있기는 했다. 당시 군비통제위원회 소속 공화당 하원의원 커트 웰던(Curt Weldon)이 강공을 피하고 대북 대표단을 파견하자고 주장했고, 웬디 셔먼(Wendy Sherman)을 비롯해 클린턴 정부 시기에 대북협상을 주도했던 인사들도 대화를 촉구하고 나섰다. 그러나 럼스펠드를 비롯한 부시 정권의 강경 세력은 이를 "말도 안 되는 이야기"(nonsense)라고 대응하면서 "북한은 매우 위험하다"며 "비외교적 수단"을 강구해야 한다고 강조했다. 상황이 평화적으로 풀릴 기미가 보이지 않게 되었고, 부시 정권 시기에 한반도는 지속적으로 최악의 긴장상태에 몰렸다.

이렇게 강경대응으로 일관했던 부시 이후 오바마 정부가 들어섰지만 북한과 미국 사이의 관계개선은 진전되지 못했다. 여기에는 무엇보다 북한의 책임이 우선적이었다. 북한은 미국에 새로운 정권이 들어섰을 때 평화적 기조보다는 미사일 발사 등으로 대화의 고리를 스스로 놓쳤던 것이다. 이와 함께 오바마 정부 역시 한반도 문제의 평화적 해결을 위한 구상과 실천을 정책화하지 못했던 점도 요인으로 작용했다. 서로에 대한 신뢰구축의 구체적인 정책이 나온 것도 아니고, 그것을 위한 협상이나 회담의 구상마저 제안되지 못한 채 시간은 무의미하게 흘러갔다.

적대적 대결에서 평화적 협력으로

한반도 문제의 본질적 해결은 평화체제 성립과 이를 기초로 한 통일, 동북아시아 전체에 걸친 새로운 평화구조의 정착에 있다. 결국 가장 중요한 질문은 이러한 적대적 대결국면에서 평화적 협력관계로 어떻게 이행해나갈 수 있는가라고 하겠다.

관련 국가들이 취해야 할 일체의 조처는 이러한 이행전략에 기여하고 있는지에 따라 판단되어야 한다. 이를 위해서는 매우 포괄적인 정치적 구상이 요구된다. 그 구상은 동북아시아의 질서를 이 지역 주민들 모두의 공동의 거처로 받아들이고, 여기에 평화와 번영의 동력을 만들어내는 작업과 직결되는 사안이다. 한마디로 지난 1백 년간 이 지역을 규정해왔던 국제관계에 덧붙여 반세기 이상 유지되어 온 냉전 체제의 적대적 갈등을 해소하는 선택에 대한 우리의 성찰과 의지, 정책의 문제가 된다. 여러 불안요인을 가진 전쟁체제를 해체하고 '더불어 함께 살 수 있는' 미래를 건설하는 전망과 전략이 절실하게 요구되고 있다.

그런 현실에서 벌어진 북한의 핵실험과 핵무장체제의 출현은 동북아시아 전체의 평화구조에 중대한 위협이 될 조건을 가져오는 사태임은 자명하다. 핵무기는 아무리 자위적인 조처라는 정상참작의 여지가 있다 해도 그 어떤 경우에도 선택하면 안 되는 위험한 무장체제이며, 어떻게든 속히 포기되어야 하는 대상이다. 이러한 인식은 북한에 대해서만이 아니라, 좀더 나아가 기존 핵무장국가에게도 적용해야 하는 원칙이 되어야 한다. 그러지 않고서는 동북아시아를 비핵화 지역으로 만들어나가는 인류사적 노력은 매우 제한적으로 될 것이며, 군비경쟁의 기본환경을 해결하지 못하는 한계에 봉착할 수 있기 때문이다.

우리가 북한의 핵무장을 경계하고 해체를 요구하는 역사적 근거에는 '1945년의 히로시마와 나가사키의 재앙'이 존재한다. 가공할 핵무기 투하와 대량인명살상은 오직 미국만이 현실에서 택했던 사건이었다. 그런데 북한의 핵실험 이후 상황에서 일체의 위기국면 조성에 대한 책임은 북한에게만 집중적으로 쏠려 있다. 특히 미국의 대북 전략과 동북아시아 구상의 위험한 면모는 도외시하고 있다.

북한의 대응이 무모하다고 판단한다면, 왜 그들은 그토록 무모한 대응을 하지 않으면 안 되었을까 하는 질문도 필요하다. 달리 말해서, 북한의 핵실험 대응이 문제가 있다고 판단하려면 미국의 대북정책과 동북아시아 군사전략이 정당하고 타당해야 한다는 전제가 우선 성립해야 한다. 따라서 북한의 핵실험 문제를 구체적으로 따져 들어 보자면 당연히 미국의 전략을 먼저 치밀하게 분석해야 한다. 미국의 전략이 동북아시아 평화에 기여하는 가치가 있다면 북한은 미국의 전략에 따라 해결해야 할 상대가 되지만, 그렇지 않을 경우는 우리가 미국의 전략 변화를 요구하는 것이 논리적으로 타당한 수순이다.

만일 북한의 대응이 과잉대응이라고 여긴다면 미국의 전략 변화에 대한 요구와 함께 북한의 자제를 요구하면 된다. 말하자면 이러한 방식으로 대응한다면 여러 위험한 사태가 의도치 않게 일어날 수 있다는 점을 들어 북한을 설득하는 동시에, 그 같은 상황으로 오기까지 구조적 여건을 해결하기 위한 노력을 기울여야 한다.

북한이 핵무장으로 가지 않으면 안 되겠다고 생각한 불가피한 여건이 있다면, 그 여건이 무엇인지 파악하고 그것이 진정 북한에게 위협적인지 따져봐야 한다. 만일 그렇게 확인되면 그것을 처리하는 것으로서 북한의 핵 무장을 떠받치고 있는 상황 자체를 해소하도록 해야 할 것이다. 그런 시도와 과정 없이 북한에 대한 제재와 군사적 충돌의 가능성을 우선적으로 언급하고 추진하려는 것은, 전쟁으로 가는 길 외에 다름이 아니다. 평화체제 수립을 위한 노력이 이루어진 연후에라도 북한이 여전히 핵무장 국가로 있겠다고 한다면 당연히 다국적체제 아래 고강도의 압박을 가하는 방식을 선택해야 한다. 그때는 북한체제가 대단히 위험해졌다는 차원에서 지금까지의 접근과는 근본적으로 다른 내용을 만들어야 할 것이다. 그렇지 않다면 우리에게 비군사적/외교적 타결의 가능성이 여전히 남는다.

북한의 핵실험과 관련된 동북아 정세에서, 초강대국 미국과 적대적 상황에 놓인 북한에게는 굴복, 전쟁, 대화를 통한 협상이라는 세 가지 선택이 주어졌다. 미국이 세계 최강의 군사대국이라는 점에서 이 거대한 국가와 갈등, 대립하고 있는 나라로서는 자칫 사태가 악화될 경우 파멸적 전쟁까지도 각오해야 한다. 그 결과는 미국에 의한 점령체제 실현이 될 수도 있다. 이는 미국의 세계전략 속에 공식적으로 들어 있는 군사정책의 정치적 요체이다.

이 지점에서 우리는 현실의 본질을 잘 관찰해야 한다. 미국이 평화를 위한 외교적 조처를 수없이 강구하고 있는데도 북한은 어떻게든 미국과 한판 전쟁을 벌여야겠다고 상황을 악화시키고 있는 것인가? 아니면 북한이 미국과 우호관계를 끊임없이 호소하면서 굳이 핵무장에 이를 필요가 없는 안보상황을 만들어달라고 하는데 미국은 이를 외면하고 있는 것인가?

2016년 5월 제7차 당대회에서 핵보유국 입장을 공식선언한 시점 이전까지 북한이 공식적으로 밝힌 입장을 정리해보면 다음과 같다. "적대관계의 해소가 확약되면 안심하고 핵무장 해체를 포함한 군사력 조절에 나서겠다." 이것이 핵무장 전략을 은폐하기 위해 명분상 내세우는 말일 뿐이라고 비판한다고 해도, 실제로 북한은 미국과 양자협상과 대화를 시도해왔다. 그러나 미국은 핵무장 포기를 먼저 실현하지 않으면 대화는 없다는 입장이다. 반면 북한의 입장에서는 만일의 경우 자위수단이 있음을 분명하게 하지 않고는 대화의 조건을 만들 수 없다고 여길 수 있다.

이른바 '이라크 교훈'은 북한에게 매우 중대한 의미를 갖는다. 미국으로서는 이라크 교훈을 미국의 요구를 받아들이지 않을 경우 치르게 될 대가에 대한 증거로 인식하기를 바라겠지만, 현실은 그 반대였다. 북한에게 미국의 이라크 침략전쟁이 준 교훈은, '적대관계 해소 없는 무장력 약화 또는 해제'는 곧 자신에 대한 침공의 문을 스스로 열어주고 붕괴로 가는 첩경이라는 점을 일깨운다. 이라크 침략 이후 미국은 이라크에 대량살상무기가 없는 것을 알고도 침략했다는 혐의를 받게 되었다. 만일 이라크가 대량살상무기 사용이 가능했다면 미군의 희생은 재앙에 가까웠을 것이고, 전쟁 결정을 내린 부시 정권의 정치적 수명도 보장할 수 없었을 것이다. 베트남전쟁 이후 미국은 그런 결정을 결코 내리지 않는다.

이처럼 이라크의 경우는 북한에게 대미관계 해법에 중대한 교훈을 남긴 셈이다. 적대관계 해소가 확보되지 않았을 때, 전쟁체제를 갖춘 초강대국에 맞서 자기를 지키거나 그나마 협상의 여지를 모색할 수 있는 방법은 자위력 해체로 가는 무장해제가 아니라 고강도의 방어수단을 마련하는 길 외에는 없다고 생각할 만한 상황이었던 것이다. 이른바 '공포의 균형정책'이다.

그런데 이는 당연히 바람직하지 않다. 이런 식으로 국제적 적대관계를 만든다면, 냉전시기에 핵무기 같은 대량살상무기의 강화를 통해 상대를 견제한다는 논리로 추진한 정책과 다름이 없다. 이는 MAD(Mutually Assured Destruction, 상호확증파괴)라고 하는, 서로의 파멸이 보장된 방식이 될 뿐이다. MAD라는 단어 그대로 미친 짓이다. 외교적 협상의 시급성과 절박성이 요구되는 까닭이 여기에 있다. MAD 시스템이 가동되면, 군비확장경쟁과 함께 언제 어디에서 어떤 우발적 상황이 전쟁체제의 적극적 가동과 결합될 지 모른다.

그건 재앙이다. 사태가 아무리 험악하고 자신들의 무장력 강화를 정당화하는 상황 전개가 있다고 해도 우리가 북한의 핵무장 해체를 그토록 강력하게 요구하고 나서는 이유는 일단 MAD 시스템이 현실에서 진행되면 누구도 통제할 수 없는 사태가 벌어질 수 있기 때문이다.

그렇기 때문에 북한의 무장력 강화 또는 추가 조처는 일말의 상황적 정당성이 있다 해도, 결과적으로 자기방어력을 높이는 것이 아니라 결국 파멸적인 과정으로 들어가는 길이 된다. 그것은 남쪽도 같은 운명에 휘말리게 하는 매우 위험한 선택이다. 이를 피하도록 북한에게 요구하려면 대북 설득력을 가질 만한 우리 나름의 노력이 동시에 필요하다. 그러지 않고는 우리의 발언에 무게가 실리지 않는다.

한편 미국은 북한을 공격할 의사가 없다고 여러 차례 밝힌 바 있다. 그러므로 미국이 대북 적대정책을 취하거나 붕괴전략이나 군사적 압박을 시도하려 하다는 비판은 근거가 없게 될 수 있다. 그러나 부시 정권 당시 미국은 대북정책에서 "모든 동원 가능한 수단"을 고려하고 있다면서 "군사적 방식도 배제하지 않고 있다"고 예외 없이 강조했다. 실질적으로 배제한 것은 직접 대화를 통한 협상이었다. 이후 북과 미국 사이에 이런 대화창구를 개설하고 일상적 소통정책을 펼쳤다면 한반도는 다른 지점에 와 있었을 것이다.

어떻게 해야 할 것인가? 우리로서는 어떻든지 전쟁을 하지 않는 상황을 만드는 것이 절대적인 과제다. 전쟁이 일단 벌어지면, 인명살상은 물론이고 우리가 애써 쌓아올린 모든 것이 폐허가 되고 만다. 이런 각도에서 생각해보자면 햇볕정책, 포용정책은 그것이 가진 일정한 역사적 가치에도 불구하고 남북관계에 집중한 정책이라는 점을 주목해볼 필요가 있다. 이제는 북한과 미국 간의 적대적 관계를 변화시킬 수 있는 새로운 접근이 요구되고 있는 것이다. 일본까지 미국과 손을 잡고 군사주의 정책을 노골화하는 국면이다. 따라서 이제 우리의 과제는 남북 사이의 관계 변화와 미국과 북한의 관계 변화를 동시에 이룰 수 있는 길을 뚫어나가는 것이다.

이때 반드시 염두에 둘 것이 있다. 혹여 무기를 내려놓으려 해도,

그것을 항복이나 더 강제적인 조처를 겪게 되는 계기가 아닌 새로운 관계개선의 기회로 받아들이지 않는 한 북한으로서는 달리 선택할 여지가 차단되어 있다. 바로 이 지점에서 우리를 포함한 주변국들이 북한에게 핵무장과 관련해서 '명예로운 퇴로'를 만들기보다는 치욕적인 굴복을 강요해서는 아니 될 이유가 있다. 더 이상 잃을 것이 없다고 판단하는 상대를 안심시키고 대화의 장으로 초대할 수 있는 것은 강자의 위협을 거두는 데서 시작된다. 북한과 미국의 관계를 바꾸어내는 것, 이것이 우리가 기여해야 할 대목이다. 그건 우리 모두에게 안보상 이익이 되는 과제이다.

강자가 계속 강자로서 상대를 쥐락펴락 할 수 있다는 메시지를 보내는 한, 상대는 자기를 지킬 수 있는 최후의 수단을 강구하게 마련이다. 그런 자세가 지속되면, 평화는 언제든 붕괴될 위기에 노출될 수밖에 없다. 평화가 무너진 곳에서 인간다운 삶은 불가능해진다.

한반도 문제의 본질적 해결은
평화체제 성립과 이를 기초로 한 통일,
동북아시아 전체에 걸친
새로운 평화구조의 정착에 있다.
북한과 미국의 관계를 바꾸어내는 것,
이것이 우리가 기여해야 할 대목이다.
북한에게 핵무장과 관련해서
'명예로운 퇴로'를 만들 수 있게 해야 한다.

전쟁의 정치학
전쟁국가 미국과 세계적 평화체제

전쟁과 권력의 함수관계

미국 역사를 소재로 한 소설을 통해 일련의 비판적 역사 읽기를 시도해온 비달은 1939년 루스벨트 대통령 시대를 무대로 쓴 『황금시대』*에서, 다음과 같은 대사를 기록한다.

"루스벨트 대통령이 윌슨 대통령으로부터 배운 바가 있다면, 전쟁을 하는 대통령은 독재자와 다를 바 없는 권력을 갖게 된다는 것이지요. 게다가 재선은 따놓은 당상인 셈입니다."
"그렇지만 어디 국민들이 그렇게 호락호락할까요?"
"모르시는 말씀. 국민들이야 권력이 말하는 대로 따를 뿐이지요. 어디 다른 선택이 있을 수 있습니까?"

무엇을 말하는지 분명하다. 전쟁과 대통령의 권력, 그 함수를 매우

---

* Gore Vidal, *The Golden Age*, Vintage Books, 2001.

228

압축적으로 보여주는 것이다.

전쟁은 정치를 획일화하고 권력에 대한 비판적인 논의를 봉쇄하며 의회를 침묵시킨다. 파시즘적 권력구조가 형성되면서 민주주의적 기본구조는 약화되거나 소멸되고, 강대국의 경우 내부의 비판 세력을 압도하면서 제국주의의 기반을 굳혀나가게 된다. 20세기가 막 시작된 1902년 영국의 제국주의 발전사를 주목하면서 『제국주의론』*을 쓴 존 홉슨(John A. Hobson)의 다음과 같은 지적은 오늘날에도 여전히 유효하다.

민주주의에 대한 적대감은 제국주의의 정치적 근본원리라고 할 수 있다. 제국주의는 대의제도가 자신의 요구에 적절치 않다는 것을 인식하고 있으며, 전쟁정책에 대한 일체의 정치적 비판을 비애국적이며 심지어는 반역으로 몰아간다.

9·11 이후 미국은 경찰과 정보기능의 강화를 겨냥한 '조국안보부'(Homeland Security Department), 미국 정부의 대외정책에 대한 비판을 억압하기 위한 '애국법안'(Patriot Act), 외국인도 군사법정에 세울 수 있도록 한 '군사재판법령' 등을 구체화하면서 국가권력의 강력한 조직화를 추진했다.

일련의 조처는 다름 아닌 제국주의 정치의 반영이었다. 촘스키와 하워드 진의 지적 계보를 잇는 나오미 울프(Naomi Wolf)는 자신의

• John A. Hobson, *Imperialism: A Study*, New York: James Pott & Co., 1902.

저서 『미국의 종말』에서, 이런 식으로 국가를 조직해가는 미국에서 민주주의는 상당히 위협받고 후퇴하게 되고 말 것이라고 경고했다. 울프는 미국이 전쟁을 통해 "파시즘으로 이행"하고 있다고 지적하면서 전쟁정책에 대한 의회의 무력화(無力化) 또는 무비판적 동조분위기를 그 징후로 들었다. 그에 더해 민간인 사찰을 비롯해서, 혐의가 있다는 이유 하나로 이슬람계 미국 시민들을 체포하는 사태가 연이어 벌어지는 것은 미국 민주주의의 심각한 위기라고 일깨웠다.

위기의 미국, 제국주의 전열을 재정비하다

전쟁에 대한 홉슨의 『제국주의론』의 논리가 현대 제국주의 발생 초기의 원인과 과정에 대한 연구라면, 오늘날 미국의 경우에는 위기에 처한 제국주의 체제가 자신의 패권을 재확립하려는 과정의 산물이라는 점을 주시할 필요가 있다. 즉 부시 정권 이래 미국이 강화해온 전쟁국가는 제국주의 전열의 재정비라고 할 수 있다.

미국이 주도하고 있는 세계화의 과정을 제국주의의 새로운 전략으로 파악하고 분석해나간 제임스 페트라스(James Petras)는 그의 저서 『가면을 벗긴 세계화: 21세기의 제국주의』에서 "19세기 이래 제국주의는 그 지배방식과 명분만 달리할 뿐 그 본질에 있어서는 여전히 동일하다"고 갈파했다. 그는 신자유주의자들이 강조하는 세계화

• Naomi Wolf, *The End of America: Letter of Warning To a Young Patriot*, Chelsea Green Books, 2007; 나오미 울프, 김민웅 옮김, 『미국의 종말: 혼돈의 시대, 민주주의의 복원은 가능한가』, 프레시안북, 2008.

•• James Petras, *Globalization Unmasked: Imperialism in the 21st Century*, Zed Books, 2001.

와 이를 비판하고 제국주의의 틀을 통해 세계정세를 분석하는 입장에서 차이가 나는 것은, "세계화론자들이 국경의 철폐를 통한 부의 보편적 증대를 내세우는 반면에, 이를 비판하는 제국주의론은 그 과정에서 국가와 국가 사이의 위계질서가 형성되고 지배와 피지배의 관계가 강화되어 폭력과 착취가 발생하는 것을 주목하는 점"이라고 강조했다.

이렇게 보자면, 중국의 부상 앞에서 위기감이 높아진 미국이 네오콘 세력을 중심으로 한 부시 정권 이후 전쟁국가로 자신의 국가적 정체성을 확립하려 했던 것은 세계화 전략의 모순으로 인해 생겨난 각종 위기에 대한 폭력적 대응이었다. 폭력의 등장은 그만큼 지배체제의 위기의식이 심화되었음을 의미하며, 다른 지배방식을 선택하기에는 여유가 없어졌음을 말해준다.

클린턴 정부 당시 미국의 세계경영 전략의 중심은 미국을 근거로 하는 초국적 자본의 직접 지배방식인 신자유주의적 세계화였다. 그러나 이 신자유주의적 세계화는 비판론자들이 예상했듯이 투기자본의 전횡으로 인한 세계적 저항에 점점 더 직면하게 되었다. 뿐만 아니라 불안정한 투기시장의 교란으로 인해 내부적으로는 경기침체의 국면에서 빠져나오기 어려운 상황이 되었다. 이것은 미국의 패권체제가 위기에 처하게 되었음을 뜻했다. 다급해진 미국 내 지배계급은 더욱 강력한 패권체제 유지방식을 요구했고, 그것은 군사주의 노선의 강화로 이어졌다. 또한 전쟁경제의 부양으로 경기침체를 극복하겠다는 구상도 크게 작용했다. 미국은 매우 공격적인 방식의 세계정책으로 전환한 것이었다. 그것은 이미 9·11 사건이 발생하기 이전에 미국이 놓여 있던 상황이었다.

2003년 이라크를 공격하기 전, 미국은 국제적으로 불리한 정세에 처해 있었다. 20세기 말부터 세계화 반대 물결이 세계 도처에서 일어나고 있었고, 2001년 9·11 사건 발생 직전 UN이 주최한 '인종차별철폐회의'에서도 미국은 이스라엘과 함께 완전 고립상태에 몰려있었다. 이 자리에서 두 나라는 각기 흑인과 팔레스타인인에 대한 인종차별의 주요 책임국으로 비난받았던 것이다. 또한 미국의 일방적인 이스라엘 지지정책에 대한 이슬람권의 저항도 만만치 않았다. MD(Missile Defense, 미사일 방어망) 시스템에 대한 중국과 러시아의 반발도 상당히 격렬했다.

이런 와중에 9·11 사건이 일어나자 미국의 위기의식은 극대화되었다. 오사마 빈 라덴의 존재는 전쟁의 명분으로 활용되고 있었지만, 그의 발언과 행동의 목표가 미국에게 위협적인 것 또한 사실이었다. 그가 "미국을 중심으로 하는 서방의 제국주의 동맹체제 전체를 향한 항전을 촉구"했다는 점에서, 그대로 방치할 수만은 없었다. 미국은 이러한 상황을 반전의 계기로 삼는 데 일단 성공한다. 군사주의적 지배체제 강화에 전격적으로 힘을 쏟을 수 있게 되었던 것이다.

미국, 전쟁국가의 역사

이러한 미국의 군사주의 정책과 전쟁국가 강화는 위기 대응을 위한 갑작스러운 조처가 아니었다. 19세기 말 이래 오랜 역사의 뿌리가 있었다. 이는 단지 군사주의만이 아니라, 자본의 확대재생산과 깊은 관련이 있다.

미국의 제국주의 발전사를 파헤친 1920년대 미국 최고의 비판적 지성인 니어링은 남북전쟁 이후 독점자본이 주도하게 된 시기인 1898년 이래 미국은 "달러 외교"(Dollar Diplomacy)와 해군의 군사력을 결합시켜 "총탄외교 또는 함포외교"(Bullet Diplomacy or Gunboat Diplomacy)로 제국 확장을 거듭해왔다고 주장했다. 그는 이 과정에서 미국이 힘이 약한 국가들을 강탈하다시피 한 폭력성을 발휘했다고 고발했다. 니어링은 1898년 미국이 에스파냐와 항쟁을 벌이던 쿠바를 지원하다 에스파냐를 패퇴시킨 후 보호를 명분으로 내세워 쿠바를 군사기지화하고 쿠바 헌법을 미국이 작성하여 쿠바의 주권을 유린한 사례를 비롯해서, 같은 해 필리핀 점령 이후 필리핀인에 대한 대량학살, 아이티 국립은행 강탈사건 등 중남미 도처에서 미국이 저지른 일련의 제국 잔혹사를 『달러외교: 미국 제국주의에 대한 연구』*에 치밀하게 기록해나갔다. 이 모두는 미국의 자본주의 대외 확장과 관련이 있는 행동이었다.

제1차 세계대전의 영웅으로 미국인에게 인기를 모았던 해군제독 스메들리 버틀러(Smedley D. Butler) 장군도 "전쟁이란 돈을 벌기 위한 협잡"(War is a racket)이라고 폭로했다. 그는 알고 보면 미국이 벌인 전쟁은 언제나 그런 식으로 발생했으며, 그것은 가장 오래되었으면서도 가장 악한 방식이라고 비판했다. 그는 전쟁을 통해 이윤이 미국의 자본가들에게 쌓여갔고, 그 손실은 인간의 생명이 희생되는 것으로 나타났다고 고발하면서, 미국의 군대는 이들의 이익을 위해

• Scott Nearing, *Dollar Diplomacy: A Study in American Imperialism*, New York: B.W Huebsch, Inc., 1925.

활동하는 일종의 조폭집단이라고까지 비난했다. 전쟁은 어느새 초강대국 자본주의의 한 체제로 작동해왔던 것이다.

제2차 세계대전이 종료된 1945년, 미국은 전후 질서를 조성하는 작업을 추진하면서 미국의 자본이 가장 안정적으로 확대될 수 있는 군사적 조건을 강화하는 것에 주력한다. 이것은 냉전체제의 성립으로 나타났으며, 동북아시아에서는 일본 제국주의 체제에 협력했던 구 파시스트 세력을 정치적으로 복원하여 앞세우는 방식으로 관철되었다. 가브리엘 콜코(Gabriel Kolko)가 『전쟁의 정치학』*에서 분석한 미국의 전후처리와 관련한 대외정책의 요체는 그러한 것들이었다. 우리가 경험한 1945년에서 1948년 사이 3년간 미군정도 그 같은 미국의 전후 세계의 정치적 관리를 위해 구성된 전쟁국가의 기구였다.

다른 지역 역시 마찬가지였다. 전후 질서재편 논의가 한창이던 1948년, 콜롬비아의 보고타에서는 제9차 '범아메리카 국제회의'(Pan-American Conference)가 열렸다. 이 회의는 제2차 세계대전 이후 라틴아메리카에 대한 미국의 패권적인 지배질서를 규정하는 매우 중대한 의미를 갖는 현장이었다. 여기서 미국은 '자유와 기독교 문명권을 수호하기 위하여'라는 명분을 내세워 라틴아메리카를 자신의 주도권에 따르는 방식으로 결속시켰다. 이는 무엇보다 미 달러화의 위력이 가져온 결과였다. 또한 자유를 부인하는 전제국가들─미국에 반기를 든 사회주의 세력─로부터 공동의 가치와 이상을 방

* Gabriel Kolko, *The Politics of War: The World and United States Foreign Policy 1943-1945,* New York: Vintage Book, 1968.

어하기 위해 단합해야 한다고 강조했다. 그 단합의 지침은 미국이 내리는 것이며 결속의 중심에도 마땅히 미국이 있는 것이었다. 보고타 회의에서 미국과 라틴아메리카 국가들 간에 체결된 협약의 서문은 이렇게 되어 있다.

> 오늘날의 세계는 전제국가들의 패권주의 전술에 대항하기 위한 급박한 조처를 필요로 하고 있다. ……이러한 전제국가들이 아메리카 대륙의 인민들의 자유와 진정한 의사를 훼손하지 못하도록 해야 할 것이다. 이들 전제국가들의 반민주적, 패권적 개입주의는 실로 미국적 자유의 개념과 공존할 수 없다.

이것은 이후 힘으로 유지하는 폭력적 질서안정화 정책의 결과인 미국의 평화, 곧 '팍스 아메리카나'(Pax Americana)의 시발점이 되었다. 라틴아메리카는 미국의 지원 아래 군부정권이 들어서면서 1990년대 초반에 이르기까지, 칠레의 피노체트 군사정권처럼 극단의 정치적 탄압과 군사적 지배에 시달렸다. 한국의 박정희-전두환 군부정권을 비롯한 제3세계의 군사통치는 이러한 미국의 전쟁국가 시스템과 동일한 구조 안에서 작동했던 정치체제였다.

자유의 전사와 전쟁무기

미국의 전쟁국가 시스템은 1950년대 한국전쟁, 1960년대와 1970년대 베트남전쟁을 거치면서 더욱 강화되다가 베트남전쟁 패전 이후 다소 기세가 수그러들었다. 하지만 이러한 상황에 대한 반격으로 등장한 네오콘의 주도권 확보 이후 특히 북한에 대한 미국의 대응은 강경책으로 일관했다. 2001년 9·11 이후 미국의 대외정책은 자신과 적대적 긴장상태에 있는 상대에 대해서는 군사주의 정책 이외의 것은 모두 배제해버린 듯한 느낌을 주었다.

『뉴욕타임스』 2002년 1월 31일자에 실린 윌리엄 사파이어(William Safire)의 기고문, 「자유의 전투를 수행하기 위해」(To Fight the Freedom's Fight)의 골자는 미국의 대북정책에 대한 보수세력의 초강경정책 권고였다. 그는 전쟁의 파괴적 결과를 우려하는 한국에게 더 이상 발목 잡히지 말고 미국의 우수한 군사력에 자신을 가지고 북한에 선제공격을 하는 것이 미국의 안보를 위한 최선의 해결책이라고 썼다. 여기서 그는 '자유의 전투'라는 표현을 사용했는데, 이는 과거 레이건 시대 미국의 패권정책을 위한 제3세계 군사주의 노선의 집행자들을 '자유의 전사'(Freedom Fighter)라고 했던 것을 연상시킨다.

하지만 이른바 '자유의 전사들'이 바로 민중을 학살하고 군사적 억압과 경제적 착취를 주도한 제3세계 파시스트 세력이었음을 주목한다면, 사파이어류의 사고와 논리가 어떤 세계를 지향하고 있는지 자명해진다. 그것은 자유를 위한 전투가 아니라 자유를 학살하기 위한 전쟁 또는 전쟁체제이며, 그로써 무고한 민중은 지배자를 위해 자신의 생명과 안전을 박탈당해야 하는 것이다. 결국 미국 본토에서 훈련된 '자유의 전사'는 행동에 들어갔다. 그 일차적 공격 목표가 이라크였던 것을 우리는 모두 알고 있다.

미국 시간으로 2003년 3월 19일 오후 10시 15분, 부시 미 대통령이 대 이라크 개전 발표를 하면서 내세웠던 전쟁의 명분은 이러했다. "세계를 심각한 위험으로부터 지켜내고 이라크의 무장해제를 통해 이라크인의 해방을 달성할 목적을 가지고 있다." 한마디로 '정의로운 전쟁'이라는 것이다. 무고한 이라크인의 대량학살을 가져올 것이 분명한 '21세기 아메리카 제국주의 식민지 점령전쟁'을 성전(聖戰)으로 포장한 기만적인 논리였다.

그로부터 10년이 지난 2014년, 이라크는 미군이 철수한 이후 참혹한 내전과 질병 확산, 빈곤을 겪고 있다. 이는 이라크전쟁의 필연적인 결과였다. 미국은 한 국가를 파괴하고 그곳에 사는 사람들의 삶을 폐허로 만들어놓고 말았다. 미국의 자본주의 정치와 제국주의에 대해 비판적 분석을 해온 패런티(Michael Parenti)가 압축한 용어인 '국가살해'(killing the nation)의 현실 그대로였다. 이런 상황에서 민간인의 희생은 이른바 '부수적 손실'(collateral damage)로 불렸다. 상황이 전개되다가 어쩔 수 없이 동반되는 피해라는 것이다. 그러나 이 세상에 과연 그렇게 '부수적으로 죽어도 좋은' 생명이 어디 있는가? 누가 그것을 결정할 권리를 가지고 있단 말인가? 그 손실은 도대체 복구될 수 있기나 한가?

'선제공격전략'(pre-empty strike strategy)은 '증명할 수 없는 가상 위협에 대해 군사력 동원을 허용하는 백지수표(carte blanche)'다. 2002년 나온 영화 「마이너리티 리포트」(Minority Report)는 선제공격이 불러온 참혹한 비극을 경고하고 있다. 미국이 이라크전쟁에 사용한 무기의 종류도 가공할 지경이었다. 전쟁 개시 직후 미국 언론들은 자국의 최첨단 무기 시스템의 우월성을 자랑스럽게 보도했다.

이와 함께 폐기 농축우라늄의 산물로 그간 사용을 부인해온 열화우라늄 탄환이 이라크전쟁을 통해 미국의 공식 무기가 되었다. 이것은 일종의 소형 핵무기로서 제1차 걸프전쟁과 코소보전쟁, 아프가니스탄 침략전쟁에서도 쓰인 것으로 밝혀졌다. 방사선으로 인해 암을 유발하고 기형아 출산 등을 일으킨다고 하여 가장 잔악한 무기로 지탄받는 이 무기의 사용을 미국은 공식화했다. 심지어 이를 문제 삼는 것은 미국의 군사력 약화를 노린 적의 선전이라고 반격하기까지 했다.

이 무기로 인한 피해자들의 고통은 아직도 진행되고 있다. 열화우라늄 탄환의 먼지가루만 들이마셔도 각종 병명을 알 수 없는 장기간의 질병에 걸리게 되어 있다. 1995년 프랑스의 군사전문가 피에르마리 갈루아(Pierre-Marie Gallois)가 언급했듯이, 이러한 무기 사용은 미국이 공격 대상으로 삼고 있는 '화학-핵전'(chemical-nuclear war)이 미국 자신의 주도 아래 진행되고 있음을 보여준다. 열화우라늄 무기는 사용 지역에 환경오염을 발생시켜, 식수를 비롯한 기타 생태계 전반에 걸쳐 단기간에 복구 불가능한 파괴적인 결과를 가져왔다.

일명 '데이지 커터'(daisy cutter)라고 불리는 '1,500파운드 연료공중폭발탄'(1,500-pound fuel air explosives/FAEs)은 방사선만 없을 뿐이지 그 파괴력은 핵무기를 방불케 한다. 여러 가지 형태가 있는데, 어떤 것은 거대한 규모의 MC-130 전투기에서부터 낙하산으로 지상에 투하되어 두 차례 연쇄폭발을 하면서 투하 지점을 초토화시킨다. 뿐만 아니라, 섭씨 2,500도에서 3,000도에 이르는 열기로 인해 투하 지점에서부터 20마일 지역까지 열풍을 몰아치게 한다. 그 결과 호흡을 하면 장기가 타들어가거나 눈이나 귀 등의 신체 부위가 열 압력 때문에 밖으로 튀어나오거나 파열되는 결과를 가져온다.

그뿐인가. 제네바 협정에 따라 사용금지되었으나 아프가니스탄 침략전쟁에서 미국이 사용한 '집속탄'(集束彈, cluster bomb)은 날카 로운 조각 파편들이 초고속으로 터져 나와 사방에 흩어져 인체에 박혀 파고든 후 내장을 모두 파괴한다. 불발탄을 지상에서 건드리면 지뢰 같은 효과로 폭발하여 무서운 살상효과를 낸다. 이 폭탄은 생긴 모양이 귀엽고 색깔도 있어 어린아이들이 호기심에 다가가서 건드렸다가 희생되는 일이 많았다고 한다. 또한 이 집속탄의 상당수가 그대로 지상에 남아 지뢰 역할을 함으로써 아프가니스탄은 현재 세계 최고의 지뢰매설 지역과 다를 바 없는 곳으로 변모하고 말았다.

이 외에도 미국은 민간인에게도 무차별한 피해를 입히는 각종 무기를 사용함으로써 전쟁지역에 수세대에 걸친 희생을 강요했다. 게다가 비전투원에 대한 대량학살로 일종의 인종청소에 해당하는 잔혹행위를 자행했다는 비난을 받게 되었다.

전쟁국가와 야만 그리고 평화

부시 이후 등장한 오바마 체제에서 우리는 미국이 전쟁국가에서 평화국가로 전환하기를 기대할 수 있을까? 전쟁기구에서 자유로운 미국을 상정할 수 있을까? 원유와 군수산업의 기득권을 점진적으로 해체하는 미국의 정치가 민주주의를 온전하게 복원하고, 제국의 전쟁정책을 폐기하는 과정으로 과연 들어갈 수 있을까?

로마의 역사가이자 공화정 지지론자였던 타키투스(Cornelius Tacitus)는 『연대기』*에서, 로마의 침략으로 고통을 당한 칼레도니아 (현재의 스코틀랜드)의 지휘관 칼가쿠스(Calgacus)의 증언을 통해 로마제국의 야만을 이렇게 전하고 있다.

로마인들은 세계를 약탈하는 자들이다⋯⋯ 만일 상대가 부(富)하면 이들은 탐욕스럽게 강탈한다. 상대가 가난하면 지배욕에 불탄다. 동과 서, 세상 그 어디도 이들을 완전하게 만족시킬 곳은 없다. 이들은 빼앗고 살육하고 약탈하면서 그걸 '제국'이라고 부른다. 폐허를 만들어놓고 이를 '평화'라고 부른다.

고대 로마제국은 오늘날 전쟁의 신을 앞세운 '팍스 아메리카나'로 그 원형을 복구했으며, 더욱 강대한 위력으로 등장했다. 그런데 미국은 이제 과거와 같은 방식으로 전쟁국가를 확장할 수 있는 상황은 아니다. 위기에 대한 대응으로 패권체제의 정비를 통해 전쟁국가 강화를 관철해나갔지만 그 결과는 미국에 대한 저항의 증대와 세계자본주의 체제의 위기였다. 오바마의 대통령 당선은 그러한 맥락에서 가능했던 일이었다. 그가 취임한 지 얼마 뒤 받은 노벨평화상에는 이러한 역사의 변화에 기여하라는 메시지가 담겨 있었다.

그러나 전쟁국가 해체라는 작업은 대통령 하나의 등장으로 가능한 일이 아닐 뿐더러, 지속적이고 전면적인 세계적인 평화 추구의

• 원제는 『제국 로마 연대기』.

전쟁은 정치를 획일화하고
권력에 대한 비판적인 논의를
봉쇄하며 의회를 침묵시킨다.

이라크 전쟁이라는 '국가살해'의
현실에서 민간인의 희생은
'부수적 손실'로 불렸다.

그러나 이 세상에 과연
'부수적으로 죽어도 좋은
생명'이 있는가?

노력을 통해서 완만하게 이루어질 수 있을 것이다. 그것은 우리 모두의 전쟁에 대한 반대와 평화를 위한 집단적 노력의 축적을 통해 전쟁의 야만과 결별하는 여정에서 보게 될 미래다.

노예제도를 유지하고 멕시코에 대한 점령전쟁을 벌인 미국 정부를 향해 헨리 소로(Henry D. Thoreau)는 "그런 정부를 더 이상 자신의 정부라고 인정할 수 없다"며 무정부주의적 저항을 했다. 그에게는 국가에 대한 무비판적 애국심보다는 인류적 양심을 지켜내는 일이 더욱 중요했고, 그로써 미국의 미래가 바로 설 수 있다고 믿었기 때문이다. 그의 이러한 저항과 정신은 전쟁국가의 소멸과 세계적 평화체제의 수립에 매우 중요한 의미를 던진다.

우리에게 미국이 어떤 경로를 선택할 것인가는 국가와 민족의 내일을 결정적으로 규정한다. 그러나 우리가 그러한 미국에 대해 어떤 요구와 문제제기, 때에 따라서는 저항을 할 것인가도 마찬가지로 중대하다. 조지 오웰(George Orwell)이 『1984』에서 풍자적으로 일깨웠듯이, 전쟁을 평화라고 부를 수 없으며 야만을 문명이라고 내세울 수는 없다. 학살을 승리라고 선전해서는 결코 아니 되며, 파괴를 전략이라고 착각해서도 안 된다. 평화는 전쟁을 통해서 오는 것이 아니다. 전쟁을 위한 조건과 준비를 하나하나 버려나갈 때 유일하게 남는 선택은 평화일 수밖에 없다. 전쟁국가 존립의 기초를 무너뜨려야 하는 것이다. 그것이 우리 자신과 인류의 생명을 지켜낼 수 있는 유일한 길이다.

우리가 한반도에서 이를 이룩하기 위한 첫 조처는 휴전협정을 평화협정으로 바꾸는 일이다. 그것이 평화를 전폭적으로 보장하는 것이 아닐지라도 이를 출발의 토대로 삼는 것은, 그렇지 못한 것과는 하늘과 땅의 차이다. 군사적인 적대관계를 종식시키는 결정에서 전쟁국가의 존재와 그 지속은 무의미해진다. 군축과 함께 확보하게 될 재원은 우리의 평화와 풍족한 미래를 위해 낭비되지 않고 쓰일 것이다. 전쟁에서부터 해방된 평화는 모든 정의와 행복의 근본이다.

평화의 논리
'제국의 질서'와 한반도 평화운동

절실해지는 전쟁 통제력

미국과 중국 사이의 패권 조절기에 들어간 동북아시아에서 전쟁에 대한 통제력을 높일 수 있는 최대의 선택은 무엇일까? 일본은 이제 '집단자위권'을 밀고 나가면서 평화헌법 개정을 목표로 전쟁국가 체제를 완료하려는 판이다. 이런 상황에서 도대체 어떻게 해야 새로운 평화의 공간을 확대·심화시켜나갈 수 있을까? 특히 미사일 방어망(Missile Defense System) 수립을 중심에 놓고 추진하려는 미국의 한-미-일 합동 군사체제는 어떻게 해야 평화체제로 대치할 수 있을까?

결론부터 말하자면, 동북아시아의 미래는 '전쟁체제 편입에 대한 명확한 반대 운동과 역내 집단안보 체제의 조성'이라는 두 기둥을 세우는 것 외에는 답이 없다. 이 해법의 기본 방향은 남북을 포괄한 우리 민족 공동의 생존권이 미국과 중국의 패권전략이 충돌하는 지점에 놓이지 않게 하는 것이자, 미국을 포함한 동북아시아 당사자 국가들 모두가 공동의 집단안보체제를 구성해나가는 것을 의미한다. 여기에는 일본의 군사주의 정책에 대한 강력한 통제력이 포함되어야 한다.

말처럼 쉬운 일은 결코 아니다. 동북아시아의 미래를 어떻게 만들어나갈 것인지에 대한 기본 구상도 존재하지 않는데다 우리 자신의 역량조차 부족한 판이다. 그렇다면 이대로 강대국들의 움직임에 좌우되어 우리 자신은 표류상태로 있어도 괜찮은가? 그 결과 언제든 우리가 원하지 않는 전쟁체제로 끌려들어갈 수 있다는 점에서, 지금과 같은 속수무책은 위험천만한 대응이다.

미국의 전쟁정책과 한반도의 위기

세계적으로 가장 막강한 군사력을 가진 미국이 동북아시아의 미래를 어떻게 관리하려 드는가는 이 지역에 살고 있는 이들 모두에게 결정적으로 중대하다. 일본의 전쟁국가 체제가 미국의 전략 속에서 가능하다는 점에서도 이는 우리에게 절체절명의 사안이다. 미국의 강력한 지원 아래 일본의 아베 정권이 군사주의 체제를 밀고 나가는 것은 우리에게 직접적인 위협이다. 미국은 우리와 동맹을 맺고 있으면서 동시에 그 동맹의 본래 목적과는 전혀 다른 움직임을 벌이고 있는 것이다. 중국은 미국의 전략에 따른 대응의 방식으로 패권조절기에 임하고 있는 것이지, 능동적으로 패권구조의 변화를 주도하고 있는 것은 아니다. 결국 핵심적인 변수는 미국의 정책이다.

그렇다면 미국은 어떻게 자신의 전략을 펼치고 있을까? 미국은 냉전시대의 봉쇄전략을 새로운 진영 재편의 방식으로 추구해나가고 있다. 그 목표는 이제 상식이 되다시피 할 정도로 분명해진 중국 포위와 자신의 압도적 패권을 관철시키는 전략이다. 중국의 군사력 역시 이에 대응하면서 강력해지고 있다는 점에서, 동북아시아는 새로운 전쟁의 가능성이 높아지고 있다. 이 가능성을 통제하는 완충지대가 바로 한반도인데, 실제로는 한반도가 완충지대라기보다는 전쟁체제의 근거지로 내세워지고 있는 것이 오늘날 우리가 직면한 위기다.

무엇보다도 북한의 존재와 그 정책은 미국의 동북아 전략에 필요한 명분과 실체를 모두 규정하고 있다. 미국은 북한을 지속적으로 고립시키면서 군사적 긴장을 증폭시키고 이를 근거로 한국과 일본을 자신의 진영 안에 결속시키고자 한다. 여기서 전방위적으로 배제하려는 궁극적 대상이 중국인 것은 말할 나위 없다. 이는 일종의 '진영 재편성 전략'으로서, 냉전이 국제적으로 종식되었으나 냉전시대 패권질서의 본질은 그대로 유지하려는 '신 봉쇄전략'(New Containment Policy)이다. 냉전시대에는 그 대상이 소련이었다면, 이제는 중국이라는 점만 바뀐 것이다.

그렇지 않아도 미국의 21세기 세계전략은 기본적으로 미국의 '군사력 재편을 중심으로' 펼쳐진다.* 이는 미국의 군사정책이 위협에 대한 지정학적 대처에서 방어능력 향상의 방향으로 바뀌고 있는 것을 보여준다. 일단 이러한 방향으로 미국의 군사력이 강화되면, 이것을 고리로 지정학적 대응은 정리된다. 한국에서의 미군 재배치와 신무기 도입은 이러한 전략의 산물이다. 일본의 무장 강화도 이 방어

---

* Tom Donnelly, "Project for the New American Century", *Memorandum,* May 25, 2001,

능력 향상의 개념에 포함된다. 애초에 주한미군의 기능은 대북억지력이었으나 이제는 중국을 염두에 둔 이 지역 최대의 군사력으로 존재하는 것을 목적으로 한다. 이는 미국이 자신에 대한 이 지역의 의존도를 최대한 높이는 질서를 확보하려는 방식이다. 이런 상황에서 박근혜 정권은 전시작전권 회수를 또 다시 연기해버렸다. 군사주권 포기상태인 것이다.

북한의 위치

미국의 대북전략은 다음과 같은 면모를 가지고 있다. (1) 북한의 군사적 '위협'을 최대한 부각시킨다, (2) 핵문제를 비롯하여 각종 인권문제와 기타 국제법적 규범에서 일탈하는 '범죄' 국가로 이미지화한다, (3) 국제적 대화의 노력에 제대로 응하지 않는 '상대하기 어려운' 나라로 인식시킨다, (4) 경제적 실패를 '불법적 무기시장 확대'로 해결하려는 나라로 규정해간다, (5) 지도체제와 민중의 분리를 통해 '지도체제만 교체되면' 사태는 달라질 수 있다 등이다. 이는 북한 정권 붕괴와 교체를 통한 '국가건설 점령정책'(Nation-building Occupation) 전략을 겨냥한 전 단계 조처라고 할 수 있다. 부시 정권 때 정리된 대북정책의 이 기조가 오바마 집권기에 와서 근본적으로 바뀌었다는 증거는 아직 찾아볼 수 없다. 미국으로서는 도리어 날로 더욱 뚜렷해지고 있는 중국의 위상 강화에 따라 북한의 가상위협을 고리로 한 긴장유지와 증폭이 필요해진 상황이다.

2003년 6월 중반에는 11개국이 에스파냐의 마드리드에 모여, 대량살상무기 확산 금지를 명분으로 북한 선박에 대한 해상봉쇄를 국제법적 근거가 있는 행동으로 만들기 위한 회동이 있었다. 이를 기반으로 결성된 것이 이른바 'PSI'(Proliferation Security Initiative, 확산안보 선제행동)이다. 이와 같은 장치는 북한의 군사적 위협을 부각하려는 조처인 동시에, 북한의 대외경제적 고리를 차단하고 만약 군사적 충돌이 발생했을 경우 북한에 대한 다국적 군사행동으로 들어갈 수 있는 조건을 마련한 것이라고 하겠다. 이 PSI체제는 아직도 유효하게 존속하고 있으며, 특히 북한의 미사일 수출 제동을 위해 즉각 가동되도록 되어 있다.

PSI가 논의되기 이전인 2003년 1월 27일, 미국의 중견언론인 세이모어 허시(Seymore M. Hersh)는 『뉴요커』(The New Yorker)지에 기고한 글에서 한 정부 관리가 백악관의 회의에 참석, 부시 대통령과 딕 체니 부통령의 북한 관련 발언을 밝힌 것을 다음과 같이 증언하고 있다.

> 부시와 체니는 김정일의 목을 원하고 있다. 미국이 북한과 오고가는 협상 이야기로 정신이 헷갈리지 말라. 협상은 있겠지만, 백악관은 따로 계획이 있는데, 이라크 문제가 끝난 다음에는 이 자를 처치하겠다는 것이다. 김정일은 이들에게 오늘의 히틀러와 다를 바 없다.*

김정일 체제는 김정은 체제로 넘어갔지만 그간 미국과 북한 사이

* Seymore M. Hersh, *The New Yorker*, 2003년 1월 27일자.

에는 의미 있는 대화가 일절 없는 상태다. 오바마도 김정은 체제와 대화를 적극 시도하려는 신호나 움직임을 보이지 않고 있다. 그런 와중에 북한과 일본 사이에 일정한 대화 분위기가 전개되면서 동북아 정세 파악에 다소의 혼란상태가 만들어졌다. 그러나 일본이 전쟁국가 체제로 전격 돌입하면, 북한과 일본 사이의 대화국면도 언제든 철폐될 가능성이 있다는 점에서 북한과 일본의 장래를 정확히 예견하긴 어렵다. 북한의 김정은 체제가 러시아와 관계 강화를 도모하려는 움직임도 동북아시아 국제질서의 복잡함과 유동성을 드러낸다.

이럴 때 우리는 핵심적인 해결의 단서를 찾아야 한다. 그런 점에서 북한과 미국의 틀 속에서 가능해지는 당사자회담과 다자회담의 차이를 주목해보자. 이를 근거로 향후 동북아 평화체제를 위한 대화의 방식과 틀의 모델을 생각해볼 수 있기 때문이다.

북한의 입장에서 볼 때 당사자회담에서는 관계 정상화를 통해 미국으로부터 체제보장과 선제공격 철회, 그리고 이에 대한 응답으로 북한의 핵무장 제거가 중심의제가 될 수 있다. 반면에 다자회담에서는 북한의 핵무장 프로그램 제거가 최우선적 의제로 가동한다. 미국은 다자회담에서 이를 지역 안보상 공동의 우려로 제기하고 있고, 북한의 핵무장을 원하지 않고 한반도의 비핵지대화를 바라는 중국, 러시아가 이를 받아들일 수 있는 여지가 있기 때문이다. 그러나 당사자회담의 의제를 우선 해결하고 이를 근거로 다자회담이 이루어지면, 미국의 대북압박 및 선제공격정책 철회를 기반으로 핵문제 해결 논의를 할 수 있게 된다. 따라서 당사자회담과 다자회담의 가치는 그 내용적 차원에서 접근할 때 본질이 드러난다.

어느 것을 먼저 할 것인가는 북한으로서는 체제적 사안이다. 하지만 최근 들어 우리는 미국이 과연 북한의 핵무장 해제를 절실하게 바라는지에 대한 의문을 가지게 된다. 사용 가능성을 제로로 만들어 놓은 상태에서 핵 긴장만 유지하면 동북아시아의 군사체제를 그대로 유지, 확대해나갈 수 있기 때문이다. 더군다나 스톡홀름 국제평화연구소(Stockholm Peace Research Institute, SIPRI)의 발표에 따르면 2010년도에 한국은 미국의 무기구매 세계 2위 국가로, 그 규모는 미국 무기수출의 14퍼센트 이상을 차지하고 있다. 우리의 무기수입 전체 구조에서는 미국이 70퍼센트 이상이다. 한반도 긴장상황은 이처럼 막대한 무기시장의 조건인 것이다. 게다가 유사시 지상군 투입 문제는 일본의 무장 강화로 해결할 수 있다는 점에서 미국 내 여론의 반발을 일정하게 정리해낼 수 있다.

우리의 딜레마

돌아보면 부시 정권 1기와 2기의 군사주의 노선의 틀을 만든 레이건 시기의 대외정책은 이른바 '베트남 증후군'* 극복을 위한 개입주의 전략의 재개였다. 베트남 증후군은 미지상군 파견에 대한 미국 내 여론의 반발이라고 할 수 있는데, 이 과정에서 미국은 신속배치군(Rapid Deployment Force)의 구상을 현실화하면서 미국의 군사력 재편에 국제적 장치를 강구해나간 것이다. 동북아시아에서 나타난 이 전략의 결과가 바로 일본 자위대를 일본군으로 전환시켜 미국을

---

* Michael T. Klare, *Beyond the "Vietnam Syndrome": U.S. Interventionism in the 1980*, Washington D.C.: The Institute for Policy Studies, 1982.

위해 보조부대화하는 것이다.

이런 현실에서 우리는 미국의 동북아 정책에 어떻게 대응해나갈 것인지 심각한 딜레마에 빠진다. 이는 미국이 중동지역에서 반미감 정을 완화하기 위해 이스라엘과 팔레스타인 문제를 해결하려 하지 만, 미국에 대한 불신이 높아 해결의 주도권을 제대로 확보하지 못 한 상황을 그대로 떠올리게 한다. 아랍진영에서 미국의 역할을 '정 직하지 못한 중재자'(dishonest broker)로 인식하면서 미국은 중재자 역할에 진전을 보지 못하고 말았기 때문이다.* 우리의 상황에서도 이제 미국은 한일 관계에 대한 중재자가 아니라, 위기를 조성하는 주체로 인식되고 있다. 더군다나 우리와 중국의 관계는 미국 일변도 의 정책을 취하기 어렵게 만들고 있다는 점에서, 미국의 동북아 정 책과 전략은 우리에게 평화의 장애물로 작동하고 있다.

1936년에 나온 팔메 더트(R. Palme Dutt)의 『세계정치』**는 스탈 린의 대외정책을 옹호하는 한계가 있지만, 독일 파시즘에 의한 전쟁 발발을 정확히 예견했으며 당시 세계정세의 흐름 속에서 사회주의 세력이 전쟁을 막아내지 못할 수 있는 원인을 정밀하게 분석했다. 이 저작은 오늘날 미국이 주도하는 군사주의 체제의 선택과 구 파시 스트 세력의 후예들이 주도권을 쥔 일본이 전쟁의 조건을 추가해나 가는 방향으로 가고 있는 현실을 어떻게 저지할 것인가에 대해 깊이 있는 성찰을 가능하게 해준다. 이 책에서 더트는 전쟁체제의 목표와

* Naseer H. Aruri, *Dishonest Broker: The US Role in Israel and Palestine*, Cambridge: South End Press, 2003.

** R. Palme Dutt, *World Politics, 1918-1936*, London: Victor Gollancz Ltd., 1936.

그 움직임을 치밀하게 분석하고 폭로하는 일의 중요성을 강조하고 있다. 그렇지 못하면, 시민사회가 이를 저지할 수 있는 방법이 사라지기 때문이다.

사이드*는 "제국의 지배 아래 있는 민중은 중심국가의 이해에 봉사하며 자신의 삶은 주변화(marginalized)되고 생존의 기본 권리는 박탈(dispossession)되어가는 상태에서 자기 자신의 운명에 대하여 스스로의 책임과 권리(self-determination)를 갖지 못하게 된다"고 갈파했다. 이는 지난 60여 년의 세월 속에서 미국의 전쟁체제에 갇혀 있는 우리 민족의 형편을 그대로 말해주는 표현이다. 전쟁의 참화를 겪은 우리로서는 평화가 절체절명의 생존원리인데도, 이를 확보할 수 있는 구상과 수단을 갖지 못하고 있다. 그래서 우리는 일상적 위기에 노출되고 있다.

자본주의, 민주주의, 군사주의

결국 이 문제의 해결은 군사주의를 배격하는 작업이자 자본주의의 세계적 패권체제를 유지하려는 강대국 미국의 전략에 우리가 희생당하지 않도록 하는 길을 만들어내는 방법 외에는 없다. 군사주의/반군사주의 문제를 자본주의 체제 전체를 놓고 사고한 고전적 저작으로 카를 리프크네히트(Karl Liebknecht)의 『군사주의와 반군사주의』**를 들 수 있는데, 이는 자본주의 경제에서 군사부문이 차지하

---

* Edward Said, *The Politics of Dispossession: The Struggle for Palestinian Self-Determination, 1969-1994*, New York: Vintage Books, 1994.

** Karl Liebknecht, *Militarism and Anti-Militarism*, Cambridge: River Press, 1973.

는 의미에 대해 다룬 룩셈부르크의 『자본축적론』*과 더불어 중요한 의미를 갖는다. 특히 그의 저작은 젊은 세대에게 군사주의를 반대하는 목적으로 쓰여졌다는 점에서, 반전평화 교육과 관련하여 우리에게 현실적 논의를 위한 교재가 될 수 있을 것이다.

리프크네히트는 1910년대 독일 사민당 내부에서 벌어진 제국주의 논쟁과 이후 파시즘 체제의 성립으로 이어지는 역사를 관통하면서 군사주의를 논했다. 그러한 점에서 그의 저작은 오늘날 군사주의 체제와 거대제국의 문제를 해부하는 데 참고할 가치가 있다. 그와 룩셈부르크의 저작에서 우리가 주목해야 할 바는, 민주주의의 약화는 자본주의의 파시즘적 팽창으로 이어질 수밖에 없다는 점이다. 이 지점에서 일본의 시민사회가 민주주의를 강화하는 노력과 우리가 어떻게 연대해야 할 것인지에 대해 단서를 발견할 수 있을 것이다. 오늘날 일본의 진보운동은 집단자위권 발동과 평화헌법 개정 움직임에 대한 반대를 확산시켜가고 있다. 우리와 일본의 시민적 연대의 기반으로 삼으면, 동북아 전쟁체제의 강화를 저지할 수 있는 중요한 근거가 마련된다.

우리의 역사를 돌아보면, 그러한 시민 차원의 국제적 연대가 얼마나 중요한지 절감할 수 있다. 한반도는 지난 60여 년간 정전협정체제를 통해서 전쟁체제의 일상화를 경험해왔고, 미국의 제국지배 전략의 하위 단위로서 자주권 상실의 국가적 지위를 강요당해왔다. 대한민국 정부에게 전시작전권의 부재는 바로 그것을 핵심적으로 입

• Rosa Luxemburg, *The Accumulation of Capital*, London: Routledge & Kegan Paul Ltd., 1963.

증해주는 현실이다. 지난 냉전시기 군사주의 체제가 한반도의 현대사를 장악했던 것도 미국의 제국경영방식이 낳은 소산이었다. 그 결과로 우리의 기본 인권과 민족적 생존권, 외교적 주체성, 민족 내부의 평화적 결합, 사회경제적 정의 등의 사안을 정면으로 제기하여 이를 우리 민족 전체의 당연한 권리로 내세우기 어려웠다. 모든 것은 제국의 질서 내부에서 진행해야 하는 것이지 그로부터 이탈하는 것은 스스로의 안정과 생존권을 위협하는 것으로 인식되어온 것이다. '반미(反美)운동'이라는 방식으로 미국의 정책에 문제를 제기한 것도 이러한 역사적 맥락 때문이었다.

미국의 세계지배 전략은 여타 지역의 민족들의 생존권을 주변화하고 있으며, 자신의 이해를 관철하기 위해서라면 언제든 어떤 명분을 동원해서라도 이들을 물리적 폭력의 대상으로 희생시킬 수 있다. 따라서 이러한 질서의 산물인 정전협정 체제의 지속은 폭력과 희생을 양산하는 제국의 질서 안에 우리를 종속적으로 묶어두는 장치라는 점을 인식하고, 이로부터의 이탈(de-linking)을 계획하고 세계적 평화역량과 연대하여 평화체제의 새로운 성립을 구상하여 실천에 옮겨야 한다. 김대중 정부의 햇볕정책은 이러한 제국의 질서로부터 완만한 이탈을 기획했던 것이었으며, 노무현 정부는 그러한 기반 위에서 새로운 평화체제를 구성하려 했다. 하지만 이명박, 박근혜 정권을 거치면서 이와 같은 노력은 모두 폐기되고 말았다. 그렇기 때문에 더더욱 우리와 일본 그리고 중국까지 포함하는 국제적 시민연대의 평화운동은 모두의 운명에 매우 중대한 사안이 되고 있다.

한반도에서 펼쳐야 할 평화운동

오늘날 한반도는 미국의 동북아시아 지배전략의 중대 고리라는 가치를 지니고 있다. 여기에는 신자유주의 체제가 강요한 자본의 지배를 극복하는 문제, 일본의 무장 강화와 함께 높아지고 있는 전쟁의 가능성을 포함한 군사주의 정책을 철거하는 문제, 그리고 민족적 단합을 저해하는 분열정책과 이를 보조하는 이데올로기적 유산을 소멸시키는 문제 등이 다층적으로 결합되어 있다. 이는 달리 말해서, 독점대자본의 지배체제와 이를 유지하는 군사력의 존재, 그리고 주권국가의 선택을 통제하는 미국의 제국주의적 질서와 맞서는 작업을 요구하는 일이다. 미국의 대통령이 상대적으로 진보적인 오바마라고 해도 동북아의 미래라는 관점에서 보자면, 그 역시 이러한 질서의 이익을 대변하는 인물일 따름이다. 그런 까닭에 우리로서는 인류 보편의 생명과 자유, 인권과 생존의 가치를 구현하기 위해서라도 평화의 미래를 반드시 관철해낼 수 있어야 한다.

그런 점에서, 한반도에서 펼쳐지는 평화운동은 (1) 아메리카 제국의 독점대자본의 지배를 극복하는 반신자유주의 운동, (2) 전쟁정책을 앞세운 군사주의 노선에 대한 반전운동, (3) 민족 내부의 결속을 저해하고 대결을 조장하는 내외의 적대정책을 청산할 민족 화해와 공조체제의 확대, (4) 국제적 시민연대의 확산 등을 축으로 하여 전개해나가야 한다. 이는 한마디로 폭력을 수반하는 강제적 통합과정을 속성으로 하는 '자본의 제국'에서 이탈하여, 인류 공동의 생존이 확보되는 새로운 평화체제로 전환을 기획하는 일이다. 그 방식은 국제적 연대로서, 이를 통해 거대 제국의 행동방식을 규제하는 것이다.

이를 위한 실질적 방안은 무엇인가? 첫째는 무엇보다도 '평화운동'의 강화이다. 이를 위해 필요한 기본 작업은 '이론과 정책의 정리'와 '대중운동의 전개' 두 가지 차원이며, 이 역량을 수시로 과시해야 한다. 여기에는 전쟁과 전쟁사 연구가 필수적이다. 전쟁이 어떤 과정으로 발생하고 어떤 사태가 벌어졌는지를 대중적 상식이 되도록 해야 한다. 누가 전쟁의 주도자이며 그 목적이 무엇인지, 그 과정에서 누가 엄청난 희생을 요구당했는지 철저하게 파헤치고 공개해야 한다. 르네 지라르가 일깨우고 있는 것처럼,* 폭력을 신성시하는 모든 전쟁 이데올로기가 이로써 해체되도록 하는 것이다.

둘째로, '남북 간 교류와 협력을 위한 민간 차원의 각종 프로그램'을 개발 추진하여, 한반도 내부에 화합과 결속의 기운이 높아지고 있는 것을 국제적으로 증명해나가는 노력이 지속, 확대되어야 한다. 그렇게 해서 한반도를 전쟁 가능성이 높은 지역이 아니라 새로운 미래적 가능성이 풍부한 곳으로 각인시키려는 노력이 절실하다.

셋째로, '한-미-일 삼각 편제의 기본 기능'에 대한 대중적 인식을 심화시키고 이 삼각 편제 체제를 유지하기 위해 우리가 치르는 희생이 어떤 것인지 구체적으로 입증, 확인해나가는 운동이 필요하다. 특히 주한미군은 미국의 세계전략상 가장 중요한 기초인 이 군사전략을 한반도와 동북아시아에서 관철해나가는 실질적 물리력이다. 이 문제에 대한 집중적이고 포괄적인 논의와 대중적 인식 없이는 미국

* Rene Girard, *Violence and the Sacred*, New York, Continuum, 2005.

의 한반도 지배전략의 중추를 근본적으로 극복할 수 없으며 전쟁체제로부터의 이탈도 어렵다. 장/단기적 구상에 따른 주한미군의 기존 역할 축소와 변화 및 궁극적 철수, 동북아시아 집단안보체제의 구성에 대한 우리 사회 내부의 논의 수준을 지속적으로 높여나가는 노력이 필요하다.

넷째로, 국제적인 반신자유주의·반세계화 운동과의 연대를 통해, 한반도 지역에서 미국 자본의 독점적 지배 양상을 최대한 저지하고 '새로운 대안체제 논의'를 펼쳐야 한다. 이는 우리 사회 전반에 걸친 체제 변화의 논의를 시도하는 것으로서, 진보적인 정치경제 논쟁을 발전시키는 가운데 평화경제가 어떤 것인지 대안을 구상해야 한다. 이는 동북아시아 전체 공동체의 경제적 미래와 관련된 논의라고 할 수 있다.

마지막으로 핵문제가 고리가 되어 한반도의 위기상황이 증폭되지 않도록 하기 위해서는 더욱 단계가 높은 핵 동작으로 가지 않게 북한에게 최대한의 자제를 요구해야 한다. 그와 동시에, 미국에 의한 북한의 체제보장과 핵 프로그램 폐기가 동시에 이루어지는 '일괄타결안의 현실적 가치'를 국제사회에 지속적으로 알려나가 지지를 받는 노력을 해야 한다.

이러한 노력들이 우리 사회에서 대중적 지지기반을 넓혀나가고 국제사회의 관심과 지원을 받게 될 때, 한반도는 전쟁 발발의 비극적인 현장이 아니라 세계평화의 새로운 희망을 일구어내는 역동적인 현장으로 변화될 것이며, 그간 우리가 겪은 고난이 도리어 축복의 근거가 되는 역사를 완성해나갈 수 있을 것이다. 방대한 냉전의 역사를 쓴 레플러[*](Melvyn P. Leffler)는 냉전이 적어도 4~50년 동안 모든 인류의 운명을 결정지었으며, 특히 한국의 분단과 전쟁을 결과했을 뿐만 아니라 가난한 나라들에게 엄청난 양의 무기를 사도록 했다고 강조했다. 또한 그는 그 어느 것보다도, 약간의 오판이 생겨도 엄청난 핵 재앙이 올 수 있는 '고질적이고도 만성적인 긴장구조'(chronic state of tension)를 구조화했다고 비판했다. 이 모든 사태는 5천만 명 이상의 죽음을 가져온 제2차 세계대전의 비극적 의미를 제대로 배우지 못한 결과라는 것이 그의 견해다. 인간의 잔혹성이 그토록 끝을 몰랐던 역사가 있었는가라고 그는 되묻고 있다. 우리는 어떤가?

평화의 논리와 정책이 국가의 중심이 되는 것은 인간의 생명을 지켜내기 위한 가장 중대한 핵심이다. 이는 또한 민주주의와 복지를 위한 기반이자 동북아시아의 미래 그 자체이며, 인류문명의 진정한 진화를 위해서 반드시 이루어야 할 우리 모두의 과제다.

• Melvyn P. Leffler, *A Preponderance of Power: National Security, the Truman Administration, and the Cold War*, Stanford University, 1992.

동북아시아의 미래는

전쟁체제 편입에 대한 명확한 반대 운동과

역내 집단안보 체제의 조성이라는

두 기둥을 세우는 것 외에는 답이 없다.

민주주의의 약화는 자본주의의 파시즘적

팽창으로 이어질 수밖에 없다.

시민 차원의 국제적 연대는

동북아 전쟁체제의 강화를 저지할 수 있는

중요한 근거가 된다.

헌팅턴, 제국의 사제
문명사적 배타성에 사로잡힌 변형된 식민주의

자유주의 질서와 제국적 야망

'문명의 충돌'이라는 개념으로 세계적 갈등을 분석한 새뮤얼 헌팅턴(Samuel P. Huntington)은 어떤 이론적 입장을 지닌 인물인가? 그는 미국 냉전체제가 공격적 성격을 더 뚜렷하게 드러내던 1950년대 말 이후 미국의 패권정책이 군사주의 노선으로 치닫는 과정에서 매우 중요한 영향력을 발휘했다. 헌팅턴은 이 시기 제3세계의 민주화 투쟁 과정에서 발생한 정치적 변동을 군부정권을 통해 안정화시켜야 한다는 주장을 한 비교정치학의 거두였다. 그의 이론은 기본적으로 미국의 지원을 받은 군부의 정치적 정당성을 입증해나가는 논리를 지녔다. 그런 까닭에 헌팅턴에 대해 문명이론의 세계적 석학이라는 식의 시각과 이해는 상당한 문제를 안고 있다.

그러한 관점의 연장선에서 보자면, 그의 문명 충돌론은 미국의 군사적 주도권이 문명 충돌의 현실에서 안전판으로 작동할 수 있다는 논지로 이어진다. 이러한 주장은 미국의 전쟁정책과 관련해 중요한 이론적 근거로 제시되었다. 2001년 미국의 시사월간지 『애틀랜틱』

(*Atlantic*)은 헌팅턴에 대한 존경의 염에 가득 찬 장문의 글을 실었다. 보수적인 언론인 로버트 카플란(Robert D. Kaplan)의 기고였다. 그는 헌팅턴이야말로 "미국 정치학의 기념비적 존재"라는 찬사를 보냈다. 과연 그러할까?

헌팅턴의 기본 논리는 그의 『병사와 국가』*에서부터 『문명의 충돌』**에 이르기까지 다양한 주제와 논리를 펴는 것 같지만 동일한 전제와 내용으로 일관하고 있다. 한마디로, 미국으로 상징되는 자유주의적 가치를 어떻게 수호할 것인가다. 그의 결론은 강력한 군사주의적 전문집단의 능력에 의존하지 않고서는 자유주의적 가치와 세계의 안전은 보장될 수 없다는 것이다. 미국을 중심으로 하는 일종의 군사적 패권주의론자라고 할 수 있다.

헌팅턴의 첫 저서인 『병사와 국가』가 나온 때는 냉전이 시작된 지 10년쯤 지난 1957년으로, 이 책은 미국 사회에 대한 일종의 경고였다. 헌팅턴의 논지는 다음과 같았다.

> 미국의 자유사회는 보수적 현실주의로 무장된 직업군대의 보호를 필요로 한다. 평화를 유지하기 위해서 군사지도자는 '인간 본성의 비합리성, 취약함, 사악함' 등을 당연한 것으로 생각해야 한다. 자유주의자들은 개혁에는 능하지만 국가안보에는 약하다.

• Samuel P. Huntington, *The Soldier and the State: The Theory and Politics of Civil-military Relations*, Harvard University Press, 1957.

•• Samuel P. Huntington, *The Clash of Civilizations and the Remaking of World Order*, Simon & Schuster, 1996.

헌팅턴은 "자유주의는 국내 문제에 한정해서는 매우 다양하고 창조적이지만 외교정책과 국방 분야에는 영 서툴다"고 썼다. 외교정책은 법의 지배 아래 사는 개인들의 관계와는 달리 대체로 무법상태의 영역에서 활동하는 국가와 그룹간의 관계에 관한 것이기 때문이라는 논리다. 헌팅턴의 첫 저서에 대한 최초의 서평은 냉혹했다. 그를 파시스트 무솔리니에 비유했다. 그럼에도 그의 저서와 주장은 냉전이 진행되면서 힘을 얻어갔다.

헌팅턴은 자유주의적 가치의 신봉자들이 자칫 가질 수 있는 인간 현실에 대한 안이한 인식을 비판하는 것에서 자신의 논리를 출발시키고 있다. 즉 자유주의자들이 지향하는 세계는 민주주의적 관점에서 보편적인 설득력과 의미를 지니고 있으나, 그것을 지켜내는 방식에 있어서는 인간의 본성에 대한 이해가 결정적으로 비현실적이라는 것이다. 인간이란 대부분의 자유주의자들이 기대하듯이 이성이라든가 합의 또는 이상으로 움직이는 것이 아니라 현실적인 이익에 따라 움직인다는 점에서 이를 고려한 방책을 선택해야 한다는 것이다. 따라서 여기에는 그런 이익의 충돌을 압도적으로 관리할 수 있는 힘이 요구된다는 논리가 이어진다.

이는 『도덕적 인간과 비도덕적 사회』(*Moral Man and Immoral Society*)를 쓴 정치신학자 라인홀드 니버(Reinhold Niebuhr)의 영향을 깊숙이 받았음을 보여주고 있다. 있을 수 있는 가장 비관적 사태를 전제로 행동하는 것이 순진하기 짝이 없는 자유주의적 이상이 저지르는 오류를 극복할 수 있다는 주장이다. 따라서 비현실적인 전제와 수단에 의존하는 자유주의는 현실의 도전 앞에서 붕괴될 수 있는 위기를 자초한다는 것이다. 결국 이러한 전제에서 출발하는 헌팅턴의 논리는 자유주의자들이 이론적으로는 거부하는 강압적 방식, 즉 군사주의적 토대에 대한 관심을 심화시킨다. 이것이 바로 그의 '안보국가'(Security State)의 요체가 된다.

다시 말해서 미국의 자유주의적 가치와 이상을 수호하고 보편화하는 과정에서 군사주의적 수단은 도리어 정당하고 반드시 필요한 덕목이라는 것이다. 이에 대한 저항감을 갖는 한 서구 자유주의 전통의 정점에 도달한 미국의 미래는 불확실해진다. 이러한 헌팅턴의 논리는 부시 정권 당시 등장하는 네오콘(Neo-con, 신보수주의) 세력과 동일한 이론적 입장이라고 할 수 있다. '자유의 공화국과 패권적 제국'(Liberal Republic and the Hegemic Empire)은 동전의 양면이다.

헌팅턴에게 미국은 인류의 희망이고 약속의 성취 그 자체다. 따라서 미국의 안전은 어떤 방식으로든 지켜져야 하며, 미국의 군사주의 시스템은 미국의 자유주의적 가치에 반하는 것이 아니라 오히려 그 가치체계의 현실적 근거로 인정받아야 한다고 주장하는 것이다. 그러므로 자유주의자들은 군사시스템에 대한 통제를 중심주제로 삼을 것이 아니라, 군사시스템이 더욱 적극적으로 자유주의적 가치와 이상을 지켜내는 역할을 할 수 있도록 나서야 한다고 촉구하고 있다. 냉전 이후 미국이 세계적 패권을 성취함으로서 역사는 이제 더는 이념적 논란을 할 이유가 없다는 주장을 펴면서 『역사의 종언』을 쓴 후쿠야마가 헌팅턴의 애제자라는 사실은 그래서 하나도 이상한 일

• Francis Fukuyama, *The End of History and the Last Man*, Free Press, 1992.

이 아니었다.

정치발전론과 군부정권

이러한 헌팅턴의 논리는 현실에서 어떻게 나타났는가? 일단 미국 내부에서는 군산복합체의 기능을 부정적으로 보지 않도록 하는 이데올로기적 의미를 가지게 된다. 군산복합체는 자유주의적 가치를 부인하려는 시스템이라기보다는 그것을 보호할 수 있는 핵심적 장치의 지위를 확보하게 된다. 이 같은 근거 위에서는 군과 민간 정치 간의 권력투쟁이나 긴장 또는 상호제약보다는 상호협력 또는 동맹체제가 미국을 위한 선택이 된다. 자유, 자본 그리고 군사력이 하나의 몸이 되는 것이다.

따라서 군사시스템의 강화는 자유주의자들이 거부하는 파시즘의 한 양식이 아니라 미국적 가치를 지켜내는 불가결한 보호장치다. 이것이 대외적으로 적용되는 것 또한 바람직한 일로서, 민주주의의 안정적 발전에 위협이 될 만한 사태를 관리하는 역할을 군이 맡게 되어 자유주의적 보편성은 확고하게 수호될 수 있다.

대량살상무기를 이유로 이라크를 침략한 미국의 부시 정권이 대량살상무기의 존재를 더는 입증할 수 없게 되자, 민주주의를 위한 전쟁이라는 쪽으로 논리를 뜯어고친 것도 모두 이러한 사고의 연장선에서 가능했다. 이후 미국은 이라크에서 '군정'(Military Government)을 실시했다. 자유의 가치를 수호하기 위해 필요한 군사적 조처 또는 군사정치의 정당성을 이렇게 확보해갔다.

헌팅턴의 이론은 이렇게 철저하게 미국의 군사적 패권을 바탕으로 하는 세계질서의 수립에 있다. 그렇기 때문에 과거 제3세계의 군부정권 등장과 이에 대한 미국의 지원은 그에게 아무런 문제가 없다. 헌팅턴은 저서인 『변화하는 사회에서의 정치질서』*에서 이승만 체제 붕괴 이후의 한국사회를 이런 요지의 말로 설명한다.

> 이승만 체제가 무너지고 난 이후의 한국은 과도한 요구의 표출로 심각한 불안정을 경험한다. 이것은 민주주의의 위기다. 안정과 질서가 파괴된 토대 위에서 민주주의는 성장할 수 없다. 전근대적 사회에서 근대적 사회로 이행하는 과정에서 필요한 세력은 근대적 교육과 훈련을 받은 집단의 존재 여부이다. 군은 바로 그러한 점에서 한국사회에서 가장 근대화된 집단이라고 할 수 있다.

무슨 말인가? 그의 분류에 따른 전근대적 전통사회가 근대적이며 민주적 사회로 전환하는 과정에서 과도한 요구가 쏟아져 나오는 것은 민주주의와 정치적 안정에 위험신호라는 것이다. 또한 이를 근대적 방식으로 관리할 수 있는 능력 있는 집단으로서 군의 정치적 등장은 정치발전이라는 것이다.

1960년대 당시 미국 정치학계의 현안은 '정치발전론'이었다. 이 이론의 주요 질문은 이들의 분류에 따른 전근대사회를 어떻게 자유주의적 정치체제로 바꾸어나갈 수 있겠느냐였다. 이른바 제3세계 내부에 미국이 원하는 '국가 건설'(Nation building)의 전략인 셈이

---

* Samuel P. Huntington, *Political Order in Changing Societies*, New Haven and London: Yale University Press, 1968.

었다. 헌팅턴의 논리에 따르면 군의 정치적 역할 증대라는 것은 전근대사회로부터 근대사회로 이행하는 과정에서 정당한 일이 되고, 민주주의 발전에 기여하는 질서로 받아들여진다. 군대와 같은 근대적 집단이 주체세력이 되는 이행기는 문제가 될 게 없다는 것이다. 이들에 대한 미국의 훈련과 지원은 자유주의적 세계의 안정을 위해서 반드시 필요한 일이지 비판의 대상이 될 수 없다. 이런 틀 속에서 군부 쿠데타도 문제가 되지 않는다.

헌팅턴의 정치발전론은 1960~70년대 당시 미국에 유학하고 자기 나라로 돌아간 정치학자들에게 교과서 역할을 했다. 이들이 군부정권에 자발적으로 협력한 것에는 그들 자신의 권력동기와 함께 군부체제에 대한 이같은 이념적 정당화의 토대가 있었다. 우리 역시 마찬가지였다. 5·16 군사 쿠데타 세력이 이러한 미국 정치학의 지원 아래 '한국적 민주주의' 운운했던 것도 모두 군사주의와 민주주의 사이의 모순을 해결하려는 이데올로기적 장치에 불과했던 것이다.

헌팅턴의 논지는 제국의 주변부에 있는 국가들이 겪는 정치적 변혁기의 관리 주체를 전문 군사집단에 둠으로써, 새로운 유형의 파시즘을 복원시킨 것이다. 경제발전 단계론을 쓴 월트 로스토(Walt Whitman Rostow)와 함께 헌팅턴은 케네디 정권 이후 미국이 선택한 '반혁명전략'(counter-insurrection strategy)의 주축으로서 제3세계 군부정권 육성에 대한 중대한 조언자 또는 기본 구상자 역할을 했다.

한국을 비롯해서 라틴아메리카 국가들이 1960년대에서 1980년대에 이르기까지 군부정권의 참혹한 탄압을 겪으면서 정치적 시련기를 거친 이면에는 이러한 제국의 이론가들이 구상하고 관철한 제국의 전략이 존재했다. 1965년 인도네시아의 수하르토(Suharto)가 군사 쿠데타를 일으킨 이후 공산당원 색출이라는 이름 아래 1백만 명 이상을 학살한 것도, 미국 CIA의 지원을 받은 군부정권의 잔혹 행위였다. 이는 헌팅턴의 주장에 얼마나 문제가 많은지를 보여준다. 당시 인도네시아 미국 대사관은 CIA와 함께 작성한 공산주의자 명단을 수하르토 군부에게 넘겨주었는데, 이것이 대량학살의 시작이 되었다.[*]

제국의 논리를 해체하지 않는다면

헌팅턴의 논리가 아무 비판 없이 수용된 것은 아니다. 파키스탄 출신의 비판적 지성 이크발 아마드(Eqbal Ahmad)의 지적은 매우 의미 있다. 그는 촘스키, 하워드 진 등과 함께 미국에서 미국의 패권정책을 끊임없이 비판해온 제3세계 출신 지식인이었다.

미국이라는 나라가 인식하지 못하는 것이 있다. 오늘날의 세계는 날이 갈수록 중대한 인식의 차이가 벌어지고 있는 상황이다. 그것은 무엇인가? 사회적 변화의 요구와, 안정만을 추구하려는 미국의 입장 사이의 간격, 변화를 이룩하려는 우리들의 노력과 질서에 대한 미국의 집착 간의 격차, 혁명에 대한 우리들의 움직임과 제3세계 군벌들의 관리 하에서 개혁이 이루어질 것이라고 믿는 미국의

• William Blum, *Rogue State*, Monroe: Common Courage Press, 2000.

자세 사이의 거리, 자주에 대한 우리들의 열망과 자기 마음대로 할 수 있는 세력을 제3세계에 심어놓으려는 미국의 전략 사이의 갭, 제3세계 지역에서 미국의 군대가 더 이상 주둔하지 않는 현실에 대한 우리들의 꿈과, 군사기지를 어떻게든 하나라도 더 확보하려는 미국의 정책 사이의 거대한 인식의 차이가 점차 증대하고 있는 것이다. ……미국이 우리들의 입장과 요구에 대하여 명확하게 인식하고 정책을 바꾸지 않는 한 우리들과 미국 사이의 대결은 날이 갈수록 적대적이 되어갈 것이다.

『위장된 파시즘』*을 쓴 버트럼 그로스(Bertram M. Gross)는 미국의 군사주의적 패권체제를 가리켜 "억압적인 자본-권력의 동맹체제"라고 지적한다. 그는 헌팅턴과 같은 논리와 입장이란 바로 이러한 동맹체제의 이론이자 선전에 불과하다고 단정한다. 파시즘은 비상한 시기에 정치적 독재가 대중의 지원을 받으면서 이루어지는 것이라는 이해가 있지만, 그것은 파시즘의 구조에 대해 명확한 이해가 결여된 시각이다. 파시즘의 핵심은 자본과 군사력의 동맹체제이며, 이것을 정당화시키는 과정이 언론의 왜곡과 기만, 대중 동원, 민주주의에 대한 제동, 정부 권력의 강화 등으로 나타나는 것이다.

미국의 진보적 사회학자 제임스 페트라스(James Petras)는 헌팅턴류의 사회과학이론을 지탱하는 논리 밑바닥에 제국주의적 기획, 독점대자본 계급의 프로젝트가 숨어 있음을 간파해야 한다고 말하고

---

* Bertram Myron Gross, *Friendly Fascism: The New Face of Power in America*, South End Press, 1999.

있다. 헌팅턴 같은 인물이 마치 미국 대외정책의 '현자'(wise man)처럼 취급받는 까닭도 모두 미국 지배계급의 이해와 깊은 관련이 있다는 것이다. 우리의 입장에서 이러한 지적과 비판은 깊이 새겨들어야 한다. 하버드 대학 교수로서 세계적 명망을 떨치고 있다는 이유로 헌팅턴의 논리와 주장이 세계적 권위를 지닌 양 떠받들고 모시는 것은 미국의 제국주의적 질서 창출과 유지에 봉사하는 일이 되고 만다.

헌팅턴의 이론적 맥락을 이렇게 추적하다 보면 그의 '문명 충돌론'의 문제가 여기저기서 드러난다. 서구 제국주의 동맹은 기독교 문명권이라는 이름으로 이슬람권에 속하는 중동의 제3세계를 어떤 방식으로 짓밟고 해체해왔는가, 이에 대한 이슬람권 내부의 혁명적 저항은 어떤 의미를 지닌 것인가 등에 대한 고려와 주목은 그의 논리에 전혀 존재하지 않는다. 제국의 억압과 이에 대한 저항의 역사는 그에게 보이지 않는다. 그건 단지 서로 다른 문명 사이의 충돌과 갈등, 모순에 불과할 따름이다.

제국의 질서 아래 억압받아온 제3세계 국가와 민중의 저항투쟁은 헌팅턴에게 민주주의를 보장하는 정치적 안정을 깨는 행위이기에 마땅히 군사적 진압대상이 된다. 미국의 패권질서에 저항하는 세력을 그는 "우리가 먼저 그들을 파괴하지 않으면 그들이 우리를 파괴할, 타협의 여지가 없는 적들"이라고 지목한다. 제국의 기획과 관리에 도전하는 이른바 주적(主敵) 논리다. 그렇지 않아도 그의 책에는 「서구와 그 나머지들」(The West and the Rest)이라는 장(章)이 있다. 지구상에 살고 있는 서구 이외의 주민은 헌팅턴에게는 모두 '나머지'일 뿐이다. 이러한 개념은 영국 출신의 보수적 역사학자 니얼 퍼거슨(Niall Ferguson)이 쓴 『시빌라이제이션』*에 그대로 계승된다.

문명사적 배타성과 편견에 사로잡힌 헌팅턴의 서구 중심주의 논리는 서구 이외의 가치는 모두 열등하고, 나머지 비서구 지역과 주민들은 군사력이 중심이 된 서구의 지배 질서 안에서 민주주의를 경험할 수 있다는 식이다. 이런 논리에서 서구에 속하지 않은 인류는 비주체화된다. 이것은 변형된 식민주의에 다름 아니다.

'문명'이라는 단어에 숨겨진 차별적 이데올로기와 패권 전략의 개념을 해체하는 것은, 인류의 미래 문명을 위해 반드시 필요한 과정이다. 그렇지 않으면 우리는 숱한 군사적 충돌과 국제적 갈등의 해결지점을 발견하지 못하고 말 수 있다. 헌팅턴은 제국의 사제다. 그 사제가 베푸는 제사(祭祀) 의식에서 '나머지'(the rest)는 '희생양'(scapegoat)이 될 뿐이다. 희생제는 폐기되어야 한다.

• Niall Ferguson, *Civilization; The West and the Rest*, New York: Penguine Books, 2012; 구세희 · 김정희 공역, 『시빌라이제이션: 서양과 나머지 세계』, 21세기북스, 2011.

헌팅턴은 제국의 사제다.
그 사제가 베푸는 제사 의식에서
'나머지'는 '희생양'이 될 뿐이다.

이 과정에 작동하는 폭력은
저지되어야 하며,
희생제는 폐기되어야 한다.

오바마, 그 꿈과 모순
오바마 시대와 미국의 진로

"변화"를 내세운 신선했던 출발

2008년 미국은 2기를 거친 부시 정권이 저질러놓은 이라크 침략전쟁의 후유증, 악성부채와 부동산투기 팽창으로 압축된 서브프라임 사태라는 금융시장의 위기에 몰려 있었다. 미국 스스로 만든 이중 포위망이었다. 버락 오바마(Barack Obama)의 당선에는 이에 대한 돌파구를 마련하라는 미국인들의 요구가 깔려 있었다. 거대한 제국 미국의 자본시장이 혼란에 빠지고, 군사적으로도 수습의 실마리가 잘 보이지 않는 상황은 누가 대통령이 된다고 해도 쉽게 해결하기 어려운 과제였다.

이런 상황에서 "변화!"(Change!)라는 슬로건으로 미국의 역동성 회복을 외친 오바마에 대한 기대는 매우 높았다. 그러나 첫 임기 4년은 특별한 변화의 동력을 만들어내기에 너무 짧았던 것일까, 아니면 과거의 유산이 너무 무겁고 뿌리 깊었던 탓일까? 애초의 신선했던 출발과는 달리, 그의 정치적 성적표는 기대를 만족시킬 만한 것은 아니었다. 그럼에도 그에게 좀더 기회를 주자는 여론이 우세한 조건에서 오바마는 2012년 재선에 성공했다. 그 후 오마바는 과연 어떤 지점에 서게 되었을까? 그것은 그에게 미국의 미래를 위해 어떤 기반을 마련해주었을까?

시간을 거슬러, 2004년 민주당 전당대회에 모인 사람들을 열광시켰던 오바마의 연설을 다시 들어보자. 거기에는 오바마의 꿈이 명쾌하게 담겨 있다.

미국인들은, 정부가 자신들의 모든 문제를 해결할 것이라고 기대하는 것은 아니다. 다만 정부 정책의 우선순위를 조금만 바꿔도 우리 아이들이 품격 있는 인생을 살아갈 수 있고, 모든 사람들에게 새로운 기회가 주어질 수 있다는 것을 뼛속 깊이 본능적으로 알고 있다. 선택만 제대로 한다면, 우리는 분명 더욱 잘 해나갈 수 있다.

진지한 목소리와 명쾌한 어조로 뿜어내는 이 연설에 사람들은 순간 환호했다. "단지 정책의 우선순위가 약간만 변화해도", 세상은 충분히 달라질 수 있다는 희망을 들으면서, 눈앞에 놓인 거대한 문제 앞에서 어떻게 해결의 실마리를 찾아야 하는가에 무력감마저 느끼고 있던 이들이 "그래, 조금만 밀고 나가도 변화는 올 수 있어"라는 자신감을 가질 수 있었다.

또한 그는 '품격 있는 삶'(decent life)이라는 문구를 전면에 내세웠다. '격조 있고 기품 있는'이라는 뜻의 'decent'라는 단어는 미국 정치에서 오랫동안 실종된 처지에 있었다. 클린턴 정권 시기에 "바보야, 문제는 경제야"(It's economy, stupid)라는 담론을 거쳐, "테러와의 전쟁"(war against terror) 구호가 대세를 장악한 부시 정권의 현실에서, '격조와 품격을 지닌 미국'이라는 발상은 낯설기조차 했다. 예상 밖으로 이 단어는 사람들의 가슴에 정곡을 찌르듯 꽂혔다. 까마득히 잊고 있던 꿈과, 각도를 달리한 정치적 상상력을 미국인들은 여기에서 새삼 발견했던 것이다. 2004년 오바마의 민주당 전당대회 기조연설은 그렇게 사람들의 영혼을 파고들었다.

2004년 미국 대선은 아무래도 또다시 공화당이 대세를 쥐게 될 것이라는 예상으로 민주당의 전의가 다소 가라앉아 있던 분위기였었다. 부시와 맞설 민주당의 대선후보도 사람들을 들뜨게 만드는 인물은 아니었다. 그러나 존 케리(John Kerry) 상원의원의 대선주자 출정식이라는 의미도 있었던 그해 7월의 매사추세츠 주 보스턴 시에서 열린 민주당 전당대회에서, 전혀 짐작하지 못했던 새로운 정치적 스타가 등장한다. 미국과 전 세계가 오바마라는 한 젊은 흑인 정치인에게 주목하게 한 사건이 이날의 가장 중요한 역사적 의미가 되었다.

미 전역에 TV로 방영된 이날의 현장을 통해 미국인의 상당수가, 다소 졸린 듯한 눈매와 재미없는 말투로 일관한 대선후보 케리보다는, 기조연설 하나로 일거에 모두의 시선을 사로잡은 오바마에 매료되었다. 그는 당시 일리노이 상원의원에 당선된 지 얼마 안 된 풋내기에 불과했다. 그리고 4년 뒤 2008년, 오바마는 민주당 경선 첫 접전지 아이오와에서 기라성 같은 워싱턴 주류의 기세를 꺾는 돌풍의 주역이 되었고, 막강한 민주당 대선후보 힐러리 클린턴과 팽팽한 접전을 벌인 끝에 마침내 미국 역사 최초의 흑인 대통령이 되었다.

로스쿨 출신 사회활동가에서 대선후보까지

1961년생인 오바마는 1983년 콜럼비아 대학에서 정치학과 국제 정치학 전공으로 학부를 마치고 뉴욕의 한 기업에 잠시 취직했다가 시카고에 가서 빈민가 지역공동체 조직가로서 활동하게 된다. 이곳에서 오바마는 주택문제를 비롯해서 가난한 사람들의 곤경에 처한 현실적 삶을 해결해나가는 사회운동의 경험을 착실하게 쌓았다. 이 당시 오바마는, 마틴 루터 킹 목사의 영향을 받은 흑인 전도사의 지도 아래 시카고 외곽지대의 빈민문제에 관심을 기울이고 운동을 조직해나갔던 10대 시절의 힐러리 클린턴(Hillary Clinton)과 적지 않게 닮아 있다. 이후 법률가로 성장하는 것도 외견상 크게 다르지 않다. 민주당의 진보성을 공유하는, 세대적 차이를 넘는 공통분모가 있는 셈이었다.

시카고에서의 활동을 통해 오바마는 좀더 전문적인 위치에서 미국의 빈민가 현실에 다가가야 한다고 느끼고 1988년 하버드 로스쿨에 진학했다. 2년 뒤 그는 『하버드 로스쿨 리뷰』의 편집장으로 뽑혔는데 1990년 2월 6일자 『뉴욕타임스』는 "하버드 대학 104년 역사에서 최초의 흑인 편집장"이라고 그의 취임을 예사롭지 않게 주목했다. 『하버드 로스쿨 리뷰』의 편집장이 된다는 것은 미국 사회에서 주류 최고의 집단에 속하는 동시에, 그가 가는 곳 어디에서나 사회적 존경이 일정하게 보장될 수 있음을 의미한다.

1991년 하버드 로스쿨을 우등으로 졸업한 오바마는 비슷한 수준의 졸업생이 대부분 선택하는 뉴욕의 대규모 법률회사나 워싱턴의 정치적 성향이 강한 법조계로 가지 않는다. 대신 과거 그가 지역활동가로 일했던 시카고로 돌아가, 각종 차별문제 해결에 진력한다. 또한 유권자 운동에 나서고 인권변호사로도 뿌리를 내려간다. 이와 함께 그는 시카고 로스쿨에서 헌법 강의를 하는 등 이론과 현실 모두의 영역에서 왕성한 작업을 펼쳐나가고 있었다.

사회활동가의 면모를 가진 변호사이자 법률학자로서 오바마의 인생에 새로운 전기는 1996년에 찾아온다. 일리노이 주 상원의원 선거에 뛰어들어 선출되었던 것이다. 1998년 재선에 성공했던 그에게 패배도 있었다. 2000년 민주당 연방 하원의원 경선 도전에 실패했던 것이다. 오바마는 다시 2002년 일리노이 주 상원의원으로 뽑혔고 2년 뒤 연방 하원을 거치지 않고 그대로 연방 상원의원에 입성하게 된다. 이로써 일리노이 주 지방 정치인에서 전국 단위의 정치가로 크게 되는 길에 들어섰다. 빠른 성장이었다.

주 상원의원을 지내면서 오바마는 열악한 보험제도 개선을 위한 입법, 정치관련 윤리법, 빈민을 위한 세금혜택 법안, 육아 재정 확대, 사회보장제도의 개선, 인종차별 문제를 해결하기 위한 범죄자 취조 과정의 비디오 녹화 필수화 입법 등 중요한 정치적 성취를 이뤘다. 2004년 상원의원으로 선출된 오바마는 이민자 차별 문제를 해결하기 위한 이민법 개정 작업에 힘을 쏟고, 대인지뢰를 포함한 재래식 무기통제 입법에도 적극적인 활동을 펴나갔다. 연방정부의 재정지원을 받는 모든 단체의 재정투명도를 확인하기 위한 입법에도 성공함으로써 재정부정의 소지를 최소화하는 노력을 기울였으며, 중동과 아프리카 등지를 순방하면서 국제적 갈등 해결에도 실력을 쌓아나갔다.

무엇보다도 오바마의 정치적 진로를 주목하게 한 것은 이라크 전쟁에 지속적으로 반대를 표명한 동시에, 이라크 주둔 미군 철수 계획을 제안하고 미국의 에너지 정책을 바꾸지 않으면 전쟁이 지속될 수밖에 없다는 입장을 명확히 한 대목이었다. 존 케리나 힐러리가 이라크 문제와 관련해서 중간에 입장을 바꾸거나 애매하게 대응한 것과는 차이가 나는 자세였다. 그가 2007년 민주당 대선후보 경선에 나서겠다고 발표한 이후, 6개월간 모은 정치헌금은 5800만 달러로 최고 기록을 남겼고 이 가운데 200달러 이하의 소액 기부가 1,640만 달러나 되어, 어떤 후보보다 소액 기부자가 많은 성과도 올렸다. 실제로 경선에 나서려면 한참 멀었던 시기였던 2007년 4월, 미 연방정부는 오바마가 최초의 흑인 대통령이 될 수도 있다는 점을 감안해서 전례 없이 그에게 비밀경호를 붙일 정도로 그의 위상은 엄청난 변화를 보였다.

오바마의 그늘과 희망

화려한 정치적 입지를 굳힌 오바마에게도 그늘이 있었다. 그의 아버지는 케냐 출신 흑인이고 어머니는 캔자스 주 출신 백인이다. 인종적으로 복합적인 배경을 가진 그는 하와이에서 태어나 자랐고, 부모 사이가 어려워진 가운데 인도네시아에서 성장기를 보냈다가 다시 하와이로 돌아온다. 십대 시절 자신의 정체성에 대한 혼란과 고민으로 술과 마리화나, 코카인에 손을 대기도 했다. 그는 이런 경험 덕에 주변부 인생에 대한 깊은 연민과 이해를 가지고 있다. 또 케냐 출신 아버지의 유산인 아랍계 이미지를 주는 '버락 후세인 오바마'

라는 이름 때문에 겪은 상처와 고통도 컸다. 9·11 이후 아랍계에 대한 적대감이 한참 높아졌을 때 그를 아끼는 이들이 이름을 고칠 것을 권유할 정도였다. 그러나 오바마는 자신의 정체성을 그대로 지켜나가면서 미국의 꿈을 이룬다면 모두가 진실에 눈뜨게 될 것이라며 물러서지 않았다.

『희망의 담대함』(*Audacity of Hope*)이라는 그의 저서 제목이 말해주는 대로 오바마의 기본 철학과 태도는 바로 이렇게 고독하고 힘들었던 성장과정과 정치적 용기의 축적이 낳은 결과인 셈이다. 독실한 기독교 신자인 그는 미국에서 가장 진보적 교단으로 알려진 UCC(United Church of Christ)에 소속된 교인이다. 그래서 그의 신앙고백은 실존적인 동시에 사회적이다. 정의와 사랑이 하나가 되는 것에 대해 민감한 그의 종교적 자세는, 힘과 부를 추구하는 부시를 비롯한 미국 보수 기독교의 근본주의와 전혀 다르다. 그에게 희망은 정의로운 미래를 만들어내기 위한 힘이다. "패권국가 아메리카"가 아니라 "지도력으로 존경받는 미국"이 그가 제시한 미국의 미래적 진로였다.

이런 미래를 만들어가는 것이 구조적으로 쉽지 않다는 사실은 그가 대통령이 된 이후에 그대로 증명되었다. 하지만 미국이 과거와 같은 방식을 그대로 지속할 수 없는 처지에 놓여 있는 것은 분명했다. 그렇기 때문에 이 거대한 제국의 새로운 선택을 통해 인류는 매우 다른 경로로 진보할 수 있다. "우선순위만 약간 달라져도" 세상은 변할 수 있는 것 아니겠는가? 그렇다면 오바마는 자신의 말대로 우선순위를 바꾸어 미국 정치를 변화시켰을까?

오바마와 루스벨트

개인적인 차원에서만 조명해보면, 오바마는 자신 앞에 놓인 장애를 진지하고도 맹렬하게 뚫고나갔다. 그런데 오바마는 이러면서도 입지전적 출세주의자가 되지 않았다. 대신 꿈과 이상을 위해 자신을 헌신하는 지도자로서의 훈련을 스스로에게 철저하게 부과해왔다. 그런 까닭에 그의 말에는 철학과 가치논쟁이 담겨 있고, 사회적 약자에 대한 지극한 아픔과 고통받는 인간에 대한 따뜻한 영혼의 온도가 스며 있다. 그렇기에 오바마의 연설을 듣는 사람들은 논리와 감성이 함께 작동하는 감동을 느낀다고 말한다. 희망의 출구는 단지 경제성장이나 정책논쟁 또는 국제전략의 선택에서 발견되는 것이 아니라, 인간의 아픔과 갈망을 자신의 정치적 육체에 체화시키는 지도자에게서 비롯될 수 있음을 미국인들이 느끼게 되었던 것이다. 물론 이런 가치와 철학이 있다고 해서 그가 미국의 대통령이라는 사실이나 미국이라는 나라의 국가이익을 우선시하면서 대내외 정책을 펼친다는 사실이 변하는 것은 아니다. 그러나 부시 때와는 다른 대통령의 모습을 보이고 있는 것만은 분명하다.

오바마 당선 이전 부시 정부가 집권한 8년간 미국은 돈과 권력 지상주의로 천박해졌다. 메마르고 강퍅해졌으며 인간에 대한 배려와 생명과 정의에 대한 사고는 마비되다시피 했다. 희망, 정의, 가치, 품격, 사랑, 평화, 용기와 같은 단어들은 정치의 담론에서 사라졌고, 정치는 이상이 아니라 현실이라는 주장이 당연시되었다. 이러한 상황이 달라지는 과정을 미국은 오바마를 통해 경험하게 되었던 것이다.

하지만 현실은 결코 만만치 않았다. 오바마 혼자서는 미국의 자본주의가 겪고 있는 문제를 풀어내기 너무도 어렵기 때문이다. 기득권 질서가 그의 발목을 잡고 있는 것도 오바마 정치의 한계다. 그렇지 않아도 오바마가 등장하면서 미국인들은 자본주의 체제의 위기에 직면했던 프랭클린 루스벨트(Franklin Roosevelt) 대통령을 떠올렸다. 2008년 미국 경제 위기는 그런 생각을 미국인들에게 갖게 했다. 오바마와 루스벨트는 과연 서로 같은가 아니면 다른가? 이른바 '결정적 순간'(defining moment)의 지도력으로 추앙되는 루스벨트는 오바마에게 모델이 될 수 있을까?

누구도 의심치 않았다. 쿨리지와 후버 대통령의 시대를 거치면서 미국의 번영은 확고해보였다. 1920년대의 풍요는 이제 시작일 뿐이라고 여겨졌다. 제1차 세계대전이 끝난 이후 미국은, 경쟁자 유럽을 따돌리고 자본주의의 대본영으로 우뚝 서는 역사를 이루어내고 있었던 것이다.

1927년, 미국 도처에서 아파트 건설이 한참이었고 도심에는 건물을 세우기만 하면 사무실이 꽉꽉 들어찼다. 부동산은 이제 투자를 넘어 투기의 최적 지대가 되고 있었다. 뉴욕 시내 최고 호텔인 월도프 아스토리아 호텔은 이후 세계 최고층 건물이 된 엠파이어스테이트 빌딩을 그 자리에 짓기 위해 해체작업 중이었다. 세계를 압도하는 제국의 위용이었다. 어디를 둘러봐도 자신감 넘치는 미국이었다. 뉴욕 주의 별칭이 '제국의 주'(Empire State)라는 것을 새삼 떠올려도 이런 활기와 추진력은 난데없지 않았다.

당시 라디오는 135달러 정도였고 덩치가 큰 고가품에 해당했지만 이 정도는 구비해야 잘 나가는 중산층 소리를 들을 수 있었다. 세상이 어떻게 돌아가는지 신문보다 빨리 알게 되는 시대가 온 것이었다. 생활은 윤택해져갔다. 게다가 주식시장이 뜨거워지자 은행 대출을 얻어서라도 사람들은 주식투자에 열을 올렸다. 이른바 주식을 사기만 하면 잘 나가는 '거대한 황소 장'이었다. 황소가 언덕 위로 거침없이 진격해가는 형국이었으니, 주식시장의 침체를 예고하는 산에서 내려오는 '곰'은 얼씬거리지 못할 것으로 보았다.

여유가 생긴 사람들은 선탠에 열광했다. 전에는 도저히 상상할 수 없었던, 태양에 검게 그을린 얼굴이 부의 상징이 된 것이었다. 부의 추구가 자기과시 현상임을 주목한 소스타인 베블런(Thorstein Veblen)의 『유한(有閑)계급론』(1899)*이 나온 지 20여 년이 채 지나지 않아서 어느새 미국은 누구나 유한계급이 될 수 있다는 욕망에 차 있었다. 골프 또한 더 이상 특권층이나 부자만의 운동이 아니었다.

그러나 1929년 9월 3일, 여느 날과 다를 바 없을 줄로 알았던 그날 모든 것이 변하고야 말았다. 정점을 향해 치닫던 증시가 졸지에 무너졌고, 폭락한 주식을 들고 사람들은 울부짖었다. 패닉 상태였다. 왜 갑자기 그런 일이 일어났는지 아무도 이해하지 못했다. 소문은 빠르게 돌기 시작했다. 더 이상 주가가 떨어지기 전에 주식시장이 강제 폐쇄된다더라, 군대가 동원돼서 만일의 사태에 대비한다더라, 주식으로 돈을 잃은 사람들이 연이어 투신자살을 하고 있다더라 등등, 어제의 연속이 분명 아니었다.

• Thorstein Veblen, *The Theory of the Leisure Class: An Economic Study*, Macmillan, 1899.

생각지도 않은 때에 곰이 산에서 성큼성큼 내려와, 한참 열을 올리던 황소를 매섭게 내몰고 있었던 것이다. 금융시장은 바짝 긴장했다. 금융계의 대부 J.P. 모건의 집에 내셔널시티뱅크, 체이스내셔널, 게런티트러스트 등 거대은행 총수들이 속속 모여들었다. '월가의 신들'이 집결한 것이다. 금융시장이 단합해서 상황을 신속하게 안정시켜야 한다는 것에 이견이 있을 리 없었다. 신이 할 수 없는 것이 무엇이 있겠는가? 월가의 판테온 신전은 아직 안전하다고 믿었다.

엄청난 착각이었다. 이미 대세는 기울고 있었던 것이다. 은행 도산이 이어졌고 사람들은 돈을 빼가기 위해 이리저리 혼비백산했다. 그럴수록 멀쩡한 은행도 망할 판이었다. 급기야 '은행 휴일제'가 선포되어 은행거래가 일시에 중단되는 사태까지 발생했다. 그것은 금융시장의 미래에 더더욱 깊은 불안감을 확산시킬 뿐이었다.

무엇보다 가장 강력한 타격을 받은 것은 농업이었다. 존 스타인벡의 작품 『분노의 포도』는 서부의 농민들이 대출금을 갚지 못해 집과 농토를 잃고 유랑해야 하는 현실을 적나라하게 보여준다. 그가 표현했듯이 오클라호마의 하늘과 땅은 날이 갈수록 창백해져갔다. 사과는 팔리지 않았다. 하필 풍작이었다. 실업자들이 거리에서 사과 한 알을 5센트에 파는 모습은 이 시대의 애절한 정경이 되었다. 가난은 극소수를 제외하고 모두에게 몰아닥친 검은 폭풍이었다.

1923년 쿨리지에서부터 시작되어 절정에 이르렀던 후버까지의 시대, 이 이상의 번영은 상상할 수 없다고 했던 1920년대의 풍요는 종말을 고하고 있었다. 그것은 이후 미국의 역사가들이 규정했듯이 '위태로운 풍요'(perilous prosperity)에 불과했다. 새벽부터 밤늦게까지 열심히 일하는 것으로 정평이 나 있던 후버. 하딩과 쿨리지 대통령 밑에서 7년간이나 연속으로 재무장관을 지냈고 치밀한 경제전문가이자 전문관료의 시대를 열기도 했던 그가 무너져내리고 있었다. 1929년의 충격은 좀체 진정되지 못했다.

1932년 대선에서 현직에 있으면서 공화당 대통령 후보였던 후버는 민주당 대통령 후보인 뉴욕주지사 루스벨트에게 대패한다. 전체 투표로는 2,208만 표 대 1,575만 표였고, 선거인단으로는 루스벨트가 472명, 후버가 59명이었다. 1929년, 40개 주를 석권해서 대통령이 되었던 후버가 4년 뒤 루스벨트와의 선거전에서는 겨우 4개 주에서만 승리했다. 루스벨트의 압승이었다.

루스벨트의 개혁과 한계

미국은 새로운 지도자와 해법을 선택했다. 위기의 시대에 등장한 루스벨트는 긴 파이프 담배를 물고 얼굴 가득 미소를 담고 있었다. 그것이 과연 우울한 시대를 이기는 환한 미소가 될 수 있었을까? 루스벨트라는 이름은 어원으로 풀면 로즈 필드(Rose Field), 그러니까 장미화원이라는 뜻이다. 미국은 1920년대 말과 1930년대 초의 악몽을 벗고 과연 장밋빛 미래를 기대해도 되었을까?

루스벨트가 1933년 3월 12일, 취임 직후 맨 처음 나선 라디오 방송인 '노변담화'(fireside chats)는 미국 전역의 관심을 모았다. 대통령의 육성을 친근하게 들을 수 있다는 기대감은 파산과 가난으로 상처받고 힘겨워하는 미국인에게 그 자체로 위로가 되었다. 첫 방송은 정부를 믿고 은행에 대한 신뢰를 거두어들이지 말라는 내용이었다.

대대적인 인출사태가 벌어지면서 금융시장의 교란이 확산되는 것을 막으려는 루스벨트의 호소는 먹혀들었다. 미국 자본주의의 맥박이 정상으로 돌아갈 것 같았다. 사람들은 말했다. "그래, 경제는 역시 신뢰의 문제야."

그러나 신뢰의 문제가 치유책 자체는 아니었다. 구조적 관성을 뜯어고치는 일 없는 신뢰만으로는 더욱 큰 불만을 키울 뿐이었다. 루스벨트는 미국 경제가 왜 이 모양이 되었는지 그 원인부터 따지기 시작했다. 대중들의 분노에 찬 비난은 월가의 금융인들을 향했다. 1929년 9월 이전에 이들은 '부의 마술사'였다. 그러나 9월 이후 이들은 금융위기를 가져온 책임의 진원지로 지목되기 시작했다. 오즈의 마법사처럼, 대중의 눈을 가리고 있던 휘장이 젖혀지면서 그간 알지 못했던 이들 월가의 마술사가 숨겨온 모습이 적나라하게 드러나기 시작했다. J.P. 모건의 동업자인 20여 명에 달하는 금융인들이 엄청난 수입을 누리면서도 단돈 1페니도 세금을 내지 않은 사실이 의회의 조사를 통해 들통났다. 은행은 정부의 통제대상이 되어야 한다는 목소리가 비등해졌다. 시장에 대한 정부의 관리는 시대적 요구가 되고 있었던 것이다.

상원은 한 사람의 반대도 없는 채로 지체 없이 연방준비은행의 감독기능을 강화하는 한편, 은행인출 사태를 대비해서 기구를 꾸리기 시작했다. 시장이 알아서 하라는 후버 대통령 시절의 논리는 파산하고 있었다. 거대한 독점자본의 투기와 전횡을 막으라는 대중들의 빗발치는 목소리를 더는 외면하기 어려운 상태가 되어갔다.

이런 현실에서 대자본은 반독점(anti-trust)법에 대한 정치적 압박을 예견하고 타협적인 태도로 나오고 있었다. 새로운 루스벨트 정부와 경제위기를 함께 극복하는 동시에, 자신들의 안전망을 확보하는 전략을 위해서는 노동자의 권리를 일정하게 인정하는 쪽으로 가야 함을 감지했다. 아니나 다를까 진보파 상원의원 와그너는 정부의 재정지출 확대와 투자지원을 기업들에게 선물로 내주는 대신, 노조의 단체협약에 대한 권리를 인정하라고 강조했다. 루스벨트라는 이름에 늘 따라붙는 '뉴딜'의 기본 골격이 이렇게 태어났다. 자본가는 정부의 재정지출 확대로 자금회전을 보장받고, 이와 동시에 노동자를 함부로 해고하거나 이들의 권리를 짓밟을 수 없도록 한 것이었다. 정부가 최저임금제의 기준을 정하고 주당 노동시간을 40시간 이하로 줄이는 권한까지 발동할 수 있게 된 진보적 개혁과정은 이렇게 만들어졌다.

이 시기, 월가의 보수적 반격은 생각보다 약했고 연방정부에 대한 기대가 급등하고 있었다. 루스벨트로서는 개혁조처를 힘껏 밀어붙일 수 있는 절호의 기회였다. 기득권의 저항도 한계가 있었고, 대선에서 압도적인 승리를 거두면서 루스벨트는 속도감 있는 정책 추진이 가능해졌다.

무엇보다 농민의 처지를 보호하는 것이 급선무였다. 대출금을 제때 갚지 못해 집을 차압당하고 농토를 버리고 떠나는 농민들에게 차압 중지와 부채 청산을 위한 단계적 구제정책을 마련해야 했다. 부동산 투기 거품이 꺼진 이후 도시에 살고 있는 수백만의 주택융자 대출자에 대한 새로운 대출지원책도 이루어졌다. 대대적인 공공사업의 대표적 본보기인 테네시 계곡 개발계획도 취임 두 달 만인 1933년 5월 공포되었다. 그 다음 달인 6월에는 '전국산업복구법' (National Industrial Recovery Act)이 통과되었고 이로써 루스벨트의 뉴딜 철학이 구체화된 'NRA'(National Recovery Administration, 전국경제회복기구)가 본격 가동되었다.

NRA는 독점대자본이 주도해온 미국 자본주의 체제의 사회적 무책임과 공공성 파괴를 극복하려는 나름의 시도였다. 농민들은 팔리지 않게 된 농산물로 입은 피해를 정부에게 보상받을 길이 열렸고, 실업자들은 실업기간 동안 사회복지 혜택을 받게 되었으며, 지역적으로 경제회복을 위한 경제계획 프로그램이 인정되었다. 기존의 자유방임체제는 마지막 숨을 몰아쉬고 있었다. 은행 대출금 미납자에 대한 구제책과 함께 채무로 인한 주택차압을 중지하고, 대대적인 공공사업을 전개했으며, 연방정부가 소규모 은행 준비금을 보장하게 되었다. 무엇보다도 연방정부는 월가에 대한 감독과 규제를 강화했다. 이로써 사회안전망 구축은 이후 미국 사회복지 시스템의 기초가 되었다. 이 모든 것은 루스벨트 집권 100일 내에 그 뼈대가 세워지고 추진력을 얻었다.

그러나 시간이 흐르면서 기득권 세력의 반격과 미국 자본주의 체제 내부의 구조적 모순이 루스벨트의 뉴딜 정책을 점차 무력화시키게 된다. NRA는 1935년 위헌결정이 내려지면서 해체되었다. 이는 정부의 시장개입 수준에 대한 거대자본의 반격이 성공한 것이었다. 또한 노동자의 권리보호 장치를 해체하는 과정이기도 했다.

한편 정부의 대대적인 재정지출을 통한 테네시 계곡 개발 사업은 금융시장의 투기적 운동을 압도하면서 소비시장을 구축할 수 있는 여력을 만들어내는 데 실패했다. 왜 그랬을까? 대대적인 정부의 투자는 기업 또는 자본의 힘을 강화시키는 데는 성공했지만, 최저임금 수준을 제약하고 있는 현실을 근본적으로 바꾸지 못하는 한 소비시장의 생동감 넘치는 확대재생산은 기대하기 어려웠다.

대공황이 일어난 지 10년째 되는 1939년, 루스벨트는 중대결정을 내린다. 다름 아닌 제2차 세계대전 참전이었다. 재선 과정에서 유럽의 전쟁에 끼어들지 않겠다고 공언했던 루스벨트는 전쟁경제의 가동이야말로 미국 자본주의 체제의 회생에 결정적 의미가 된다는 것을 간파한다. 유럽의 문제에는 끼어들지 않는다는 미국의 고립주의 외교정책을 폐기하는 순간이었다.

루스벨트는 뉴딜 단독으로만 경제회복을 하는 데는 일정한 한계가 있음을 절감하는 가운데 '케인스 이론의 군사주의적 적용'을 통해 대대적인 자본축적 과정을 만들어낸다. 군수산업에 대한 의존 비율이 급격하게 높아졌다. 결국 뉴딜이 아니라 전쟁이 미국 자본주의를 살려냈다. 이미 강화된 정부의 경제주도권은 이러한 정책을 추진하는 데 아무런 어려움이 없었다. 제2차 세계대전이 끝나고 군사경제가 축이 된 냉전형 자본주의 체제의 성립과 유지는 루스벨트의 유산이었다. 그 유산은 오늘날 미국에서 여전히 작동하고 있다.

이렇게 보자면 루스벨트는 첫째, 대공황의 위기에서 정부가 대자본의 독점체제를 압박해서 노동자의 권익을 보장할 수 있는 시스템을 만드는 진보적 정책에 일부 성공했다. 둘째, 정부의 재정지출 확대와 시장에 대한 감독규제 강화로 경제정책의 안정적 신뢰를 구축하는 데 나름의 성과를 보였다. 셋째, 그러나 일정 단계에서 기력을 회복한 거대 독점자본의 반격을 처리하지 못한 채 자본주의의 구조적 모순에 따른 이윤율 하락의 문제를 결국 전쟁경제 확대로 해결해 버렸다. 하지만 그것은 해결이 아니라 미국의 자본주의가 전쟁경제에 무한히 지배받도록 만든 출발이었다.

오바마가 인수한 미국의 장래

오늘날 오바마는 어떤 현실과 마주하고 있는가? 다시 간략히 정리해보자면 루스벨트의 뉴딜 체제는 제1차 세계대전과 제2차 세계대전 사이에 등장한 미국 자본주의 체제의 전환기적 돌파구였다. 남북전쟁이 끝난 1870년대 이후 급격한 양적 성장을 이룬 미국 자본주의 체제는 1920년대에 정점에 이르다가 위기에 직면했다. 그러자 생존의 활로를 제2차 세계대전에서 발견한다. 이 과정에서 여력이 생긴 미국 자본주의는 사회복지체제를 일정 수준 구축하면서 전쟁경제의 영구적 체제화를 경험하게 된다. 한편 제2차 세계대전 이후 미국 경제는 거대한 달러체제의 주도권과 결합하면서, 투기적 금융시장에 대한 연방정부의 규제가 급속하게 해체되는 시기로 이행한다. 결국 '뉴딜형 미국적 복지체제' '전쟁경제' '투기적 금융시장' 이 세 가지가 미국 자본주의 체제의 축이 되어 각기 그 위상이 시기별로 변화했다.

오바마가 인수한 미국은 전쟁과 투기가 지배하면서 복지도 무너져가고 있었다. 미국의 복지수준은 유럽에 비해 말할 수 없이 낙후한 상태다. 독일의 보수정권 기민당의 복지정책이 미국에서는 급진에 속할 정도다. 오바마가 직면한 현실은 물론 1929년 대공황기와는 달랐지만, 유사한 바가 많다. 투기금융의 팽창과 실업의 증대, 노동 계급과 중산층의 몰락은 정도의 차이는 있으나 판박이다. 그래서 그가 내놓는 정책의 기조는 루스벨트와 크게 다르지 않았다. 노동자의 권리를 강화하고 시장을 규제하며 복지체제를 복구, 확대구축한다는 것이다. 이에 더하여 전쟁을 종식시키고 중동원유에 대한 과도한 의존을 줄이기 위해 녹색 에너지를 개발해서 미국의 세계정책 자체의 기본을 바꾸겠다는 것이다.

이러한 그에 대해 미국은 처음엔 열광했으나 재선 이후 조용히 주시하기 시작했다. 오바마의 구상이 보수파의 반대와 보수언론의 비판으로 현실에서 제대로 관철되지 못했기 때문이다. 클린턴 때부터 민주당의 주요 복지정책이었던 '전국민 건강보험정책'(Universal health care policy)도 개인부담 비율이 높아지면서 애초의 구상과는 거리가 멀어지고 말았다.

오늘날 미국은 내부의 동력을 새롭게 발굴하고 있지 못하며 세계적으로도 패권의 일정한 동요기에 처해 있다. 따라서 오바마의 정책은 수세적일 수밖에 없고, 흔들리는 국제적 위상을 방어하기 위해 군사주의의 유혹에 끌려들어갈 가능성이 높다. 오바마는 매우 지적이며, 확신에 찬 사나이다. 그는 새로운 변화에 대한 의지가 강렬했다. 하지만 집권 2기의 오바마는 좀더 노련하고 여유가 생기기는 했으나 더 이상 청년의 기운을 뿜는 모습은 아니다.

루스벨트가 종국적으로 그랬듯이 오바마 이후의 체제도 자칫, 미국 자본주의 체제의 구조적 관성인 전쟁경제에 의존하는 함정에 빠질 수 있다. 그렇지 않아도 동북아시아의 평화체제는 중국에 대한

미국의 견제를 비롯해 미국의 군수산업의 이해관계와 직결되면서
제대로 진척되지 못하고 있다. 이런 모습은 모두 루스벨트로부터 잘
못 배운 결과다. 기득권 세력의 저항을 막아내면서 자본과 전쟁의
고리를 끊고 복지를 지향하는 정의로운 정치경제적 질서를 만드는
것은 오바마 시대가 미래에 남기는 숙제가 되었다.

오바마와 팔메

스웨덴이 사랑한 정치가, 사민주의자 팔메(Olof Palme)는 민주시
민의 권리와 세계평화를 위하는 정치가 정치의 본질이라고 믿고 그
렇게 행동한 인물이었다. 그는 이런 말을 남겼다.

복지사회의 이념은 안전과 평등, 연대와 민주주의의 표현입니다.
하지만 우리가 경제적인 결정을 내리거나 생산성을 말할 때 이 같
은 가치는 종종 한쪽으로 밀려납니다. 시장의 결정은 자본과 이윤
창출의 법칙에 따릅니다. 시장의 힘은 때때로 개인이나 특정집단
에게 잔인합니다. ……생산현장에서 사람들이 위험에 노출되어
있는 한 복지와 건강을 말할 수 없습니다. 비상식적 근무조건을 받
아들일 수밖에 없는 환경에서 평등한 대우에 관한 제도가 정착되기
를 바랄 수 없습니다. 일터에서 민주주의가 이루어지지 않는데, 노
동자에게 경영참여의 길이 막혀 있는데 국민의 참여를 말할 수 없
습니다. 사회적 격차는 커져만 갑니다. 생산현장에서 기본적 가치
가 실현되지 않는다면 복지사회 발전의 공약은 공허할 뿐입니다.
……모든 사람이 시민으로, 노동자로, 소비자로 생산과 분배, 생

산구조와 노동환경에 직접적으로 영향력을 행사할 수 있는 구조를 만들 것입니다.*

또 그는 남아공의 인종차별 체제인 아파르트헤이트에 대한 비판과 반대운동을 펼치면서 이렇게 말했다.

이 제도에는 몇몇의 경제적 이익과 열강의 이권이 연관되어 있다. 여기에 대항하기 위해 우리는 인간의 존엄성을 옹호하는 여론을 불러일으켜야 한다. 그렇게 때문에 오늘과 같은 집회가 중요한 것이다. 아파르트헤이트는 인류를 좀먹는 제도다. 우리는 남아공 흑인 민중을 지지한다고 선언함으로 아파르트헤이트 체제를 고립시켜야 한다. 우리는 이 역겨운 제도를 뿌리 뽑아야 할 책임을 완수해야 한다. 아파르트헤이트는 개혁의 대상이 아닌 제거의 대상이다.**

1927년생인 팔메와 스웨덴, 1961년생인 오바마와 미국의 차이는 적지 않다. 하지만 그들이 직면한 문제의 본질은 다르지 않다. 팔메가 아파르트헤이트에 대해 말한 것처럼, 오바마는 "(인간의 생명을 빼앗는) 전쟁과 (인간의 삶을 유린하는) 자본의 지배는 개혁의 대상이 아닌, 제거의 대상"이라고 말할 수 있어야 하지 않겠는가? 그렇지 않아도 프란치스코 교황은 자본의 독재에 대해 맹렬하게 비판하

• 하수정, 『올로프 팔메』, 폴리테이아, 2012, 216~217쪽.
•• 같은 책, 288쪽.

면서 투기자본의 종식을 외치고 있다. 미국의 대통령 오바마가 팔메나 프란치스코 교황처럼 내놓고 말할 수는 없더라도, 적어도 이들이 지향했던 방향으로 가야 미국의 진정한 변화가 가능해질 것이며, 인류의 미래 역시 안전해질 것이다. 인류는 지금 거대자본과 전쟁 경제에 의한 차별과 죽임이 일상으로 벌어지고 있는 또 다른 형태의 아파르트헤이트 체제 안에 살고 있기 때문이다.

피부 색깔의 차이를 포함해서, 가지고 있는 돈의 크기로 존재의 위치를 규정하는 것, 이는 인간 존엄성의 몰수이며 폭력의 지배를 정당화하는 세상이다. 이것을 인식하고 깨뜨리는 정치는 진정한 '변화'로 가는 길이다. 오바마가 아파르트헤이트가 지배하는 시기에 남아공에서 태어났다면 어떤 운명에 처했겠는가? 답이 나오지 않는가?

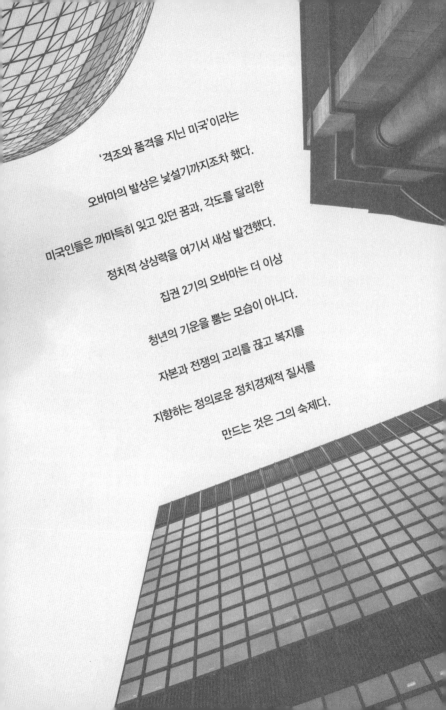

'격조와 품격을 지닌 미국'이라는

오바마의 발상은 낯설기까지조차 했다.

미국인들은 까마득히 잊고 있던 꿈과, 각도를 달리한

정치적 상상력을 여기서 새삼 발견했다.

집권 2기의 오바마는 더 이상

청년의 기운을 뿜는 모습이 아니다.

자본과 전쟁의 고리를 끊고 복지를

지향하는 정의로운 정치경제적 질서를

만드는 것은 그의 숙제다.

미국, 제국의 성립사와 우리

패권체제를 대체할 동북아 신질서

아메리카 제국주의 발전사

미국과 중국 사이의 긴장과 갈등은 최근에 비로소 생겨난 것이 아니다. 중국의 위상 변화와 미국의 패권 약화가 맞물려 돌아가는 과정의 소산이기도 하지만, 미국의 대 아시아 정책의 밑바닥에는 19세기 말부터 성장해온 미국 제국주의 발달사의 공격적 동력이 존재한다. 한반도는 이러한 미국의 제국주의 발전사와 맞닿아 있는 역사적 실체다. 따라서 미국의 제국 성립과 발전의 경로를 이해하는 것은 한반도, 더 넓게는 동북아시아가 미국과의 관계에서 빚어지는 문제를 어떻게 인식할 것인가를 결정한다.

1776년, 미국은 최초의 근대적 식민지 해방 투쟁에 성공한다. 독립운동의 승리였다. 그러나 미국의 국가 성립 이전의 역사는 1776년에 이르기까지 서구 제국주의 열강의 아메리카 대륙 지배전략이 관철된 것이었다. 이 점을 주목한다면, 미국 독립전쟁은 식민지 해방투쟁이라기보다는 아메리카 대륙에 대한 유럽의 식민지 전쟁 제1단계의 완성이라고 볼 수 있다. 진정한 식민지 해방투쟁은 아메리카 대류의 원주민이 주체가 될 때 가능한 역사규정이기 때문이다. 현실은 이들에 대한 유럽 출신 백인의 영구적 지배가 관철된 것이 아닌가.

미국사를 파악하는 방식에 대해서도 논쟁은 지속된다. 미국 역사가 개척과 진보의 역사였는가, 아니면 그와 다른 면모를 지니고 있는가의 문제는 미국 역사학에서도 중대한 논쟁이 되어왔기 때문이다.

분명한 것은 아메리카 대륙에 대한 침략사와 원주민 학살 및 이들에 대한 소수화 정책, 야만적인 노예제도의 유지는 백인 지배체제를 공고히 다지기 위한 절차였다는 점이다. 미국이라는 나라의 민주주의란 백인만의 민주주의였을 뿐, 약소민족과 종족에게는 가차 없는 잔혹성을 발휘하는 체제였다. 그로써 '최초의 근대적 민주국가라는 문명성과 잔혹한 학살자로서의 야만성이 공존하는 기이한 현실이 존재'했던 것이다. 미국은 이후 제국주의 발달과정에서 문명(민주주의와 자본주의)을 앞세워 야만(제국주의적 지배)을 성취하는 길을 걷게 된다.

이러한 역사 평가는 미국의 역사가 민주주의의 발전을 비롯해서 인류사회의 풍요에 일정하게 기여한 점을 도외시하는 것이 아니다. 하지만 그러한 면모는 너무도 많이 이야기되었던 반면, 미국이 제국으로서 존립하고 유지해온 역사의 진상은 그리 주목받지 못했다. 이에 대한 이해와 평가가 공존할 때 우리는 비로소 미국에 대한 역사적 사실 인식과 함께 균형 있는 시각을 확보할 수 있다.

남북전쟁과 독점자본의 형성

미국은 독립전쟁 과정에서 주(State) 단위 연합을 기초로 한 연방

국가의 성립을 완결짓는다. 연방국가의 유지에는 물질적 토대로서 노예제도가 요구되었다. 그러나 흑인 노예노동을 기반으로 한 대농장 경영 중심의 남부와 자본주의적 생산 시스템을 근간으로 한 북부의 공존관계는 19세기 중반에 이르면 파괴되고 만다. 경제체제의 차별성과 갈등, 노동력 확보를 둘러싼 주도권 경쟁으로 인해 내전이 발발한 것이었다.

정치적으로는 남부에서 일어난 연방에서의 분리주의 운동과 분리 선택이 전쟁의 시발이 되었지만, 남북전쟁으로 더욱 널리 알려진 이 내전의 본질은 따로 있었다. 그것은 남부가 장악하고 있던 노예 노동력을 북부가 자신의 자본주의 체제 유지에 필요한 값싼 임금 노동력으로 흡수하기 위한 정치경제적 헤게모니 투쟁이었다. 물론 이것을 공식적으로 내세운 것은 아니었으나 결과는 그렇게 이어졌다. 노예해방을 명분으로 내세운 북부의 승리로 종식된 이 내전으로 미국은 자본주의적 발전의 길로 급속하게 이행하게 되었다. 이를 계기로 미국은 동서부를 잇는 철도 건설에 주력하고 자본주의 체제 강화에 나서게 된다.

이 단계에 이르면 연방정부의 중앙집권적 기능이 강화되고, 1890년대에 독점자본이 출현하면서 미국은 대외 팽창정책의 내부적 기초를 마련한다. 자본주의 체제가 전면화되면서, 미국은 이를 바탕으로 라틴아메리카에 대한 지배적 영향권을 행사하게 되었고 아시아 지역으로 뻗어나가려는 시도를 하게 되었다. 이것은 미국이 바야흐로 제국주의 국가로서의 길을 걷게 되었음을 의미했다. 남북 아메리카 문제에 유럽은 끼어들지 말라고 요구한 1823년 먼로 독트린 이래 지향해왔던 제국의 건설에 실질적으로 박차를 가할 수 있게 된 것이었다.

제국의 건설은 기본적으로 정복전쟁을 요구했다. 이 시기 미국의 대외 팽창정책을 뒷받침했던 '함포외교'(Gun Boat Policy)는 바로 이러한 정복 또는 침략전쟁의 성격을 드러내주고 있다. 이는 또한 미국 자본주의 체제 내부에 전쟁경제적 요소가 구조화되는 과정을 뜻하기도 했다.

이와 같은 대외 팽창기를 거쳐 미국은 제국주의 열강의 주도적 일원으로 위상을 갖게 된다. 세계자본주의 체제의 발전과정에서 영국에 이어 이제 미국의 역량은 결코 무시할 수 없는 것이 되었으며, 영국 제국주의의 절정기 이후에 대한 국제적 헤게모니 투쟁은 두 차례의 세계대전으로 나타나게 된다. 미국은 이 과정에서 직접적인 피해를 입지 않고 초강대국으로서 역량을 축적했고, 다른 제국주의 열강의 도전이 거의 전무해진 제2차 세계대전 종료 이후 본격적으로 세계경영을 지향하는 제국주의적 전략을 추진하게 된다.

오늘날 우리가 '세계화'라고 일컫는 현실은 사실 제2차 세계대전이 종식된 이후 미국이 꾸준히 추구해온 세계경영 전략의 결과이자 애초부터의 목표였다. 미국은 영국의 제국주의가 달성하는 데 일정한 한계를 보였던 '전 지구적 제국 건설'의 실질적인 역량을 갖춘 인류역사상 최초의 나라인 동시에, 이를 국가적 목표로 삼은 거대한 체제다. 따라서 이후 미국의 대외정책의 기본 목표는 전 지구적 제국 건설이며, 이에 저항하는 세력에게는 봉쇄나 진압으로 나갈 수밖에 없었다.

냉전시기 군사주의 정책

냉전시기는 전 지구적 제국 건설 또는 세계자본주의 확대과정이 사회주의권에 의해 일정한 견제에 직면했던 시기였다. 이 시기 미국의 관심은 일단 자신의 영향권 내에 속한 지역에 대해 최대한 독점적 지배권을 행사하는 일이었다. 자신의 영향권 밖의 체제나 세력에 대해서는 이른바 '봉쇄정책'(Containment Policy)을 밀고 나갔다. 이것은 진영대립으로 나타났고 민족해방투쟁 세력에 대한 진압전략으로 구체화되었다.

우리에게 해방공간을 통해 미군정이 수행한 역할도 바로 이렇게 한반도 내부에 제국의 질서를 장치하고 이를 작동하기 위해 동원할 식민지 내부의 세력을 집결시키는 동시에, 이에 저항하는 세력을 토벌 대상으로 삼는 과정이었다. 그 결과는 구 파시스트 세력의 정치적 복원과 좌파 및 민족진영의 궤멸이었으며, 이로써 냉전 파시즘은 이 땅에서 미국의 제국 경영을 위해 봉사하는 권력구조가 되었다.

미국은 이들 구 식민지 국가 내부의 민족해방 혁명세력이 정국을 주도하지 않도록 이들을 정치적으로 무력화하는 작업을 진행하면서 무자비한 폭력과 학살을 내부의 구 파시스트 세력에게 맡겼다. 우리 역사에서 구 파시스트 세력에 해당하는 자들이 바로 친일 세력이었다. 이들은 4·3 제주 양민학살을 비롯해 민족주의자와 좌파진영의 지도자들을 정치적으로 배제해나갔다. 제2차 세계대전 과정에서 미국의 적이었던 이들 구 파시스트 세력은 미국을 새로운 보호자로 여겼고, 미국은 이들에게 면죄부를 주고 활용해나갔다. 이처럼 미국은 내부 협력자들을 통한 대리통치 방식을 선택했다. 미국의 영향권 내에 편입된 구 식민지 지역인 한국을 비롯한 제3세계 국가에서 군부 정권이 오랫동안 권력을 장악할 수 있었던 것은 바로 이러한 미국의 제국주의 유지전략의 산물이었다.

제2차 세계대전 이후 과거 제국주의의 지배 아래에 있던 무수한 나라들이 다시 식민지 해방투쟁으로 나서지 않으면 안 되는 상황에 처한 까닭이 바로 여기에 있었다. 이에 대한 대응으로 미국은 군사 쿠데타, CIA의 비밀활동, 민족해방투쟁 진압작전, 군사적 개입, 경제지원 등 다양한 방식으로 자신의 제국주의 체제 유지를 위한 정책을 추진했다. 이러한 전후 정책에 대해 비판적인 세력을 제거하기 위해 미국의 지배세력은 이데올로기적 공세를 추진했다. 이것이 바로 매카시즘으로 나타났고 비미국인 조사위원회 설치로 구체화되었던 것이다.

이 같은 미국의 이데올로기 공세는 제3세계 국가 내에서 그대로 복제되어 무수한 희생자를 낳았다. 이 땅의 냉전 이데올로기가 휘둘렀던 폭력의 원천적 근거지도 다름 아닌 미국이었다. 따라서 냉전 이데올로기의 완전한 청산은 미국이 유지하고 있는 제국주의 체제에 대한 비판적 극복과 직결되는 일이 된 것이었다. 우리에게는 1980년 광주가 이 문제에 대한 광범위한 인식의 계기가 되었다.

세계화와 제국주의

탈냉전시대 이후 전개된 '세계화'는 제국주의 확대 전략의 다른 이름이다. 이것은 미국의 제국주의적 패권전략에 대한 진영대립의 제동이 사라지면서 가능해진 상황의 산물이다. 즉, 과거 군사적 지배를 위주로 지탱해온 냉전 시스템에 자본의 직접적인 지배를 결합한 전략의 결과라고 하겠다. 따라서 냉전과 세계화는 미국의 제국주의 관철과정에서 단계만 달리하는 현상일 뿐 그 본질은 동일하다.

이 시기에 미국이 강조한 '세계적 신질서'(New World Order)는 미국에 근거를 둔 초국적 자본의 전 지구적 지배를 더욱 노골적으로 가능하게 하는 논리였다. 이 시기에 이르면 미국은 사회주의권과 대결하고 내부시장을 일정하게 통제하면서 발전시키는 역할을 했던 제3세계의 국가 기능을 약화시킨다. '자본이 직접 개입하고 관리'하는 방식으로 전환한 것이다. 이 단계의 미국 자본주의 체제를 주도하는 세력은 투기적 금융자본이며 이들의 영향권 내에 모든 유형의 자본이 독점적으로 포섭된다. 이 작업을 위해 국제적으로는 국제통화기금(IMF)과 세계은행을 동원하고, '구조조정'(Structural Adjustment Plan) 방식으로 대상 국가의 시장을 강제로 개방하여 자신의 이해를 관철시킬 조건을 확보했다. 미국은 이렇게 해서 이들 나라의 경제를 직간접적으로 접수하는 절차를 밟았다.

이렇게 보면, 미국은 자신의 제국주의 체제를 유지확대하기 위해 (1) 냉전시기에는 자본주의적 영향권 방어를 위한 군사주의적 요소를 강화했고, (2) 탈냉전시기의 세계화 정책을 추진하는 단계에서는 자본의 직접적인 지배를 본격화했다고 할 수 있다. 그러나 탈냉전시기의 세계화 정책 추진과정에서 군사주의적 요소를 청산하거나 포기한 것은 결코 아니다. 제국주의적 단계에서 전개되고 있는 미국 자본주의의 내부에는 전쟁경제적 요소가 구조적으로 설치되어 있기 때문이다.

한편, 투기적 금융자본이 직접 지배하는 신자유주의 세계화가 세계적 반발과 저항으로 더 이상 위력을 발휘할 수 없게 되면서 (3) 신보수주의(Neo-con) 세력의 군사전략이 제국의 수호를 위해 전면에 다시 나섰고, 이를 추진하는 세력이 부시 정권으로 나타났다. 전쟁은 제국의 수호와 확대를 위해 진행되었다.

결론적으로 미국은 오늘날 패권적 주도력을 다소간 잃긴 했으나 본질상 제국주의 국가의 면모를 가지고 있다. 찰머스 존슨(Chalmers Johnson)이 『제국의 슬픔』*에서 미국이 전 지구를 군사기지화시키고 있다고 비판하고, 촘스키가 "미국이야말로 테러 국가이며 불량국가"라고 규탄하는 까닭은 이 같은 역사적 현실에 근거를 둔다.

미국과 한반도의 미래

한반도 문제의 해결과정에는 우리가 꾸준히 주목해야 할 역사적 진실의 면모가 있다. 달리 말하자면, 한반도의 냉전체제는 미국의 동아시아 지역에 대한 제국주의적 패권체제 청산의 문제와 맞물려 있으며, 이것이 한반도의 통일과 평화체제 수립에 중대한 장애로 작용하고 있다. 물론 이러한 논지는 모든 책임이 미국에게 있다는 단순한 결론으로 갈 수 있는 여지가 있다는 점에서 정교한 논의가 필요하다. 하지만 제2차 세계대전 종결 이후 미국이 행사해온 패권질서를 넘어서는 쪽으로 이행하지 못하는 한 한반도와 동북아시아의 새로운 평화체제는 모색되기 어렵다. 미국의 존재를 이 지역에서 배제

• Chalmers Johnson, *The Sorrows of Empire*, Metropolitan Books, New York, 2004.

할 것인가 말 것인가의 문제가 아니라, 미국과 이 지역이 가져온 관계를 새롭게 재편성하는 작업에 주목해야 한다.

오늘의 동북아시아가 겪고 있는 긴장과 진통은 본질적으로 미국이 이 지역에서 어떤 위치와 역할을 담당할 것인가의 문제와 직결되어 있다. 미국을 정점으로 하는 패권질서에서부터, 각 나라가 각기의 권리와 위상을 공정하게 존중받으면서 대등한 협력관계로 넘어갈 수 있는가의 여부는 미국의 기존 정책과 전략에 대한 교정이 아니고서는 불가능하다. 미국의 패권적 일방주의를 그대로 받아들이면서 이 지역에 평화와 공정한 국제질서를 만들어가는 것은 출발점 자체가 잘못될 수밖에 없다.

그렇기에 한반도의 평화와 통일은 동북아시아 질서 재편의 핵심 사안이다. 중국과 일본, 미국이 한반도를 중심 근거지로 해서 차례차례 패권적 위상을 가지고 지배했던 이 지역은 이제 다른 경로를 모색해야 한다. 압도적인 군사력이나 제국주의적 요구에 의해서가 아니라, 진정한 상호 우호관계와 평화체제를 기반으로 하는 새로운 공동번영의 길을 모색해야 하는 기로에 서 있기 때문이다. 이 점이 우리가 지속적으로 관심을 기울여야 할 오늘의 현실이다.

제2차 세계대전의 세계사적 결론 가운데 하나는 더 이상 식민지 체제가 유지될 수 없다는 것이었다. '탈식민지'가 당대의 과제였으며 제국주의는 이제 통용될 수 없는 세계경영 방식이었다. 그러나 현실에서 제국주의는 미국이라고 불리는 아메리카 합중국의 주도권 아래 새롭게 확장되었으며, 우리는 바로 그 영향권 속에서 식민지형 정치경제적 재편의 과정에 편입해 들어갔다. 우리 사회에서 논란이 되고 있는 미군의 전략적 유연성, 한미 FTA, 대북정책과 한반도 평화 문제 등은 모두 이러한 현실과 직접 연결되어 있다. 우리의 상황은 미국과 연관되지 않은 문제가 없다시피 하며 이는 미래적 대안의 확보를 위한 국가적 논쟁의 핵심이다.

우리의 미래를 위해서 무엇보다도 요구되는 바는, 냉전시기부터 강화되어온 전쟁 시스템을 해체하고 평화를 보장하는 국제적 장치를 마련하는 것이다. 전쟁 시스템을 강화하는 일과 평화를 보장하는 일은 결코 양립하거나 병존할 수 없는 모순관계다. 그런데 미국은 한반도 남쪽에서 자신의 전쟁 시스템을 더욱 강화하는 전략을 지속적으로 구사하면서 다른 한편으로는 한반도 평화의 진행과정에 제동을 걸고 있다. 미국의 지원 아래 이루어지고 있는 일본의 군사대국화는 그 대표적 증거이다.

그런 점에서 우리는 미국이 추진하는 전쟁 시스템 구상에 무력하게 끌려 들어갈 수 없다는 점을 최우선적으로 인식해야 한다. 이는 미국의 동북아시아 정책에 대한 비판적 인식과 논쟁을 피할 수 없게 하는 대목이다. 미국의 전쟁 시스템을 거부하고 주변 열강들의 이해관계를 조절하는 완충적 평화지대를 건설하는 것은 한반도와 동북아의 미래를 위한 관건적 사안이다. 이를 기초로 한국의 역동적인 힘을 통일과 지역 번영을 위해 쏟을 수 있는 국가로 발전시켜나가는 것은 우리의 역사적 과제이다.

패권체제를 넘어 대안의 공간으로

미국은 전쟁체제를 유지하고 이를 통해 자국의 세계적 패권을 확보하는 것을 국가전략의 최우선 목표로 삼고 있다. 캐나다 외교관을 지내고 버클리 대학 교수를 역임한 피터 스콧(Peter Dale Scott)은 『미국의 전쟁기계』*를 통해, 전쟁은 미국의 전 지구적 삶의 방식이라고 비판한 바 있다. 그의 말이 아니더라도, 미국이 주도하는 동북아시아의 현실이 평화보다는 군사력 위주의 질서가 되고 있는 것을 부인할 수 없다. 미국이 내세우는 이른바 '전략적 유연성'(strategic flexibility)도 한국과 일본에 군사적 근거지를 마련하고 미국의 군사력이 언제 어디든 마음대로 이동할 자유와 권리를 갖겠다는 것이다. 이는 특히 동북아시아에서 중국을 겨냥한 포위 전략임은 이제 상식이 되었다. 그런 환경에서 동북아시아에는 무력증강 위주의 안보체제가 만들어질 수밖에 없다.

이 같은 미국의 동북아시아 군사전략에 최대한 협력하고 있는 것이 일본 정부다. 그런데 전쟁으로 가는 길을 택할 것인가 아니면 평화로 가는 길을 선택할 것인가의 문제는 일본만이 아니라 동북아시아 전체의 미래를 좌우하는 매우 중대한 사안이 되고 있다. 한국 정부는 일본의 군사대국화에 반대하면서도 정작 이를 배후에서 돕고 있는 미국의 동북아시아 정책에 대해 정면으로 비판하거나 반대하지 못하고 있다. 한-미 군사동맹과 미-일 군사동맹은 이렇게 3각(三角)으로 얽혀서 거대한 동북아시아 군사체제를 이루어간다.

이 맥락에서 미국에게는 북한의 문제가 늘상 주장하듯이 안보를 위협하는 요인이기만 한 것도 아니다. 북한의 정치체제와 미사일, 핵

• Peter Dale Scott, *American War Machine: Deep Politics, the CIA Global Drug Connection, and the road to Afghanistan*, London: Rowman & Littlefield Publishers, 2010.

미국의 대외정책의 기본 목표는 전 지구적 제국의 건설이며,

이에 저항하는 세력에게는 봉쇄나 진압으로 나갈 수밖에 없었다.

미국이 걸어온 지난 시기의 역사를 통찰하고, 그 미래의 경로를

바꾸어내기 위한 의지와 상상력은 우리에게 얼마나 제대로 있는가.

미국의 변화는 우리에게도 달려 있는 문제다.

무장 문제가 국제적 우려의 대상이 되는 것도 사실이지만 북한을 긴장요인으로 만들지 않고는 미국의 동북아 군사체제를 유지 확대하는 정당성의 기초가 취약해지기 때문이다. 미국은 북한이 더는 긴장요인이 되지 않기를 과연 얼마나 적극적으로 바라고 있을까? 이 문제를 풀기 위해서는, 미국의 군사주의 정책이 우선 달라져야 한다. 그렇지 않으면 북한은 미국의 적대적 압박정책으로부터 자신을 지켜내기 위한 자위적 조처로서 무장력 강화라는 명분과 실제를 선택하게 되어 있다. 그것이 정당하든 아니든, 그러한 상황이 만들어지게 되어 있다. 그 결과 북한과 미국의 갈등이 지속된다면 이는 동북아시아 평화에 중대한 위협이 된다.

이를 해결하기 위해 우리는 이제 동북아시아 외교의 역동적 변화를 위한 준비와 노력을 해야 한다. 당장에는 북한과 미국 간의 적대적 관계를 해소하는 작업에 집중하면서도 그와 동시에, 새로운 동아시아 공동의 질서가 미국의 패권체제를 대체하는 단계에 들어가야 한다. 이것이 미국의 장기적 이익을 위해서도 긴요하다는 점을 설득하고 그 미래상을 함께 논의해나가야 한다. 그로써 남과 북이 현재 직면한 체제발전의 한계도 함께 극복하면서 동북아시아가 미래의 새로운 동력을 평화적이고 건강하게 뿜어내는 공간이 될 수 있는 길을 열어가는 것이다. 미국이 아시아-태평양 체제의 중심으로 자신을 세우고자 하는 목표가 있는 한, 이러한 구도를 만들어나가는 데 우리의 역할이 중대하다는 점을 강조해야 한다.

문제는 미국이 걸어온 지난 시기의 역사를 통찰하고, 그 미래의 경로를 바꾸어내기 위한 의지와 상상력이 우리에게 얼마나 제대로 있는가의 여부다. 미국의 변화는 미국만으로 이루어지는 것이 아니라, 그 미국과 상대하는 우리에게도 달려 있는 문제이기 때문이다. 상대를 잘 알지 못하고서는 새로운 관계를 만들어가는 데 아무래도 제약이 있지 않겠는가?

제5부　　　　　　　　　　　　　　　　　　　　공화국의 위기,

공화국의 기회

"대한민국은 민주공화국이다. 대한민국의 주권은 국민에게 있고, 모든 권력은 국민으로부터 나온다." 이 두 문장은 대한민국 헌법 제1조 1항과 2항이다. 이 기본조건을 허물려는 개인과 세력 내지 집단은 모두 헌법정신에 대한 도발자가 된다. 그런데 우리 현대사에는 이러한 자들과 세력이 국가권력의 중심을 장악하는 경우가 훨씬 많았다. 권력의 원리적 근원인 국민은 민주공화국의 주체가 아니라 지배의 대상일 뿐이며, 대한민국은 민주공화국이라기보다는 그것을 내세운 집단의 정치적 포획물이 되어버렸던 것이다. 이런 우리의 역사는 민주공화국이 헌법적 선언이 아니라 저항을 통해 그 실질적 내용이 만들어지는 것이며, 매 시기의 과제가 다르기 때문에 그에 따른 변화를 그때마다 실현해야 함을 알게 해주었다.

그것은 공화국의 위기를 공화국의 진화를 위한 기회로 삼도록 하는 정치적 각성의 결과였다. 이와 같은 주체의 각성은 민주공화국의 실질적 기반이며, 앞으로도 지속적인 가치를 갖는 작업이다. 공공성을 가진 권력에 대한 사유화를 끊임없이 시도하려는 세력에게 공화국은 욕망의 대상이지만, 국민에게 공화국은 존재의 토대다. 공화국의 위기는 그래서 이 존재의 토대를 욕망의 대상으로 바꾸어 탈취하려는 사건이 있을 때 발생한다.

권력과 자본이 이러한 욕망의 체계를 가지고 정부를 장악하면, 공화국은 비틀거린다. 그 안에 살고 있는 이들의 삶이 배반당하고 만다. '국가의 배신'은 이런 식으로 일상화된다. 하지만 이것이 끝이 아니다. 바로 이 배신의 경험은 공화국을 바로 세워야 한다는 사회적 각오와 결단으로 이어져 새로운 국면을 만들어낼 수 있다. 공화국의 기회가 오는 것이다.

이러한 상황 변화가 저절로 찾아오지 않는다. 거듭된 좌절과 실패, 그리고 결정적 패배로 인해 희망이 완전히 침몰해버리는 것 같은 고비도 겪게 된다. 그러고 나면 사람들은 각자 자신의 사적 영역으로 퇴각하고 공화국이라는 공공의 영역에 대한 무관심을 습관화한다. 정작 위기는 바로 이 지점이다. 달리 어쩔 도리가 없게 되어가고 있다는 생각이 굳어지면 공화국의 장래는 암담해질 것이다. 위기와 기회가 순서를 교대하면서 우리를 방문하는 것이 아니라, 동시에 서로 등을 밀착하면서 서 있는 셈이다. 이럴 때 우리는 어찌해야 할 것인가? 위기가 가해오는 긴장과 압박을 해석하고 그 의미를 해독(解讀)해야 한다.

인류의 역사가 여기까지 걸어오면서 겪은 일들은 헤아릴 수 없이 무수하다. 그 모든 것이 우리에게 교사다. 결국 중요한 것은 역사적 성찰의 힘이요, 사상과 가치에 대한 논쟁의 사회적 능력이다. 공화국을 발전시켜온 서구의 전통 역시 그렇게 만들어져왔다. 가치보다 가격을, 연대보다 경쟁을 앞세우는 현실에서 공화국에 대한 우리의 문제의식과 철학이 깊어질 때 우리에게 새로운 미래가 열릴 수 있다. 공화정을 위한 혁명은 이것이 우선 정신사적 사건이 되어야만 가능해진다.

사회적 연대의 복구

자본, 정치 그리고 소통

소통과 연대를 저지하는 힘

"함께 살고들 있지만 소통하지 않는다. 소통은 불편하고 단절은 편안하다." 우리 사회의 자화상이다. 극단적인 분석일까? 아파트에서의 생활을 떠올려보면 전혀 이상하지 않은 진단이다. 점증해가는 가족 내부의 대화 실종도 이에 해당하지 않는가? 그러나 이와 동시에 "사람들은 소통을 갈망한다. 단절의 고독을 견디지 못한다"도 진실이다. 여기에는 소란스러운 현실에서 단절된 자기만의 사적 공간에 대한 확보와 함께, 공적 영역의 소통을 동시에 요구하는 인간의 역설적 심리가 존재한다.

서로 모순되어 보이는 현실이지만 문제의 핵심은 정작 필요한 사회적 소통과 연대가 작동되어야 할 때, 그것이 거의 마비되어 있거나 통제대상이 되고 있다는 점이다. 이와 같은 현실에서는 사적 공간도 보호되지 못하기 일쑤다. 그걸 지켜내라고 요구할 수 있는 사회적 연대의 힘을 발휘하기 어렵기 때문이다. 결국 중요한 것은 공적 소통이 얼마나 보장되어 있는가다. 이것이 막혀 있으면, 사적 영역의 안전도 기대할 수 없다. 봉쇄된 공적 소통의 공간에서 권력과 자본은 자기의 영토 확장을 위한 전략을 관철해나간다. 사적 소통의 공간은 그런 과정에서 침략당한다.

전체주의는 이러한 사적 영역과 공적 영역의 의미 있는 관계를 파괴하는 극단적인 경우다. 고통과 비극에 대해 아파하고, 이 아픔이 서로에게 연대감을 만들고 새로운 질서를 이루어내는 의지로 바뀌는 것을 전체주의는 용납하지 못한다. 부정의에 분노하고 정의를 요구하는 행동도 전체주의 권력이 받아들일 수 없다. 전체주의 권력은 사회 구성원들이 자신의 감정과 이성, 의지로 움직이고 변화를 만들어내는 것을 가장 두려워하기 때문이다.

전체주의 권력에게 사회 구성원은 동원의 대상일 뿐이다. 이들이 스스로 소통하고 연대하면서 조직화해나가는 사회적 차원의 운동은 금지되어야 한다. 표현의 자유가 억압의 목표물이 되는 것도 다 그러한 이유에서다. 우리 사회도 오랫동안 그런 현실에 시달려왔고 지금도 그러한 사정은 크게 달라지지 않았다. 가령 드라마를 통한 개인사적 차원의 공감은 허용되지만, 정치사회적 현안과 관련된 진실의 규명과정에서 소통과 연대가 생기는 것은 권력이 환영하지 않는다.

민주주의는 이런 상황과 긴장감을 가지고 대치하도록 한다. 고통과 비극이 있는 현장을 공개하며, 그 공개된 현장에 대해 아파하고 의견을 나누고 새로운 해결책을 함께 모색하는 것이다. 책임을 은폐하려는 자는 응징되고, 잘못된 방식은 바뀌나가며 공동체적 심성이 복원되는 가운데 소통의 수준은 매우 높아지게 된다. 그로써 사람들은 서로가 서로에게 그저 막연한 타자가 아니라, '아주 중요한 타자'가 된다. 아픔을 나누며 함께 행동하는 사회적 조직화는 인간과 인간을 분리시키고 단절시키는 기존 질서의 틈을 비집고 들어서는 변화이다. 인간을 쪼개서 갈라지게 하며 원자화시켜온 권력을 해체하려는 매우 중대한 운동인 것이다.

일제 식민지 통치의 폭력에 이어 등장한 이승만과 박정희, 전두환 등의 권력은 '전체주의'의 정치공학을 우리 사회에 전면적으로 확장한 실체였다. 그 같은 지배체제 아래에서 사람과 사람 사이에 사회적 고통에 대한 공감과 연대의 길은 존속하기 어렵다. 비극적 현실을 가져오는 원인에 대한 질문조차 허용되지 않은 판국이다. 이럴 때 소통은 위험한 것이 되며, 단절은 안전이 된다. 사회적 고통의 원인에 대한 인식과 질문은 권력에게는 매우 불온한 자세이고, 더군다나 이에 따라 행동하는 것은 진압해야 하는 내란이 된다.

세월호 참사의 희생자들에 대한 애도는 청소년들의 죽음이라는 사건 자체가 지닌 비극성으로 해서 권력이 막을 도리가 없었다. 하지만 쌍용차 자살자에 대한 분향소가 철거되고 용산참사 희생자들에 대한 공감의 확산이 억압된 것은 사회적 연대를 막으려는 주체가 누구인지를 분명히 보여주었다. 비통하고 억울한 죽음에 대한 아픔을 나누는 문제를 국가의 권력이 개입해 들어와 가로막고 있는 상황에서 인간 사이의 소통이 원활해질 수 있기를 기대하는 것은 어려운 일 아닌가? 이 지점에서 우리는 자본과 권력의 동맹, 그 공모(共謀)체제를 목격한다.

이 공모체제는 역사인식에도 간섭해 들어온다. 과거에 일어난 고통의 원인규명이나 그 책임을 묻는 일을 한사코 저지하려 든다. 그것은 현재의 권력구조를 해부하는 일이기 때문이다. 우리의 근현대사에서 친일 세력이 정치적으로 복원되어 기득권을 쥐고 이 사회의 지배세력이 되어온 과정을 살피고 문제 삼는 것은 과거사가 아니라 현재를 묻는 작업이다. 그렇기에 '과거의 고통'을 '지금의 고통'과 연결해서 비판하는 일이 된다. 이에 대해 발언하고 일깨우는 목소리는 식민지 시대와 냉전정치 속에서 형성된 한국사회의 지배세력에게는 적이 된다. '빨갱이'에서부터 '좌빨종북'에 이르는 낙인찍기는 이들이 주도해서 기획한 정치적 지배수단이다. 2015년 역사 교과서 국정화 밀어붙이기도 이를 그대로 보여준 경우였다.

권력과 자본 그리고 민주주의

자본주의 사회에서 권력의 문제를 이해할 때 기본적인 출발점이 있다. 그것은 민주주의와 자본주의가 양립할 수 없다는 사실이다. 민주주의는 그 사회 구성원 모두에게 공평한 권리와 기회를 제공하는 것을 원칙으로 하고 있다. 그러나 자본주의는 그가 소유한 자본의 크기에 따라 권력의 크기도 결정되는 것을 원리로 돌아간다. 따라서 민주주의는 자본주의와 대립하며, 자본주의는 민주주의와 동거하지 못한다. 자본주의가 위기에 몰리면 파시즘의 현실이 가동되는 것이 그 증거다. 민주주의가 확장되면 자본주의의 모순이 공격대상이 되는 것 또한 그 증거다. 그러니 노동자의 연대를 자본주의의 주도자들이 용납하지 못하기 마련이다. 노동자들의 비극적 현실을 고발한 전태일의 죽음에 대한 공감과 연대를 자본주의는 반길 수 없다. 그렇기에 민주주의는 절차적 민주주의에서 머물지 않는다. 경제적 권리의 민주화를 이루어내려는 의지를 본질로 하고 있다.

자본이 지배하는 언론이 사회적 고통의 현장을 감추려는 모습도 민주주의와 자본의 대립을 보여주는 대목이다. 그런 현실에 대한 문제제기가 정치적으로 고민되지 않도록 하는 것도 자본이 언론에게 부여한 임무가 된다. 그러니 우리가 소통의 기술적 장치가 엄청난 발전을 하고 있다고 해도, 반드시 필요한 사회적 소통의 내용은 끊임없이 제동이 걸리는 대상이 되고 있는 것이다. 그것은 은폐되거나 침묵하도록 요구받거나 확산되지 않도록 관리된다. 민주주의는 언제나 이런 위협 앞에 놓여 있다.

따라서 권력과 자본이 만들고 움직이는 소통 통제 장치와 공학을 해체하는 시도는 민주주의를 위해 반드시 요구되는 행동준칙이다. 이걸 관철해내지 못하면 사회적 연대는 지배세력에게 정치적 범죄로 몰리고 만다. 고통받고 있는 이들과의 연대가 '제3자 개입'이라는 논리로 공격당하는 것이 바로 그 예다. 사회적 연대가 존재하지 않을 때 사회적 약자는 좌절하고 희생당한다. 그 위에 권력의 폭압과 자본의 횡포가 확대 재생산된다.

사회적 연대는 정치 세력화로 그 힘을 조직화해야만 실질적 의미가 있다. 정당은 그 실체다. 그러나 기존의 정당들은 대체로 자신들의 정치적 존재에만 몰두하고 사회적 연대를 외면해왔다. 그렇기 때문에 사람들은 정당에서 사회적 연대의 가치를 발견하지 못하는 것이다. 자기를 대변하고 자신과 연대하는 세력이 집중되어 있는 조직에 대한 기대를 무너뜨리는 정당은 이해관계로 뭉친 붕당 세력에 지나지 않는다. 이러한 정당은 진정한 사회적 연대를 가로막는 장애물이다. 그렇지 않아도 이들은 장내/장외의 구분으로 사회적 연대의 현장을 제도정치 밖으로 배제해버린다.

사회적 고통과 갈등에 마주서는 일이 불편하지 않고 당연한 인간적 윤리가 되는 곳에서 우리는 사회적 연대를 복구할 수 있다. 이것을 가로막는 정치는 소멸시켜야 한다. 진정한 소통의 장과 공동체를 분해하는 권력과 자본은 민주주의를 두려워하는 세력일 뿐이다. 표현의 자유, 집회와 시위 그리고 단체결성의 권리는 그래서 민주주의의 근간이 되는 것이다. 이걸 부인하는 정치와 법, 제도는 전체주의 권력을 태어나게 한다. 그 권력은 국민주권을 압도하는 국가가 되고 국가의 논리가 되며 지고한 국가이성의 자리를 차지하고 만다. 이런 국가 앞에서 개인은 무력화될 수밖에 없다. 그것은 국가의 의지에 반하는 민주적 권리 행사가 불가능해짐을 뜻한다. 이런 현실에서 국가는 자신을 성역으로 내세운다.

"네 이웃을 내 몸과 같이 사랑하라"는 예수의 가르침은 단지 특정 종교의 교리가 아니라 인간이 인간답게 살기 위해 꼭 필요한 윤리적 삶의 지침이다. 이웃의 아픔과 기쁨을 자신의 것처럼 나눌 수 있는 존재와 사회가 아니고서는 인간은 행복해질 수 있는 정치와 체제를 가질 수 없다. 자본은 명령을 수행하는 인간만을 원하며, 권력은 동원대상이 될 수동적 인간을 바란다. 그 본질은 서로 다르지 않다. 윤리적 성찰과 주체성이 부인되는 인간을 양산하려는 것이다. 그건 새로운 노예제도다.

자, 이제 무엇이 필요한가? 인간을 쪼개 흩어놓고 서로 간에 진정한 소통은 끊어놓은 채, 이리 쏠리게 하고 저리 몰려가게 만드는 권력과 자본에 저항하는 일, 그것이 사회적 연대를 가로막는 체제 해체의 첫 걸음이다. 이들의 논리에 순응하지 않는 교육, 그러한 정신의 존중이 이 해체작업의 핵심에 놓인 원칙이다. 양심과 윤리를 가지고 살아갈 수 없게 하는 사회에서 민주주의는 기대할 수 없다. 민주주의를 저지하는 권력과 자본은 우리에게 인간됨을 포기하라는 명령을 내리는 실체다. 이들이 만들어놓은 감옥을 도처에서 부수는 것, 그것이 진정한 정치의 본질이다. 아리스토텔레스 이래 우리는 '정치적 동물'의 자유를 망각하도록 끊임없이 강요당하거나 세뇌되어왔다. 이런 기억은 언제나 기존 질서에 대해 혁명적이기 때문이다.

니체는 '망치를 든 철학자'를 우리에게 일깨웠다. 그 망치는 기존 질서를 두드려 깨는 일만을 하지 않는다. 새로운 집을 짓는 데도 필요하다. 문제는 그 망치가 누구의 손에 들려 있는가이다.

사회적 연대가 존재하지 않을 때
사회적 약자는 좌절하고 희생당한다.

그 위에 권력의 폭압과
자본의 횡포가 확대 재생산된다.

경제민주화의 권리
정의로운 사회를 위한 '예언자의 정치'

사라진 경제민주화와 구조적 타살

'경제민주화'라는 단어가 한때 정국의 중심이 되었다가 실종된 지 오래다. 2012년 대선에서는 이 구호가 마치 세상을 바꾸어줄 것 같은 환상마저 불러일으켰다. 진보적 논의라고 할 수 있는 경제민주화는 역설적이게도 보수세력을 지지기반으로 한 박근혜 정부의 등장에 매우 중요한 역할을 했지만, 이후 아무 설명도 없이 폐기처분되었다. 경제민주화의 전제조건인 '대자본에 대한 공적 통제'를 통해서 서민과 중소기업의 경제적 권리를 확대하는 정책을 밀고 나갈 의지가 애초부터 없었다는 것을 스스로 입증한 셈이었다. 이들은 가치의 차원에서나, 구조적으로나 경제민주화 추진이 불가능한 세력이었던 것이다.

인간은 자신의 물질적 토대를 확보할 기회와 권리가 보장되지 못하면 그 다음 단계의 삶의 질적 도약을 기대할 수 없게 된다. 그런 의미에서 경제민주화는 인간다운 삶을 위한 근본이다. 기초생활이 무너지고 있는데도 이에 대한 복지정책이 확대되지 못하면, 그 공동체는 사회적 약자의 절망적 위기를 방치하는 것이자 그로써 죽음에 이르는 사람의 수가 늘어가는 '구조적 타살의 현장'이 된다.

지난 2014년 2월 생활고로 살 길이 막막해 동반자살로 생을 마감한 송파의 세 모녀 사건은 바로 그런 사례였다. 모두가 경악해서 재발 방지를 위한 해결책이 당장에 이루어질 기세였다. 그러나 이 사건 역시 사회적 촉각을 잠시 곤두세우게 하더니 어느새 망각의 지대에 거의 묻혀버리고 말았다. 이렇게 우리 사회에서는 수많은 빈곤계층의 사람들이 매일매일 비빌 언덕이 없어 생존의 위기에 시달리고 있는데도, 이제는 먹고 살 걱정이 없는 정도로 세상이 변했다는 기이한 통념이 지배하고 있다. 기초생활의 사각지대가 존재하는데도 마치 없는 것처럼 여기고 있다면, 그건 의도적인 사회적 살해행위에 해당한다. 기본소득 보장정책은 그래서 절실하다.

2016년 총선에서 더불어민주당의 수장을 맡은 김종인은 경제민주화를 자신의 브랜드로 갖는 인물이지만, 노조에 대한 비판과 함께 사회적 약자에 대한 관심을 별반 보이지 않음으로써 그의 본래 원칙이 무엇인지 애매하게 만들고 말았다. 경제민주화는 심화되고 있는 양극화 시대에 너무도 절실한 기본생활 문제인데도, 정치권은 의미있는 목소리나 움직임을 전혀 보이지 않는다. 대자본과의 정치적 긴장이나 대립은 피하고 싶다는 메시지인 셈이다. 이래서야 경제민주화는 아무런 진척도 없을 것이 뻔했다.

경제민주화의 권리가 사라진 사회는 대단히 위험하다. 정치적 궁지에 몰리면 정권은 대체로 '민생'을 들고 나오지만, 그것은 그때마다 최소한의 수준에서 이루어지는 시혜적 봉합일 뿐이다. 근본적인 대책을 마련하는 일에는 관심이 별로 없다. 솔직히는 정치적 곤경을 피하려는 술책으로 민생이라는 단어를 활용할 뿐이다. 실로 중요한 것은 생활을 위협받는 사람들이 정치적 발언권을 확보하고 이들의 주체적 요구를 정책으로 담는 일이다. 그래야 이들이 중심이 되어 지속적인 문제제기를 통해 삶의 기반을 바꿀 수 있다. 따라서 민주주의가 바로 서는 것은, 그래서 정치의 중심을 어떻게 세워나갈 것인가의 문제는 생존권과 복지의 문제를 해결하는 데 가장 핵심적인 사안이다.

선출되지 않은 권력을 대표하는 정부와 계급문제

현실은 어떤가? 정부가 '자본의 실무 운영위원회' 역할을 수행하게 되면, 그것은 정부를 자본에게 사유화된 권력으로 변질시키는 것이다. 이는 우리가 경험하는 실제 상황이며, 유권자의 선출로 대표되지 않은 권력을 대변한다는 점에서 민주주의의 정면파괴다. 그 결과 공동체 구성원의 권리를 희생시키는 구조가 확대 재생산된다. 바로 그렇기 때문에 국가와 자본의 관계를 규명하는 것은 민주주의를 지켜내기 위해 가장 중요한 과제가 된다. 이는 국가의 계급적 기반에 대한 검증이 된다.

계급문제에 대한 논란은 한국사회에서 일종의 금기어이고, 공식적인 담론으로 내세우기 어렵다. 그러는 순간 당장에 '이념 논란'이니 '좌빨'이니 하면서 정상적 토론이 불가능해진다. 정부가 실제로는 어느 특정 계급의 이익을 수행하고 있으면서도 계급문제에 대한 논의를 막고 있다면, 그것이야말로 그 권력의 정체 또는 계급적 기반을 숨기기 위한 것임에 다름이 없다. 정부의 권력을 담당하겠다는 인물과 정당은 늘 서민대중의 삶을 앞세우지만 실질적으로는 투기성 금융자본을 포함한 초국적 독점대자본과 국내 대자본의 이해를 관철하는 것이 우선권을 지닌다. 이것이 자본주의 국가의 계급적 토대다.

따라서 자본의 지배로 구축된 특권과 이를 떠받치고 있는 노동배제적 정책의 청산 없는 민주주의는 필연적으로 대단히 취약한 상태로 몰리게 되어 있다. 특히 노동자의 정치권력이 진압되는 현실에서 진정한 민주주의는 없다. 임금 이외의 수입을 기대할 수 없는 노동자의 권리를 법의 보호 밖으로 밀어내고 있는 권력이 권리투쟁에 나서는 일반서민을 지켜줄 리 만무하며, 경제민주화 요구를 스스로 수용할 가능성은 없다. 배제되고 있는 이들은 노동현장에서 일하는 노동자만이 아니다. 노동할 수 없는 처지에 몰린 이들의 삶 역시 이러한 권력의 관심 대상이 더더욱 아니다. 해고자를 조합원으로 받아들였다는 이유로 전교조를 법의 보호 밖으로 축출해버리는 권력은 노동조합이 노동자의 사회적 안전망이라는 사실을 부인하는 것이다. 그것은 해고자에 대한 법적 보호망을 파괴하는 일과 다를 바 없다.

그런 조건에서 정치란 결국 기득권 세력의 정파적 권력투쟁에 머무를 뿐이며, 서민대중의 현실적인 삶의 개선과는 아무런 관련이 없는 것이 된다. 노동자를 비롯한 서민대중의 정치경제적 권리를 차단하고, 자본의 패권적 지배를 유지하는 정치는 상당한 압박을 받지 않는 한 민주주의가 보장하는 기본권을 묵살해버리고 만다.

이런 상황에서 정치를 진보시킬 수 있는 길은 어디에 있는가? 경제민주화의 권리를 가장 중요한 기본권으로 제도화하고 이것을 통해서 부의 분배와 재분배에 이르는 사회적 구조를 어떻게 만들 것인가? 여기서 분배란 경제적 생산의 성과물에 대한 일차적 나눔이고, 재분배는 그 나눔이 다시 사회적 기여분으로 돌아가게 하는 일이다. 일차적 분배는 소득수준으로 나타날 것이나, 재분배의 작업은 세제를 통해 복지의 사회적 기반을 조성하는 작업이다. 두 차원의 분배정책은 거의 언제나 대자본의 반격에 직면한다. 그러한 분배정책은 자신들의 자본축적에 걸림돌이 된다고 보기 때문이다. 이 갈등 과정에서 경제민주화를 둘러싼 국가의 본질이 드러난다.

노동운동 없는 민주주의의 위험성

역사를 돌아보자. 1920년대 독일 사회민주당의 우파들은 노동자들의 투쟁에 대한 지원과 정치적 결합을 포기한 채, 이른바 타협적 개혁주의 노선에 매몰되어 대자본의 요구에 하나하나 넘어가다 결국에는 파시즘의 길을 열었다. 이 시기 전 세계자본주의는 생산과잉과 투기자본의 확대, 수요의 위축이라는 위기를 겪고 있었다. 이런 상황에서 일차적으로 요구되는 것은 노동자를 비롯한 사회적 약자들의 생존권을 강력하게 방어하는 일이었다. 그것이 무너지면, 이들의 삶은 벼랑에 몰리게 되기 때문이었다.

그러나 독일 사회민주당은 노동자에 대한 자본과 극우세력의 정치적 공격에 무력하게 대응했다. 이에 따라 독점대자본과 독재적 권력, 군사주의 세력의 동맹체인 파시즘의 등장에 손 들고 말았다. 바이마르 공화국의 정치적 붕괴는 이렇게 시작되었다. 파시즘이 제국주의의 위기를 돌파하기 위한 독점대자본의 전략적 선택이 되어 국가권력을 장악해나갔다. 이를 막아낼 노동자의 정치적 권한의 약화가 가져온 사태였다. 그러므로 노동자의 투쟁이 정치경제적으로 승리하는 것은 민주주의가 파시즘의 덫에 걸리지 않도록 하는 관건이다. 이를 제대로 인식하지 못하면, 파시즘은 '노동운동의 패배에 대한 형벌처럼' 다가오고 만다.

노동하는 사람들의 목소리를 대변하는 정당의 존재와 정치가 사라진 곳에서, 정치는 대자본의 요구에 굴종하게 되어 있다. 또 사회적 위기가 발생하면 이를 근본적으로 해결하려 들기보다는 안전 또는 안보를 내세워 국가권력의 권위주의적 강화에 몰두한다. 파시즘은 과거 히틀러가 발동했던 방식만을 뜻하지 않는다. 그것은 이미 역사적으로 정죄된 파시즘의 본질을 숨기면서 대자본의 의지를 관철하는 다양한 수단을 동원한다. 표현의 자유, 사상의 자유, 집회와 결사의 자유 등에 속하는 민주주의의 제도적 장치가 하나하나 제한되거나 해체되며, '법의 지배'라는 논리에 따라 실정법으로 민주주의의 기본권을 통제해버리는 것이다. 언론에 대한 자본의 지휘, 정부에 대한 의회의 견제를 무력화하는 권력집중, 자본의 자유를 극대화하는 입법, 시민들에 대한 감시체제 강화 등은 모두 의회민주주의를 형식상 존속시키는 가운데 만들어지는 파시즘의 21세기판이다.

역사적으로 보자면 풀란차스가 날카롭게 간파했듯이 "파시즘은 제국주의 단계에 이른 자본주의의 문제"이며, 페트라스가 지적한 것처럼 "식민지적 상황에서 파시즘은 제국주의의 하부구조로서 존재한다". 이런 시기를 지난 이후에도 여전히 중요한 것은 이를 저지할 노동운동의 정치적 승리는 실로 긴요하다는 점이다. 그것은 우리의 민주주의를 완성시켜나가는 근본적인 사회정치적 역량이다.

바로 이러한 의미를 지닌 노동운동의 성장과 이에 대한 방어가 민주주의의 중심적 과제라는 인식이 분명하지 않게 되면, 그것은 노동자라는 특정 계급이나 계층의 문제라는 식으로 축소·폄하된다. 노동자 자신도 이러한 논리에 세뇌되어 노동정치의 의미를 충분히 깨닫지 못하게 된다. 가령 고령화 사회가 진전되는 상황에서 고령자의 목소리를 정치에 반영하지 못하면 이들의 복지는 어떻게 될 것인가? 그와 마찬가지로 경제민주화의 권리를 행사할 수 있는 가장 중요한 주체에 대한 부인이 일상화되는 순간, 민주주의가 딛고 서 있어야 할 경제적 기초는 흔들리고 만다.

자유주의 정당 가운데서도 진보적 방향성을 지닌 경우가 있으나 노동운동의 정치적 요구를 제대로 이해하고 정치화하지 못하면 정치권력의 보수화에 기여하게 된다. 1935년 『파시즘과 사회혁명』*을 출간한 더트는 전쟁을 체제위기의 마지막 수단으로 삼는 파시즘의 등장을 제대로 막아내지 못하는 요인 가운데 가장 중요한 것이 무엇인지 묻는다. 그가 스스로 내린 대답은 '위장 진보주의 세력'이었다. 이들은 겉으로는 개혁을 내세우지만, 실제로는 근본적 변혁을 요구하는 노동운동을 억압하고 있다고 지적했다. 이들 '위장 진보세력'은 이로써 현실의 모순을 명확히 파악해야 할 정세 인식에 끊임없이 혼란을 가져오는 세력이라는 것이다. 때로 노동자의 권리를 대변하

• R. Palme Dutt, *Fascism and Social Revolution*, International Publishers, 1935.

겠다고 나섰다가 상황이 달라지면 이들을 적대시하는 좌충우돌의 모습을 보였기 때문이다.

물론 노동운동 자체가 처한 모순과 한계도 존재한다. 대중적인 호소력이 충분하지 못한 문제제기 방식이나 운동의 형태가 비판 대상이 될 수 있을 것이다. 우리의 노동운동도 그러한 과정을 거쳐왔고 현재도 그러한 비판에서 자유롭지 못하다. 특히 거대노조가 비정규직 노동자에 대해 배제적인 태도를 취한 것은 자신의 정체성을 배반하는 심각한 모순이었다. 하지만 그것이 노동운동과 민주주의의 관계, 그리고 경제민주화의 권리에 대한 폄하나 부인을 정당화하는 것은 아니다. 상대적으로 진보성을 가졌던 노무현 정부도 노동운동을 제도 내부의 목소리로 담지 못했고, 도리어 배격 대상으로 삼으면서 노동자의 삶을 곤경에 빠뜨렸던 것은 엄연한 역사적 사실이다. 이것은 민주주의와 노동자의 관계를 바로 세우지 못한 정치의 잘못이다.

노동자의 정당한 권리가 존중받고 보장되는 사회, 서민의 삶이 기초적으로 보호되는 사회는 정치가 자본의 지배 아래 놓여 있지 않은 현실에서 가능하다. 대자본의 탐욕에 희생되는 중소기업과 소규모 자영업자들의 생존도 노동운동의 토대 위에서 존립할 수 있다. 노동운동이야말로 대자본이 운영하는 정치와 가장 강력하게 맞서고 있기 때문이다. 따라서 중소기업과 소규모 자영업자들은 노동운동과 연합하는 것이 경제민주화 실현을 위한 최선의 선택임을 알아야한다. 서로 차이가 나는 정치경제적 이해의 문제는 이 선택 위에서 조정할 일이다. 그렇게 해나갈 때, 정치는 특권적 질서를 위해 존재하는 것이 아니라 그 특권을 혁파하고, 노동자를 비롯하여 서민들의 주체적 참여와 권리 행사를 본원적으로 가능하게 할 수 있기 때문이다.

자본에 대한 민주적 통제

아나키스트인 피터 크로포트킨(Peter Kropotkin)은 그의 저서 『프랑스 대혁명사』*에서 다음과 같이 밝히고 있다.

혁명이 일어나면 정치권력을 잡는 것으로 사태를 마무리 지으려는 부르주아 계급과, 역사의 진정한 주체가 되어 직접 민주주의의 권리를 행사하려는 민중 사이에서 대투쟁이 일어나게 마련이다. 그런데, 혁명을 배반하는 것은 언제나 자신들의 권력 장악으로 역사를 정지시키려는 자들이다.

여기서 혁명을 배반하는 세력은 자본의 이해를 관철하기 위해 정치권력을 잡으려는 부르주아 계급을 뜻하며, 이들은 민중의 경제적 요구를 통제하거나 억압하는 것으로 새로운 국가체제를 만든다는 것이다. 이러한 국가는 민중이 갈망했던 정치체제가 아니라는 점에서, 그 국가의 권위 해체가 그 다음 단계의 가장 중요한 혁명과제가 된다. 크로포트킨이 주장했던 무정부주의는 이러한 의식의 산물이다. 흔히 '무정부주의'로 번역되는 '아나키즘'은 "민중 자신이 역사의 진정한 주체로 자율적 권리행사의 존엄한 존재가 되는 것을 목표

* Peter Kropotkin, *The Great Revolution 1789-1793*, Vol.1, Anarchist Pocketbooks, 1986.

로 하는 민주주의 혁명"이다. 이 과제가 제대로 수행되지 못하면, 결국 정치는 자본의 명령체계에 따르는 제도적 장치로 기능하게 된다. 반면에 이를 극복해나갈 때 서민의 경제력은 향상될 수 있다.

노벨상을 수상한 경제학자 조지프 스티글리츠(Joseph E. Stiglitz)는 그의 책『제대로 작동하는 세계화』*에서 미국의 신자유주의 체제가 한계에 도달한 현실을 분석·진단하는 가운데, 금융자본에 대한 규제와 함께 사회적 투자를 통해 일반 서민의 경제력을 키우는 쪽으로 나아가지 않으면 미국의 경제는 붕괴의 위기에 처한다고 진단했다. 아니나 다를까, 미국은 그의 경고가 있고 난 후인 2008년 하반기에 심각한 위기에 직면하고 만다. 스티글리츠가 주목한 것은 대자본이나 투기적 금융자본에 대한 사회적 통제장치가 절실하게 요구된다는 점이었다. 그것은 민주주의의 확장과 관련되어 있으며 이로써 서민들의 삶을 안전하게 보장한다.

삶의 안정성이 급격하게 무너지는 '보장 없는 체제'(Insecurity)의 충격이 기습해오는 순간, 그 최대 희생자는 서민일 수밖에 없다. 2008년 '서브프라임(sub-prime) 사태'라고 불린 경제위기에서 미국 서민들은 신용위기에 몰렸다. 또 거대자본마저도 위기에 직면하면서 정부의 대대적인 구제금융을 기대하지 않으면 안 되는 상황에 이르렀다. 이 과정에서 거대자본은 사회적 지탄 대상이 되었는데, 이러한 상황은 과거에도 이미 있었다.

1930년대 미국이 대공황을 겪었을 때, 사람들은 그때까지 '황금의

---

* Joseph E. Stiglitz, *Making Globalization Work*, Norton & Company, N.Y, 2007.

손'으로 여겼던 월가의 대자본들이 미국경제의 위기를 가져온 주범이라는 것을 알게 되었고, 이로써 월가에 대한 분노가 하늘을 찔렀다. 독점자본에 기초한 규모의 경제는 사회적으로 더 이상 용납되기 어려운 분위기에 둘러싸였고, 대자본은 사회적 양보를 하지 않으면 안 될 처지에 놓이게 된다. 일종의 대타협이 요구되었는데, 이것이 다름 아닌 뉴딜의 모체였다. 정부가 재정을 풀고 기업의 투자환경을 만들어주는 대신 기업은 노동자의 단체교섭권을 인정하고 최저임금제의 가이드라인을 지켜야 했던 것이다. 이러면서 미국은 사회적 안전망을 구축해나갔다.

뉴딜은 애초 기획했던 대로 움직이지는 못했으나 적어도 국가-자본-노동 3자의 사회적 타협과 계약이 성립했다는 점에서 주목할 만한 성과였다. 이 사회계약의 실천은 기본적으로 세제의 개혁과 정의로운 사회적 투자로 이룩된다. 경제민주화의 기본 모델이었던 것이다. 여기서 가장 중요한 것은 부자들에게 더 많은 세금을 걷고, 가난한 서민들에게는 세제혜택을 주는 정책이었다.

이는 기본적으로 정부가 투기적 대자본을 규제하고, 상류계급의 사회경제적 의무를 더 강화하며 노동자와 서민을 위한 사회적 안전망을 견고히 하겠다는 의미를 지닌다. 오바마의 경우에도 한계는 있으나 이러한 정책의 근본을 자신의 정치에 관철시키려 노력했다. 그는 루스벨트가 뉴딜을 통해 노동자의 단체교섭권을 보장했던 정책의 수준을 넘어서서, 노조 결성과 참여의 자유를 최대한 보장하고 노조 탄압에 결연히 맞서겠다고 선언했다. 또한 파업노동자의 권리를 최대한 존중하고 기업이 파견근로자나 기타 파업시 비정규직 사용을 엄단하는 조처를 취하겠다고 밝혔다. 노동운동의 정치적 보장을 확고히 한 것이다. 이 바람에 오바마는 사회주의자라고 정치적 매도를 당하기도 했지만 이러한 입장을 밀고 나가기 위해서 분투했다.

이는 전통적으로 미국 민주당이 노동자의 정치적 목소리를 흡수해서 일정한 진보성을 만들어오고는 있지만, 신자유주의 체제의 위기를 더는 부인하기 어려워진 상황의 반영이다. 신자유주의 체제가 대자본의 자유를 극대화하고, 노동의 권리를 최소화하면서 이를 통제하는 것을 골간으로 한다면, 오바마는 대자본에 대한 규제를 강화하고 노동의 권리를 확대하는 쪽으로 가겠다는 것을 분명히 했다. 그렇지 않으면 미국의 경제위기를 극복하기 어렵다는 점을 그가 모르지 않았던 것이다. 물론 오바마는 미국 자본주의 자체의 근본적 혁파를 도모하는 것도 아니고, 세계자본주의 체제의 변화를 시도하는 것도 아니다. 하지만 최소한 오바마의 미국은 대자본에 대한 일정한 규제가 작동하지 않는 한, 신자유주의 체제가 가져온 모순과 문제에서 벗어날 수 없다는 것은 인식했다.

우려가 되는 것은 미국이 이러한 체제위기를 군사적으로 돌파하려는 유혹에 다시 끌려들어가지 않을까 하는 점이다. 그럼에도 거대자본의 지배를 이전처럼 당연하게 받아들이지는 않는다는 사실은 변화의 실마리가 될 것이다. 노벨상을 받은 경제학자이자 프린스턴 대학 교수로서『뉴욕타임스』에 꾸준히 기고해온 폴 크루그먼(Paul Krugman)은 그의 책『한 자유주의자의 양심』*에서, 1930년대 대공

• Paul Krugman, *The Conscience of a Liberal*, N.Y: Norton & Company, 2009 원제에서 'liberal' 은 '진보주의자'라는 번역이 더 현실적이다.

황 이후 만들어진 금융자본에 대한 규제가 점차 하나씩 풀려나간 것이 이후 미국 자본주의 체제의 위기를 가져왔다고 진단했다.[*]

크루그먼은 이런 규제 해체가 이루어지면서 이른바 '그림자 은행 시스템'(shadow banking system)이 작동해 부자들을 더욱 부자가 되게 하는 상황이 전개되었다고 본다. 그는 이러한 규제 해체가 가능해진 것은 뉴딜정책의 근본원칙에 반감을 가진 세력이 미국 정치를 주도해왔기 때문이라고 보고, 이제 미국 정치가 대자본에 대한 규제와 전격적인 복지체제를 통해 '새로운 뉴딜'(new New Deal)을 할 만한 상황에 이르렀다고 강조한다. 이 방법이 아니고서는 미국의 미래가 계속해서 위태로워질 수밖에 없다는 것이다. 그는 "루스벨트가 1930년대 위기를 대자본에 대한 규제를 기반으로 실업자 구제와 사회보장으로 돌파하려 했던 것과 마찬가지로, 21세기 미국 경제의 위기는 부시 때 만들어진 부자들에 대한 감세정책 철회와 국민건강보험의 대대적 확충과 같은 복지제도로 풀어나가야 한다"고 강조한다. 크루그먼의 주장은 한국의 현실에도 그대로 적용된다. 경제민주화의 핵심이 그 안에 담겨 있기 때문이다.

경제민주화의 권리는 '정의'의 문제

경제는 단지 수치로만 이루어지는 정책이 아니다. 그 내용이 무엇인지 구체적으로 판단해야 한다. 누가 혜택을 받고 누가 희생되고 있는지를 정리하지 못하면 우리는 경제의 진실에 다가갈 수 없다.

• 같은 책.

고대 그리스의 민주주의가 노예와 여자들을 배제했기 때문에 기본적인 한계가 있었다는 상식은 오늘날 우리의 민주주의에도 통용되는 원칙이다.

그러나 이러한 원칙의 적용은 제대로 논의되지 못하고 있으며 하나의 상식으로 수용되고 있지도 못하다. 정치는 정치인만의 특권처럼 여겨지고, 노동자와 서민의 정치적 주체성은 선거 때만 인정되는 현실이 반복될 뿐이다. 일상의 삶에서 보장되어야 할 이들의 정치적 권리와, 그 참여와 발언권은 제도와 법으로 가로막혀 있기 일쑤이다. 도리어 그러한 권리를 행사하는 것이 실정법적으로 범죄가 되고 처벌 대상이 되기조차 한다. '중립'이라는 말로 초중등 교육자와 공무원의 정치적 발언권을 제약하는 것도 이러한 현실의 연장선에 있는 문제다. 이 경우 중립은 본래 권력의 동원에 대한 방어망이지 개별적·집단적인 자율성이 정치적으로 부인되는 것은 아닌데도, 마치 그래야 되는 것처럼 규정해버린 것이다.

보통의 국민들이 자신의 고통과 권리를 분명히 밝히고 이를 정책으로 담아내기를 요구할 수 있는 힘을 갖지 못한다면, 그 사회와 국가는 결국 힘 있는 자들의 권력이 지배하기 마련이다. 거기에서 나오는 경제정책은 당연하게 부자의 잔치를 위한 것일 뿐이며, 이른바 서민을 위한 정책이라는 것도 이들의 잔칫상에서 떨어진 부스러기를 분배하는 달래기용 시혜조처에 불과해진다. 정치는 그걸 놓고 이전투구를 벌이도록 만든다. 경제민주화의 권리를 기본권으로 인정하지 않는 정치이기 때문이다.

이명박-박근혜 정권의 경우 노동에 대한 통제를 기반으로 기업의 이익을 극대화하는 재정지출에 진력해왔다. 이들에게 노조는 진압대상이지 법적 보호망의 대상이 아니다. 이에 대한 집단적인 문제제기는 불법이 되었고, 경제민주화 정책을 실현할지의 여부도 이들 권력자의 권한에 속한 것이지 보통 사람들이 주장할 수 있는 권리가 되지 못하고 말았다. 이를 타파하지 않으면 민주주의는 실질적인 내용은 빼버린 채 절차 논의에 그치고, 허울뿐인 민생논란에 파묻히고 만다. 자신의 생존권을 지켜내는 권한과 주장을 보장하는 것이 민주주의 정치의 출발점이다. 이것은 그 구성원의 정치적 주체성을 제도와 법으로 지켜주는 조건에서 가능하다.

다시 원점으로 돌아가자면, 경제민주화의 권리는 대안체제에 대한 가치논쟁인 사상과 이념의 자유로운 논의, 집단적 문제제기 권한, 노동운동의 발전에 대한 제도적 보장, 권력을 견제할 수 있는 시민 민주주의의 성장 그리고 정당정치의 진보적 진화가 기둥이다. 이와 같은 구조물을 세워나가는 것이 바로 새로운 정치의 핵심이다. 이는 고령화 사회가 진행되는 과정에서 더 절실해진 사회적 안전망을 확충하는 과제와 함께 풀어가야 할 과제이다.

폴라니가 말했던 것처럼 자본의 이익이 중심이 된 시장이 사회를 지배하는 것이 아니라, 사회가 시장을 주도하는 체제가 될 때 우리는 이윤이 아닌 필요를 충족시키는 미래를 만들 수 있을 것이다. 이는 무엇보다도 '정의'의 문제다. 이것이 무너지면 사회적 평화는 파괴된다. 가장 혜택을 받지 못하는 최소 수혜자에게 우선권을 주는 것이 정의로운 사회이다. 정치는 그 우선권을 결정하는 과정이다. 체제의 요구를 수행하는 '제사장의 정치'가 아니라, 체제의 한계를 비

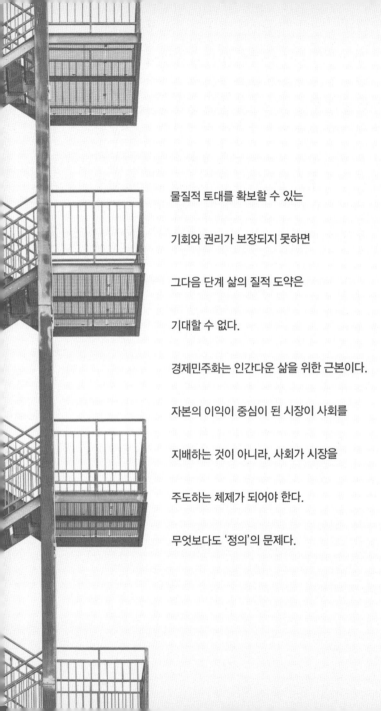

물질적 토대를 확보할 수 있는

기회와 권리가 보장되지 못하면

그다음 단계 삶의 질적 도약은

기대할 수 없다.

경제민주화는 인간다운 삶을 위한 근본이다.

자본의 이익이 중심이 된 시장이 사회를

지배하는 것이 아니라, 사회가 시장을

주도하는 체제가 되어야 한다.

무엇보다도 '정의'의 문제다.

판적으로 뛰어넘는 '예언자의 정치'가 그래서 필요하다.

이사야나 예레미야와 같은 고대 이스라엘의 예언자들은 모두 이러한 정치를 갈망하며 하늘의 목소리를 세상에 전했다. 그것은 지금도 여전히 우리에게 요구되는 원칙이다. 그 예언자들의 목소리가 도달하려는 '샬롬의 정치'는 정의와 평화가 하나로 통일되는 현실을 만들어내는 작업이다. 예수는 이 '예언자의 정치'에 대해 극명하게 발언했다. "가장 작은 자를 대접하는 것이 하나님 나라이다"라는 그의 일깨움은 경제민주화의 권리가 실현되는 세상에 대한 선언이다. 경제민주화의 권리는 민주주의의 본질을 드러내는 시금석이다. '작은 자'들을 천대하는 사회에서 희망은 몽상이 된다.

공화정과 교육
우리가 바라는 국가의 뿌리와 줄기

정치적 동물의 위기

어떤 공동체를 만들어야 인간이 행복할 수 있는가라는 질문은 시대와 사회를 막론하고 제기되어왔다. 그것은 곧 정치에 대한 논쟁이다. 인문학이 정치를 빼놓고 자신의 정체성을 구성한다면 그런 인문학은 가장 치열한 논쟁을 요구하는 영역을 피하려는 것이며, 공동체 차원의 책임을 고민하지 않으려는 것이 된다. 어떤 가치를 가지고 어떤 공동체를 만들어 살아갈 것인가는 고대부터 인문정신의 근본이다. 인문정신은 인간의 행복을 추구하는 태도다. 인간은 서로 함께 살아오면서 스스로 그리고 타자와의 관계 속에서 끊임없이 갈등하고 대립하는 가운데 새로운 조화와 해결책을 찾아가기 때문이다.

그런 차원에서 보자면, 기원전 5세기와 4세기를 거치면서 가치 있는 삶에 대한 소크라테스의 논의가 『공화국』이라는 플라톤의 논의로 발전한 것도 당연한 과정이었다. 고대 그리스인이 '유다모니아' (eudamonia)라고 불렀던 '행복'을 성취하기 위해 어떤 공동체적 기초가 요구되는지를 고민했던 역사는 서양철학의 뼈대를 만들어갔다.

무엇보다도 펠로폰네소스 전쟁(기원전 431년~기원전 404년)은 이 시기 그리스인에게 폭력의 재앙과 자신들이 만든 공동체의 모순을 일거에 드러냈으며, 이로써 어떤 공동체를 만들어야 인간의 삶이 제대로 살아갈 수 있을 것인지 깊이 성찰하게 했다.* 참담한 파괴와 죽음을 경험한 인간이 어둠이 지배하는 동굴 같은 현실에서 빛을 찾아가는 여정을 시도했던 것이다. 새로운 정치를 실현할 수 있는 방안을 모색하는 논쟁이었다. 그렇기에 인간이 다른 동물과 차이를 보이는 중요한 지점은 무엇보다도 정치조직의 작동이다. 아리스토텔레스가 "인간은 정치적 동물"이라고 규정하면서, 그렇지 못하다면 그는 "홀로 나는 새처럼 공동체에서 축출된 존재"가 된다고 한 것도 정치로부터 배제된 삶이란 이미 인간으로서 살아가기 어렵다는 점을 분명히 한 것이다.

　공동체가 지향해야 할 가치와 그에 따른 자원 배분에 대한 결정에 영향을 받지 않는 구성원이 도대체 있을까? 그런 결정으로부터 따돌림 당하고도 잘 살아갈 수 있는 사람은 얼마나 될까? 권력자에게 부당한 취급을 받았는데도 이를 해결할 길이 막히고 그 공동체의 자원배분을 통해 누릴 수 있는 권리도 허락되지 않는다면 과연 행복할 수 있을까? 무엇이 먼저 이루어져야 할 가치이고, 그 가치를 담아내는 정책을 누가 실현시키도록 해야 하는지에 대해 발언권이 없다면, 그런 처지에 놓인 사람의 미래는 어떻게 될까? 보호받아야 할 때 버려지고, 존중되어야 할 때 멸시당하는 삶이 내다보일 수밖에 없다.

• Arthur Herman, *The Cave and the Light: Plato versus Aristotle, and the Struggle for the Soul of Western Civilization*, N.Y : Random House, 2013.

생명이 억울하게 희생되어도 어떻게 할 도리가 없게 될 것이다.

정치가 공동체를 위한 자유로운 논의와 공적 결정, 참여의 현장이 되지 못하면 그곳에 살아가는 사람들의 일상은 고통과 비극이 된다. 바로 이런 점에서 정치는 공동체 구성원 전체의 권리이자, 생활현장의 일상적 논의이며 삶의 내용이다. 정치는 특정한 인물이나 세력 또는 집단과 조직의 특권이 아닌 것이다.

공화정과 권력의 사유화

근대 민주주의의 토대가 된 '공화정'(Republic)은 그런 점에서 우리의 일상과 결합된 공적 영역에 대해 정치가 어떤 역할을 할 것인지를 명확히 한 역사적 개념과 체제라고 할 수 있다. 그 실체적 기원은 왕정을 배격한 정치를 구성한 고대 로마에 있지만, 원로원을 중심으로 한 귀족들의 특권체제였다는 한계가 있었다. 이것을 뛰어넘은 것은 근대 혁명의 원형이라고 할 수 있는 프랑스혁명이었다.

이러한 과정을 거치면서 공화정은 민주주의와 결합해 시민적 자유에 기초한 공동체 전체에 대한 무한 권리와 책임으로 구체화되었다. 지배세력에 의한 권력의 사유화는 이로써 결코 받아들일 수 없는 원칙이 되었으며, 국가는 공동체 구성원 모두의 공적 권리와 자산이 되었다. 물론 공화정의 이름을 앞세우며 저지른 혁명, 공포정치, 폭력, 학살의 역사가 있었다. 그것은 공화정의 왜곡이자 공화정의 본질을 배반한 것이었다.[*] 누군가 공화정을 자기들의 사유물로

• 뤽 페리, 이세진 옮김, 『사랑에 관하여』, 은행나무, 2015.

만들어버린 결과였다.

특정인이나 세력만이 정치의 담당자가 되는 것은 이런 원리에서 보자면 공적 권리에 대한 침해이자 공적 자산의 독점적 약탈이라고 할 수 있다. 정당정치에 따른 대의제는 현실 정치의 담당자가 공화정의 민주주의 원칙을 실현시키는 것을 전제로 한 위임제도일 뿐이지, 정당정치에 속한 정치인이나 세력만이 정치에 대한 권리를 가진다는 것은 결코 아니다. 정당정치는 직접 민주주의의 수단으로서만 그 존재가치를 얻게 된다. 그런데 일단 정치를 직업으로 삼고 이를 통해 기득권이 생긴 개인과 세력은 공화정을 지켜내기보다는 이에 대한 위협요인이 되는 경우가 실제로는 훨씬 많다. 이들이 정치적 동물로서 인간이 살아갈 수 있는 기반을 허물어버리는 것이다. 좁은 의미의 정치가 본질이자 넓은 의미의 정치를 억압하거나 파괴하는 역설이 발생한 결과다.

방송·언론인과 정치인을 지냈던 정범구가 옮긴 키숀(Ephraim Kishon)의 정치 우화소설 『닭장 속의 여우』*는 정치의 그런 '거꾸로 선 모습'을 풍자적으로 보여준다.

기세 좋게 정치판을 휘젓고 다니던 정치인 둘니커가 갑자기 심장병 진단을 받았다. 쉬라는 의사의 소견을 거부할 수 없어, 이스라엘의 북쪽 아주 외진 마을 하나를 찾아간다. 그곳은 정치라는 현실과는 담을 쌓고 사는 아주 작은 동네였다. 둘니커는 그리로 가던 중에 마을에 대한 정보를 묻는다.

• 에프라임 키숀, 정범구 옮김, 『닭장 속의 여우』, 삼인, 2015.

"이보게, 운전사 양반." 운전사에게 둘니커가 물었다.

"아침 신문은 몇 시쯤 들어오나?"

"신문은 안 들어오는데요."

"안 들어온다고? 그럼 그 마을 사람들은 세상 돌아가는 일들을 어떻게 안단 말인가?"

"알려고도 안 하는데요."

어느 정도의 마을이었을까?

저 아래, 계곡 아래쪽으로 엉성하게 지은 듯한 돌집들이 두 줄로 늘어서 있는 것이 보였다.

"여기서부터, 그러니까." 둘니커가 말했다.

"마을이 시작되는 것이군."

"아니요." 운전사가 대답했다.

"이게 마을 전체입니다."

기가 막혔을 것이다. 둘니커는 이스라엘 전체에서 누구나 다 아는 유명인사였지만, 이 조그마한 마을에서는 무명 그 자체였다. 견딜 수 없는 노릇이었다. 그나마 자기 이름을 듣고 안다고 하는 수의사(그가 아프다고 하자 방문한 의사는 내과의사가 아니었다!)는 "아, 이거 믿을 수 없군요. 그러니까 당신이 프랑크푸르트 암 마인의 그 안경점 주인 둘니커의 친척이란 말이죠?"라고 속을 뒤집어놓는다.

아무런 분란 없이 평화롭게 살고 있던 이 마을에 둘니커가 공직과

권력, 이권, 명예, 경쟁, 시기심 등을 불러오면서, 마부, 이발사, 구두
장이, 농민 등은 서로에게 적이 되어갔다. 시간이 흐르면서 둘니커
자신조차 어떻게 손을 써볼 도리가 없는 사태가 되고 말았다. 그가
이 마을에 심은 정치라는 씨앗은 어느새 프랑켄슈타인이 만든 괴물
이 되어 마을 전체를 삼키고 있었다. 엄청난 폭우와 함께 둑이 무너
지고 마을은 물속으로 사라져가고 있었다. 마을 공동체를 갈기갈기
찢어버린 정치에 대해 정범구는 이렇게 말한다.

나는 우리 사회에서 정치는 '사회통합'을 이루어내야 하는 책무가
있다고 생각한다. 남북으로 갈리고, 지역으로 찢기고, 계층으로 갈
라지고, 세대로 나뉘어 반목하는 한국 현실에서, 정치는 5천만, 나
아가서는 7천만이 통합을 유지하면서 이 사회가 꾸준히 앞으로 나
아가도록 견인해야 하는 책임이 있다.

그가 말하는 통합은 획일적 체제를 뜻하는 것이 결코 아니다. 갈등
과 대립을 대화와 논의를 통해 조절하고, 사회적 에너지를 낭비하지
않으면서, 행복한 세상을 함께 만드는 공동체를 이루어가는 과정을
의미한다. 하지만 우리가 보고 겪는 정치는 이와 정반대로 간다. 분
란을 부추기고 적대논리를 퍼뜨리는 것이 권력을 잡는 술책일 정도
가 되고 있다. 툭하면 이념적 낙인찍기로 표현과 사상의 자유를 범
죄시하고, 국가 권력에 대한 반대와 저항을 처벌 대상으로 몰아가는
것이 모두 이에 해당한다. 권력을 가진 자들은 갈라치기로 자기 편
만들기에 주력하면서 법, 언론, 공권력을 앞세워 시민의 권리를 탈취

하는 것이다. 그런 사회에서 진정한 정치는 작동하지 못한다. 지배를 위한 책략이 곧 정치라는 논리가 압도한다.

게다가 현실에서 정치는 법과 제도의 제약으로 인해서 보통 사람들에게 접근이 어렵게 되어 있을 뿐만 아니라, 정치를 통해 성립되는 권력은 배타적 관성을 본질로 하고 있다. 여야를 막론하고 정치를 업으로 하는 이들이 자기들만의 독점구조를 유지하고 강화하려는 상황에서, 보통 사람들의 정치행위는 인정되지 못하거나 불법화되는 경우가 적지 않다.

'공무원의 중립'이라는 개념도 공무원 신분의 시민이 정치행위를 하지 못하도록 막고 있다. 교사를 포함한 공무원에게 법적 의무로 규정된 '정치적 중립'은 이들을 권력에 동원되지 못하도록 하는 제동장치로서 의미가 있는 것이지, 이를 근거로 자기의 정치적 신조와 가치를 표방하거나 행동으로 옮기려는 자발적 움직임을 금지할 수는 없다. 그것은 정치적 동물을 강제로 비정치화(depoliticize)시키려는 권력의 월권행위이자, 정치에 대한 배타적 독점을 지속적으로 누리겠다는 욕망의 관철 외에 다름이 아니다.

사실 현실에서 정치는 이상적 수준에서 전개되기보다는 무한정한 탐욕과 이해타산적 거래, 야비한 정략과 기만이 주도하는 경우가 다반사이다. 그렇기에 정치는 혐오의 대상으로 낙인찍히곤 한다. 정치에 대한 참여와 권리는 이런 이유로 해서 시민들에 의해 자발적으로 포기되고 만다. 공화정을 발전시키기 위한 시민의 정치적 동력은 결과적으로 차단되고, 시민은 선거기간에만 정치 참여가 허용되거나 정당에 의해 동원되는 객체로 전락한다. 이런 구조 속에서는 정치가 공동체 전체의 복리를 위해 존재하기보다는, 특권층이나 지배계급에 의해 '사유화된 권력'으로 다수의 권리를 박탈하고 소수의 특수집단을 위해 봉사하는 국가를 만들고 유지확대하게 된다. 이와 같은 국가에 대해 때로 저항이 일어나긴 하지만, 국가에게는 이를 회유하고 진압할 수 있는 수단들이 다채롭게 갖추어져 있다는 점에서 정치를 변화시키고 공화정을 회복하고자 하는 시민들의 기대와 의지는 좌절되기 일쑤이다.

근현대 한국정치사만 보아도 이승만-박정희-전두환 등이 주도한 폭력적인 국가체제에 대한 저항을 통해 민주주의가 발전해왔다. 그러나 그 이후에도 한국사회 지배체제가 가진 권력의 총집합체인 국가는 공동체의 본질적 요구에 대해서는 책임 있는 반응을 보이는 경우가 드물다. 노동자의 생존권을 기본적으로 보장하는 문제를 비롯해서 대자본의 횡포에 대한 정치적 통제, 사상과 표현의 자유 확대 같은 요구는 법적 탄압의 목표물이 되어왔던 것이 현실이다. 노동부가 노동자의 권리를 앞장서서 짓밟고, 교육부가 교사의 권리를 불법화하며 정부의 언론정책이 언론인에 대한 족쇄 채우기가 되는 것을 우리는 너무도 익숙하게 경험해왔다.

공화정의 역할은 무엇인가

이러한 상황에서 국가는 공동체 전체의 절실한 필요와 요구를 어떻게든 관철하도록 노력하는 기구나 제도가 아니라, 도리어 그것을 가로막는 장애가 되고 만다. 이런 상황에서는 권력에 대한 반대세력, 즉 야당의 역할이 그야말로 매우 중요해진다. 야당마저도 고통에 짓

눌린 공동체 구성원들의 절박한 요구와 함께하지 못하면, 정치는 좌절과 절망의 원천이 되고 만다.

이러한 우리의 현실을 직시한다면, 1642년 영국의 내전을 통해서 무차별한 학살과 파괴가 아무런 통제도 받지 않고 전개되는 것에 대해 개인과 공동체의 생명, 안전을 지켜내는 국가권력의 책임을 고민했던 홉스의 정치철학은 여전히 유효하다. 그의 정치사상이 괴물(Leviathan)과 같은 권력의 강화에 이바지했다는 비판도 있으나, 애초에 그것은 공동체의 안전과 평화를 위한 명확한 목적에 따른 상호계약행위라는 점을 주목할 필요가 있다. 이 계약을 지키지 못하는 권력은 그 존재 이유와 가치를 상실한다는 것 역시 중대하게 받아들여야 한다.

홉스보다 뒤의 세대인 로크가 공화정의 국가권력은 공동체의 자유로운 동의를 기반으로 성립되고, 그 동의에 반하는 정치를 할 경우 이를 전복시킬 권리가 시민에게 있다는 주장은 큰 맥락에서 홉스와 다르지 않다. 이 두 근대 정치 철학자의 생각을 하나로 결합시켜 보면, 공동체 성원의 자유와 생명을 지켜내지 못하거나 그럴 의지가 없는 국가권력은 폐기되어야 그 공동체가 살아날 수 있다는 결론에 이르기 때문이다.

명말청초(明末淸初)를 살았던 황종희가 그의 책 『명이대방록』(明夷待訪錄)을 통해, 군주의 권력보다 민권을 위에 두었고 백성의 안위를 위해 필요하다면 황제도 제거할 수 있다는 논리를 펴, 이후 중국의 공화정 논쟁에 중요한 사상적 기초를 마련해준 사례도 마찬가지다. 그는 이렇게 말했다. "군주가 천하의 이익은 자신에게 돌리고, 해로

움은 남에게 돌리면서도 잘못했다는 생각이 없다. 군주는 객이고 백성이 주인이다."* 이는 군주가 곧 국가였던 시대에 주인의 권리에 대한 맹렬한 논의를 제기한 것으로, 지금도 충분히 현재적 의의가 있다.

결국 공동체의 운명을 결정짓는 공화정의 정치적 책임은 다른 무엇보다도 '구성원의 생명과 자유'에 초점이 모아진다. 거기에서 안전과 평화의 기초가 만들어지고 행복해지는 길이 열리기 때문이다. 노동자의 생존을 지켜내고 사회적 약자의 안전망을 제도화하는 복지국가는 구성원이 안전하게 살아갈 수 있는 환경을 제공한다는 차원에서 공화정의 당연한 의무이다. 이러한 권리를 주장하고, 이에 관련된 가치논쟁과 함께 대안을 모색하기 위한 이념과 사상의 제약 없는 논쟁과 탐색의 자유는 공화정의 뼈대다. 이 자유를 적대시하고 구성원의 생명과 안전을 위협하는 권력자나 세력은 공화정의 공적(公敵)을 자처하는 셈이나 다를 바 없다.

민주주의의 완성을 지향하는 공화정의 원리는 이 같은 공적을 추방하는 권리를 어느 때라도 가지고 있어야만 관철될 수 있다. 이 권리를 일상적 제도 속에 담지 못하는 공화정은 국가권력의 폭력과 횡포를 막아낼 수 없는 대단히 취약한 체제다. 이름만 공화정이지 그 본질에서는 전제적 군주제나 파시즘과 차이를 보이지 않게 된다.

이소노미아와 오스트라키스모스

개혁정치가 솔론의 뒤를 이어 기원전 510년 독재권력인 참주정치

• 황종희, 김덕균 옮김, 『명이대방록』, 한길사, 2000.

를 종식시키고 대대적인 민주개혁을 주도한 클레이스테네스의 '이소노미아'(Isonomia, 평등한 참정권을 보장하는 법과 제도)는 고대 그리스 민주정치와 결합한 공화정의 뿌리가 되었다. 그는 이를 지켜내기 위해 '오스트라키스모스'(Ostrakismos)라고 불리는 '도편추방제'(陶片追放制, ostracism)를 도입했다. 모든 시민이 참여하는 민회에서 작동한 이 제도는 도자기 파편 6천 개 이상을 받은 독재자나 그럴 가능성을 보인 위험인물을 10년 동안 그 공동체에 발을 들여놓지 못하게 하는 장치였다. 이는 오늘날 탄핵의 권리를 만들어낸 원형이라고 할 수 있다. 여론선동과 조작, 기만을 통해 정적제거의 수단으로 사용되는 악폐도 있었으나 참주의 등장을 원천적으로 막고 민주주의를 수호하기 위한 역사적 가치를 지닌 제도였다. 공화정의 바탕은 이런 시민사회의 존재와 그 민주적 작동에 있다.

이 제도를 만든 당사자이자 개혁정치를 펼쳤던 클레이스테네스조차 어느새 자신의 권력을 강화하려는 조짐을 보이자, 민회가 소집되어 오스트라키모스를 통해 즉각 그에 대한 추방령이 내려졌다. 이 조처로 클레이스테네스는 무려 20년 동안 아테네로 돌아올 수 없게 되었는데, 이 역시 참주정치의 폐악을 절절하게 경험한 당시 그리스인의 결의가 얼마나 강했는지를 보여주는 대목이다. 고대 지중해 세계의 몰락과 함께 만들어진 중세의 군주체제는 바로 이 추방장치를 해체하는 토대 위에 성립되었다. 시민의 평등한 정치적 권리와 참여를 보장하는 이소노미아의 중심에 오스트라키스모스가 존재한다는 것이 반증되는 역사라고 할 수 있다. 오스트라키스모스의 권리를 시민들에게 부여하지 않는 정치는 권력의 전제적 독점을 보장해줄 뿐이다.

그런 점에서 공동체 구성원의 권리와 자유, 생명에 중대한 위기가 발생하고 있는데도, 임기라는 제도에 따른 정치적 안정성 확보가 우선이라는 논리는 공화정의 훼손을 그대로 방치하겠다는 것이 된다. 이는 내용적으로는 더 심각한 정치적 불안정을 진행시키는 사태가 벌어지고 있는데도 부당한 권력행위를 용인하는 태도다. 오스트라키스모스의 권리가 공화정의 본질에 핵심요소라는 것을 은폐하거나 인식하지 못하도록 하는 논법인 동시에, 정의로운 정치적 질서를 만들어내기 위한 절차와 동력을 봉쇄하는 행위인 것이다.

한국 현대정치사에서 '4·19 정신의 계승'이라는 대목이 헌법에 기록된 것도 다름 아닌 참주정치에 대한 오스트라키스모스의 권리가 기본권임을 공식화한 것이다. 제도적 임기보다 중요한 것은 정치의 내용과 이에 대한 시민들의 평가와 판단이다. 현대정치에서 참주정치란 시민의 요구에 책임 있게 반응하기보다는 권력자의 의지만이 통용되도록 하는 것이자, 상호소통의 민주주의를 부정하고 일방통행의 권위주의를 밀고 나가려는 국가권력이라고 할 수 있다.

이러한 국가권력은 민주주의를 기반으로 한 시민사회의 요구, 그리고 공화정의 가치와 공존할 수 없다. 여기에 제동을 걸지 않으면 공동체 전체에 재앙이 되고 만다. '책임'이라는 뜻의 영어단어 'responsibility'를 살펴보면 이는 '반응할 수 있는 능력'(response+ability)임을 알 수 있는데, 이때 반응의 대상은 공적 요구이고 책임은 이를 실천할 수 있는 권력의 능력이다. 그렇게 보면, 공화정이 국민의 안전과 생명에 대한 무한 책임을 진다는 의미는 안전과 생명에 관련된 요구에 대해 끊임없이 소통하고 반응하며 이를 위한 법적·제도적·재정적 역량을 집결시키도록 국가권력이 움직여야 한다는 이야기가 된다. 이에 실패할 경우, 민주주의 작동의 기본권에 따라 그 권력은 교체되어야 한다.

이러한 권리가 현실에서 실제로 행사될 수 있는지의 여부는 논의로나 절차상으로나 간단하지 않다. 그럼에도 이러한 권리가 민주공화국의 시민적 자유의 기초이자 핵심요소라는 점을 강조하고 교육하는 일은 매우 중요하다. 교육 자체로서 권력의 전횡을 어느 정도는 견제하고 책임의 강도를 높일 수 있기 때문이다. 이는 집권세력뿐만 아니라, 야당에게도 동일한 원칙이 적용되는 정치사상적 논리다. 공적 책임을 제대로 하지 않는 권력이나 세력을 정치적으로 축출할 수 있는 권리는 민주주의의 생명력이 가진 본질적 요소다. 이는 왕정체제를 무너뜨린 이후 성립된 근대 민주정치 체제로도 확인되는 바다. 이처럼 오스트라키스모스는 정치적 선택의 자유와 직결되는 권리다.

새로운 미래를 향한 모험의식이 없는 정치는 가능성이 열린 미래를 봉쇄하고 낡고 억압적인 과거를 연장시킨다. 기득권을 지켜내기 위한 사고방식인 기계적 관성이나 공학적 판단은 이러한 모험의식을 훼손시키고 만다. 반면 책임과 긴장이 고강도로 심화되는 정치에서 발생하는 절박한 선택은 정치적 모험에 대한 필연성을 만들어낸다. 물론 모험주의와 모험은 구별할 필요가 있다. 모험주의는 광범위한 동력을 이끌어내는 구상과 준비가 없는 개인적 성과주의의 산물이지만, 정치적 모험은 강대한 권력과의 투쟁에 대해 패배의식을 갖지 않고 도전하는 축적된 용기다. 이러한 과정에서 기대했던 결과가 실패라고 해도 그 실패는 높은 평가를 받는 향후의 성취로 전환될 수 있다.

직접 민주주의의 동력과 결합한 정치는 이것을 가능하게 한다. 그러나 야당이 이를 향한 의지를 상실한다면 정치는 기득권 세력 간의 타협과 자기들의 이해관계 조절의 장으로 전락해버린다.

안락한 예속상태를 종식시키는 혼란

오늘날 우리의 상황은 절실한데도 정치는 무반응 상태가 되어버렸다. 이러한 현실은 고도성장 시대를 누리면서 정치적 역동성을 잃어버린 일본사회에 대해, "혈색은 좋으나 죽어 있는 사회"라고 했던 후지타 쇼조(藤田星三)의 말을 떠올리게 한다. 마루야마 마사오(丸山眞男)의 제자인 그는 『전체주의의 시대경험』*이라는 저작에서, 모험적 경험을 하려 들지 않는 "안락에 대한 예속 상태"를 비판하면서 이렇게 말했다.

경험 속에서는 사물과의 만남, 충돌, 갈등에 의해 자의(恣意)의 세계는 동요하고 균열이 일어나며 희망적 관측은 흔들리고 욕구는 혼돈 속에 내던져져 그 혼돈이 초래하는 괴로운 시련을 거치면서 욕구나 희망이 재편되는 것이다.

• 후지타 쇼조(藤田星三), 이순애 엮음, 이홍락 옮김, 『전체주의의 시대경험』(全體主義の時代經驗), 창비, 1998.

여기서 그가 말한 '경험'이란 의도와 결과의 차이가 있을 수 있음을 충분히 예상하면서도 피하지 않는 고통에 대한 선택을 의미한다. 그렇게 해서 비로소 정신적 가치가 단련되고 지향점을 이루어낼 수 있는 길이 확보된다는 것이다. 그의 이러한 말은 야당에게는 더더욱 중요한 메시지로 다가온다. 권력의 논법에 대해 꾸준히 비판을 제기하면서, 그 비판의 정당성을 입증하기 위한 모험을 하지 않는다면 그러한 야당은 정치적 존립의 근거를 잃어버리게 된다. 오래 전 해럴드 라스키(Harold Laski)가 『정치학 입문』*에서 갈파했듯이, 권력은 거의 언제나 파시즘 또는 전체주의의 욕망을 가지고 있기에, 그에 대해 지속적으로 강력하게 발언하고 행동하지 않으면 진정한 정치는 마비되고 말기 때문이다.

상황이 이렇게 되면, 자본은 권력의 협력을 통해 자신들의 계급적 이해를 관철하는 구조를 별 저항에 직면하지 않은 채 구축해나간다. 이런 식으로 정치가 기력을 잃고 민주주의의 동력이 약화되면, 동원체제를 강화하는 권력의 파쇼화는 대중의 정치적 좌절과 혐오를 바탕으로 진행된다. 그 결과 보통사람들의 경제적 안전은 날이 갈수록 위협받는다. 민주주의에 대한 사상적 신념이 없는 집권세력은 이루어낼 의지도 없는 약속을 끊임없이 만들어내면서 대중을 현혹하고 권력에 대한 이들의 비판과 저항의식을 소멸시켜나가기 때문이다. 결국 보통사람들의 사회적 불행은 지속, 심화되고 만다.

그렇다면 권력의 무책임과 전횡을 막고 민주공화국의 정치와 국

• Harold Laski, *A Grammar of Politics*, Harper Collins Publishers Ltd., 1967.

가를 확보하기 위해 필요한 것은 무엇인가? 그것은 역시 정치혁명을 향한 투철한 의지와 실패를 두려워하지 않는 모험의식이다. 정치의 복원은 오로지 이러한 과정을 통해 이루어질 수 있기 때문이다. 정치적 모험이란 앞서 강조했듯이 부당한 권력에 대한 물러섬이 없는 저항과 투쟁이며, 이 힘이 존재할 때만이 민주주의 국가와 정치는 가능해진다. 민주주의를 파괴하는 국가권력이 지배하는 상황에서 야당이 이러한 정신과 자세를 잃어버리는 순간, 그 고통의 부담은 공동체 구성원 전체에게로 확산되고 만다. 문제제기를 하고 반대의 목소리를 높이는 정치적 이견자(dissidents)들이 만들어내는 연대의 고리가 사라진 상태에서, 개인으로서의 시민은 날로 더욱 무력해지고 집단적 의지를 관철할 수 있는 길이 막히고 만다. 미래가 암담해지는 것이다.

어두운 시대를 이기는 정치

아렌트는 『어두운 시대의 사람들』*에서 "암담한 시대"란 "공적 영역의 소멸과 함께 사람들이 사적인 삶에만 관심을 갖게 될 때" 온다면서, 이런 상황에서는 "공적 문제를 논할 수 있는 정치가 사라진다"고 갈파한다. 더군다나 이런 시기에 권력은 "진실을 하찮은 문제처럼 만들어버리고", 사람들은 자기 문제 외에는 관심을 갖지 않게 된다면서 이런 상황이 지속되면 정말 중요한 문제에 대한 판단력이 마비되고 그 결과는 비극이 된다고 경고한다. 진실은 자꾸 사소하고

• Hannah Arendt, *Men in Dark Times*, N.Y: Mariner Books, 2001.

하찮은 것처럼 밀려나고, 본질과는 관련이 없는 일들이 언론과 방송, 권력의 담론에서 지배적 위치를 차지하게 되는 것이다.

뭔가 문제가 생겨서 그것을 공적 영역에서 해결할 수 있는 정치가 제대로 가동하고, 그 가동 과정에서 치열한 투쟁이 벌어져 대치와 갈등을 거치면서 어떤 해결점에 도달할 때 인간의 삶은 진보하게 되어 있다. 아렌트는 핍박받는 이들에게 공적 목소리를 박탈하는 상황은 정치의 붕괴이며, 이로써 이들이 그 사회에서 시민권 없는 내부적 이민자처럼 취급받고 주변부적 존재가 되고 만다고 말한다. 이중적 고난을 겪는 것이다.

2014년 세월호 유가족들도 공적 정치의 붕괴로 말미암아 바로 이러한 처지에 놓였다. 그런 까닭에 이들은 자신들의 목소리로 말하고 행동하고 정치의 주체로 참여하기를 요구했던 것이다. 이러한 정치의 붕괴를 저지하지 못하면 그 여파는 세월호 유가족들에게만이 아니라, 이들보다 상대적으로 어렵지 않은 이들에게도 필연적으로 확산될 것이다. 세월호 사건 만큼의 강도를 가진 문제를 안고 있는 이들의 현실도 제대로 정치화되지 못한다면, 다른 사람들의 형편은 말해 무엇하겠는가?

정치를 권력자와 정당의 정치인만 독점하고 보통의 시민에게는 정치적 발언권과 결정에 참여할 수 있는 길이 막히면, 결국 보통 시민이 공적 영역에 관여할 수 있는 정치는 소멸되고 만다. 이것을 막아내는 길은 권력의 봉쇄전략에 맞서 시민의 공적 영역을 확장하는 치열한 투쟁이 있을 때 비로소 열린다. 정당은 이러한 투쟁력의 본부이다. 그런 생각과 의지가 없는 반대정당(opposition party)은 자신이 의식하건 말건 기존 질서의 하부구조로 기능할 뿐이다.

나카노 도시오가 『오쓰카 히사오와 마루야마 마사오』에서 타자에 대해 책임 있게 반응하는 문제에 대해 한 발언은 우리의 현실에서도 경청할 가치가 매우 높다. 그는 마루야마가 근대적 자각을 하긴 했으나 제국주의의 역사에 대한 낮은 감수성을 가지고 있다고 비판하고 나선 바 있다. 나카노는 고통받는 타자의 출현이 우리 자신의 자아를 혼란에 빠뜨리고, 이를 통해서 그 자아가 위기를 겪을 때 비로소 중요한 정치사회적 변화가 가능해진다고 말한다. 특히 일본군에게 끌려간 위안부 할머니들의 등장과 관련해서 "타자의 시선 앞에서 생기는 주체의 분열이 응답에 대한 절실한 희망을 낳아 타자에 응답하면서, 주체 안에서 생기는 분열과 항쟁은 한 개인을 벗어나 정치화되어 책임을 지는 사회적인 것이 될 것이다"라고 말한다.

이는 레비나스의 '타자의 얼굴에 대한 윤리'와 유사하다. 고통을 겪고 있는 사람들 앞에서 나는 대체 어떤 책임과 역할을 해야 하는가의 질문과 통한다. 이때 '주체의 분열'이란 지금까지 알고 있던 자신과 자신의 공동체에 대해 의문을 품고 전혀 다른 각도로 생각하는 것을 의미한다. 그렇게 해야 타자에게 폐쇄적이거나 적대적이거나 아니면 무반응이었던 자신을 깨뜨리고 고통을 겪는 다른 사람들과 새로운 관계를 맺어나갈 수 있다. 이는 그 자신의 정체성을 세우는 작업에도 혁명적인 의의를 갖게 한다.

• 中野敏男, 『大塚久雄と丸山眞男: 動員, 主體, 戰爭責任』, 靑土社, 2002; 나카노 도시오, 서민교 외 옮김, 『오쓰카 히사오와 마루야마 마사오: 일본의 총력전 체제와 전후 민주주의 사상』, 삼인, 2005.

정치는 바로 이 고통받는 이들과 어떻게 만날 것인가의 문제다. 이 문제를 도외시하는 정치는 지배전략과 권력게임, 자기들만의 리그에 불과하다. 우리 사회가 분노하는 대상은 바로 이러한 정치이지, 고통을 겪는 이들과 연대하면서 이들의 문제를 어떻게든 풀려고 하는 정치는 아니다. 이런 참된 정치가 없기에 화를 내고 절망하는 것이다.

이때의 연대는 단지 고통받는 이들과 함께하자는 입장을 천명하는 것만으로는 불충분하다. 프랑스혁명과 복지체제의 관계에 대한 연구로 주목받는 일본의 젊은 학자 다나카 다쿠지가 주목하는 것처럼, 기존 복지체제가 포착할 수 없이 구조적으로 새롭게 만들어지는 '배제된 자들'의 정치사회적 권리를 둘러싼 연대의 질적 변화가 핵심이다.* 다시 말해, 고통의 확산이 어디까지 또는 누구에게 이루어지고 있는지, 그 구체적인 실상을 지속적으로 알아가고 이를 사회적 인식과 감성의 공유대상으로 삼는 작업이 연대의 필요불가결한 조건이다. 그러기 위해서는 배제를 포괄로 변화시킬 공공성을 위한 연대에 대한 우리 사회의 정신적 자세가 기초부터 바뀌어야 한다.

프랑스의 철학자 랑시에르는 『무지한 스승』**에서 "교육이란 지식 전달을 넘어서 정신구조를 형성하는 작업"이라고 말한 바 있다. 교육만이 아니라 정치 또한 그렇다. 잘못된 정치는 그 사회의 정신구조를 왜곡하고 퇴행시키며, 무자각 상태로 이끌어 비극을 반복하도

• 다나카 다쿠지(田中拓道), 박해남 옮김, 『빈곤과 공화국—사회적 연대의 탄생』, 문학동네, 2014.
•• 자끄 랑시에르, 양창렬 옮김, 『무지한 스승』, 궁리, 2008.

록 만든다. 그래서 정치는 그 정신구조가 매우 중요하다. 정신적 퇴폐 상태에 있는 정치는 재앙이다.

한국정치는 이 정신적 퇴폐 상태에 빠져 있다. 집권세력이 권력을 사유화하고, 야당은 국민적 고통을 자신의 정치적 육체와 영혼에 온전히 빨아들여 투쟁하는 능력을 갖지 못하고 있기 때문이다. 극히 일부를 빼놓고 대부분 정치인이 가진 관심은 기득권 유지에 있다. '배제된 자들'은 이들에게 '하찮은 존재'일 따름이다. 이런 정신 상태에 대한 역전이 절실하다.

국민의 생명보다 위에 있는 권력이 있다면 당연히 투쟁의 대상 외에 다름이 아니다. 그래야 진정한 정치가 복원된다. 기존 정치인들과 정당의 면모가 완전히 바뀌는 용광로와 같은 과정을 거쳐야 함을 말한다. 그러면 어떻게 해야 하는가? 이런 현실 앞에서 좌절하지 않고, 용기와 의지를 내고 진전하려는 이들의 마음이 모이면 새로운 정치의 중심이 만들어진다. 이는 기본적으로 비주류 또는 반주류적 선택이다. 새로운 역사는 언제나 그러한 입장에 서 있는 새로운 의식과 의지의 산물이었다.

이것은 과정상 카오스적 상태인 혼란을 겪게 되어 있다. 그러나 평형상태에서 멀리 떨어진 지점의 매우 작고 미시적인 요동 상태가 반복되고 쌓이면서, 결국은 갑자기 거시적 규모의 열역학으로 카오스를 거쳐 새로운 상태를 만든다는 일리야 프리고진(Ilya Prigogine)의 주장*은 현실의 역사에서도 그대로 관통되는 진실이다. 기득권 질서

• 일리야 프리고진, 이덕환 옮김, 『확실성의 종말: 시간, 카오스 그리고 자연법칙』, 사이언스북스, 1997.

로부터 멀리 떨어진 곳에서 의식과 의지의 변화가 확장되면서 만들어지는 카오스는 도리어 창조의 순간이자 그 역량을 팽창시키는 근거지가 된다. 이는 이른바 '카오스의 변경'(the edge of Chaos)이 가진 의미를 주목하는 복잡계적 사유의 결론이기도 하다.[*]

세계체제분석의 거두 월러스틴이 프리고진의 사상에 탐닉하면서 불확실한 세계의 전환을 만들어내려는 체제혁명을 고민하는 것도 같은 맥락이다.[**] 그 어떤 것도 확정적이지 않다. 물론 우리는 전 단계의 역사가 만든 조건 위에서 사고하고 행동하므로, 구조적 한계는 엄존한다. 그러나 그 한계를 돌파하고 새로운 질서를 재편하는 것 역시 인간이다.

따라서 전략과 정책의 문제 이전에, 가장 고통을 겪고 있는 이들과 함께하려는 우애와 연대의 정치에서 새로운 미래의 씨앗이 뿌려진다. 공화정은 이런 정치를 하는 공동체의 합의다. 그와 같은 정치가 가동되면 사람들은 희망을 품게 되며, 민주주의도 발전하고 역사도 앞으로 나아간다. 방법 이전에 진심과 진실이다. 이것 없이 세우는 집은 아무리 그럴싸해 보인다 해도, 모래 위에 지은 부서지기 쉬운 가건물일 뿐이다.

진정한 마음과 올바른 지식을 기르고 일깨우는 일은 교육과 정치가 결합하는 길에서 찾아진다. 교육혁명과 정치혁명은 한몸이다. 어

---

[*] M. Mitchell Waldrop, *Complexity: the emerging science of the edge of order and chaos*, Simon & Schuster Paperbacks, N.Y., 1992.

[**] Immanuel Wallerstein, *Uncertain Worlds: World-Systems Analysis in Changing Times*, Paradigm Publishers, London, 2013.

떤 시대든 이러한 결합과정에서 혁명을 탄생시켰다. 여기서 교육은 초등학교에서 대학에 이르는 제도교육만이 아니라, 시민사회 전체의 변화를 가져올 평생학습 차원의 시민교육까지 포함한다. 이를 통해 전개되는 사상과 철학, 가치논쟁과 사회의식의 성숙과정은 정치의 정신구조와 그 작동 과정을 다르게 만들 수 있다. 근본적이며 긴 시간이 요구되는 작업이라고 해서 엄두가 나지 않거나 당장의 현실성이 떨어진다고 여길 수 있다. 그러나 바로 그런 생각이 우리의 정치를 타락시켜왔다.

인간을 행복하게 만들고 정의로운 사회를 이루어나가는 원대한 목표를 언제나 가슴에 뜨겁게 품고, 지금 할 수 있는 일을 최대한 해나가는 지속적인 노력이 우리의 현재와 미래를 바꾼다. 더 나은 미래를 포기하지 않으려거든 교육은 정치를 근본적 질문으로 삼고, 정치는 교육이 기른 비판의 철학적 공세를 감수해야 한다. 그 치열한 대치와 비판, 토론의 과정이 우리의 공동체를 더욱 의롭고 뜻있게 만든다. 민주국가와 공화정의 정치는 이런 방향을 향한 투지와 열정에서 힘차게 자라간다. 이것을 함께 만들어가는 작업과 과정, 그 자체가 이미 우리가 바라는 국가의 뿌리와 줄기가 된다. 이로써 이루어지는 정치는 인간의 일상에 생명력을 부여하는 매순간의 호흡이 된다. 인간이 인간답게, 행복하게 살아갈 수 있는 자유와 권리는 언제나 정치적 주제다. 인문정신과 정치는 결국 한몸이다.

공화국의 정치적 책임은
'구성원의 생명과 자유'에 초점이 모아진다.
거기에서 안전과 평화의 기초가 만들어지고
행복해지는 길이 열리기 때문이다.
인간이 인간답게, 행복하게 살아갈 수 있는
자유와 권리는 언제나 정치적 주제다.
인문정신과 정치는 결국 한 몸이다.

시민사회와 세계시민[*]
세계시민교육을 향하여

시민은 누구인가

시민의 힘이 우리의 정치와 미래를 결정할 수 있다. 시민은 그저 도시에 살고 있는 주민이 아니다. 시민은 역사의식이며 정치의 본거지이자 삶의 내용이다. 시민의 권리와 의식이 배제되거나 묵살되는 것은 정치 위기 그 자체이자 공화정이라는 민주주의의 정치체제를 파산시키는 행위다. 시민의 퇴각은 정치의 퇴락을 낳는다. 그러나 오늘날 우리는 도시의 주거자로서 시민은 있으나, 좋은 정치를 만들어가는 주체로서 시민은 보기 어려운 처지다. 뿐만 아니라 그 의식의 지평 역시 일상적 삶을 넘어서지 못하고 있다. 그런 까닭에 인류적 차원의 문제가 발생해도 시민이 들어설 자리가 없고, 국가의 경계선을 초월한 공감과 연대는 더더욱 어렵다. 이러한 현실은 우리에게 미래를 안전하고 정의롭게 보장할 수 있는 토대가 대단히 취약함을 말해주고 있다.

---

[*] 이 글은 경희대 후마니타스 칼리지 교양연구소가 2015년 8월 27일에 주최한 세계시민교육에서 발표한 논문을 재정리한 것이다.

국가를 제대로 만드는 것은 무엇보다도 시민사회의 존재와 그 특성에 그 뿌리가 있다. 그런데 조직된 시민 이전에 사유하고 성찰하는 시민이 있지 않고서는 그 어떤 공동체 또는 국가도 그 구성원들에게 행복을 줄 수 없다. 그런 곳에서는 권력을 중심으로 움직이는 정치공학이 지배하기 마련이고, 정치의 본래 목적이라고 할 수 있는 인간다운 삶을 살아가게 하는 일은 그저 명분으로 존속하거나 관심권 밖으로 방치되거나 무시당하고 만다. 그런 의미에서 민주사회를 위한 시민교육은 평생학습 차원의 과제이며, 이는 시민으로 살아가는 우리들 모두의 권리이다. 따라서 정치는 시민사회의 성숙을 위한 교육에서 가장 근본되는 주제이며, 이것을 배제한 시민교육은 핵심 또는 뇌관을 제거한 프로그램이 될 뿐이다. '시민성'(civility) 또는 '시민권'(市民權)의 문제는 인간으로서 살아가는 데 반드시 필요한 사회적 역량이다.

이에 대한 논의의 중요성은 물론이고, 오늘날 우리가 살고 있는 지역을 넘어선 세계와 마주하고 얽히면서 끊임없이 문제에 부딪히고 있는 점도 아울러 주목해야 한다. 우리의 시야가 지역성을 포괄하면서 세계적 범주로 확대되지 않으면 안 되는 상황인 것이다. 달리 말하자면, 이제 시민은 세계시민적 지식과 성찰의 능력을 갖추기 위해 노력해야 한다. 정치인식도 이러한 세계적인 관계망 속에서 길러지고 구체화되어야 하는 것이다. 세계시민으로의 진화는 정치의 진화와 맞물려 있다. 가령 한반도 문제 해결은 남북관계만이 아니라, 세계적 맥락 속에서 접근하고 그 돌파구를 확보해야 한다. 내부의 분단체제를 정당화하는 이념과 권력지형이 거대한 장애로 있는 한편, 국제

상황은 바로 그 지형을 규정하는 힘으로 작동하고 있기 때문이다.

세계시민에 대한 논란

'세계시민'의 개념과 존재는 대체로 세계화 시대의 산물로 이해되고 있다. 여기서 '세계화'라는 개념은 1990년대 이후 냉전체제가 붕괴되고, 진영대립의 소멸과 함께 자본이동이 국가경계를 제약 없이 넘어서는 상황이 전개되면서 지구적 통합의 속도와 범위가 그 이전과는 달라진 것을 의미한다. 이런 세계적 맥락의 변화 속에서 국민국가의 소속감을 넘어서는 세계시민의 탄생은 훨씬 용이해졌다. 물론 여기에는 시민으로서의 의식과 윤리, 행동방식의 특성이 무엇인지에 대한 논의가 전제되어야 할 것이다. 그러나 적어도 자신의 삶이 세계 전체의 변화와 맞물려 돌아가고 있다는 것을 인식하는 존재가 지구촌 전체에 점차 늘어나고 있다는 사실은 분명하다.

조금 더 시대적으로 거슬러 올라가보지면, 세계시민은 오늘날 우리가 경험하고 있는 세계화의 틀 이전에 16세기 이후 근대 유럽이라는 하나의 문명체계가 작동하면서 비로소 등장했다고 여겨지기도 한다. 국민국가의 형성과 갈등, 유럽 역사의 유기적 관계는 지중해를 중심으로 하는 유럽적 세계관과 정치문화의 소산이고, 이러한 조건 속에서 만들어진 인간형의 출현은 평화라는 보편적 질서에 대한 갈망으로 이어져 세계시민의 도덕적 책임까지 거론하는 단계에 이르게 된다. 세계적 맥락에 대한 지적 이해와 인식, 그리고 세계적 책임의식이 결합된 존재가 그 핵심적 내용이다.

17세기 초반 법과 상호합의에 따른 국제질서 형성을 주장하여

"국제법의 아버지"라고 불리는 휴고 그로티우스(Hugo Grotius)의 등장은 그런 시대적 현실을 반영한다. 또 170여 년 뒤 1795년 칸트가 발표한 『영구평화론』은 바로 그와 같은 인간관·세계관의 정점에서 있는 사고의 압축이었다. 칸트는 "세계 평화란 근대 공화정의 확산을 통해 도덕적 합의로 도달하게 되는 결과일 수도 있고, 무수한 전쟁의 순환과정을 거치면서 강대국들이 무력하게 되고 나서야 가능해지는 상태가 될 수 있다"고 예견한 바 있다.[*]

물론 칸트는 이성적이고 윤리적인 의식과 의지, 책임을 통해 평화에 대한 합의를 만들어내는 것을 최우선으로 갈망했다. 그것은 국민국가의 경계에 갇힌 채 인간의 문제를 폭력에 의한 종말론적 해결로 마무리지으려는 대신에, 인간 또는 인류라는 차원으로 자신을 귀속시켜 사고하는 태도를 전제로 한다. 칸트의 경우 그 사고의 중심에 보편성을 전제로 하는 인류적 구상을 갖추고자 했다는 점은 일단 평가되지만, 비판적으로 검토해보자면 비서구인을 미성숙하다고 본 인종주의적 사고의 틀에서 벗어나지 못했다는 점이 논란이 되기도 한다. 그런 점을 감안하고라도 여기서 주목하게 되는 바는 자신의 삶과 운명이 타자의 움직임과 깊이 연계되어 있다는 것이며, 따라서 타자를 이해하고 그 갈등을 해결할 수 있는 능력을 가진 인간형이 세계적 차원의 시민으로서 위상을 획득할 수 있다는 설정이다. 인간 내면에 그러한 능력이 선험적으로 주어졌다는 그의 인식은 평화의 보편적 획득에 대한 계몽주의적 기대를 보여준다.

---

[*] Immanuel Kant, *Toward Perpetual Peace and Other Writings on Politics, Peace and History*, Yale University Press, 2006.

칸트는 이러한 논의를 오늘날 우리가 '세계시민'으로 받아들이는 개념의 뿌리라고 할 수 있는 '코즈모폴리턴'(cosmopolitan) 또는 '지구적 시민'(citizens of the earth)이라는 표현으로 제시했다. 이는 프랑스혁명 이후 시민사회의 확대가 인류발전의 경로라고 본 시대정신의 핵심과 맞닿아 있다. 이성의 발달과 자신에 대한 주체의식을 가진 시민사회의 성장이 전쟁을 막고 평화를 이루어내는 세계시민 공동체 건설의 토대가 되리라 여겼던 것이다.

이후 역사는 어떻게 전개되었는가? 칸트가 말했던 두 번째 상황, 즉 "무수한 전쟁의 순환과정을 거치면서 강대국들이 무력하게 되고 나서야 가능해지는 상태가 될 수 있다" 쪽이 현실로 나타났다. 특히 19세기 이후 근대 유럽은 내부적으로 공화정을 표방하고 지향했으나, 외부적으로는 제국주의 팽창을 통한 식민지 쟁탈전과 정복을 펼치는 전쟁의 시기를 지속시켰다. 게다가 20세기에 들어서서 두 번의 참혹한 세계대전을 겪고, 인류는 인간의 이성에 대한 신뢰를 더는 하기 어려워졌다. 하지만 이러한 과정을 거치면서 역설적이게도, 개별적 인간의 운명과 세계 전체의 관계가 더욱 긴밀해졌음을 절감한다. 인류의 운명에 대한 책임의식은 인간 모두에게 보편적으로 요구되는 윤리적 덕목이라는 점이 공유되었고, 이것은 국제연맹을 거쳐 국제연합(UN)의 창설을 이끄는 철학적 기조가 되었다.

그 출발점에서 UN이 제2차 세계대전 승전국들이 세계질서를 주도하면서 그에 따른 독점적 위계구조를 만들고 작동시키는 장치라는 점을 부정할 수 없으나, 그 밑바닥에 깊이 깔려 있는 인류적 열망 또한 부인할 수 없다. 이렇게 보자면 '세계시민'은 세계화 시대의 산물이기 이전에, 이미 그 정신적 골격을 가진 개념이자 존재라고 할 수 있다. 그리고 이러한 역사적 과정에서 형성된 세계시민의 윤리와 의식이 오늘날에도 여전히 중요한 기본내용을 구성하고 있다. 전 지구적 고통을 겪고 나서야 비로소 오래 전 꿈꾸었던 인류의 생명과 평화, 공동의 미래를 위한 협력이 세계적 지향점으로 합의되고, 현실에서 세계관적 토대를 획득할 수 있게 된 것이다.

유럽 밖의 세계인

그런데 근대적 '시민'이라는 차원은 아니더라도, 세계적 맥락 속에서 자신을 이해하고 문명의 주도적 위치를 각성한 인간형은 근대 이전의 시기 유럽 외의 지역에도 존재했다. 기원전 4세기부터 시작된 헬레니즘 문명의 코즈모폴리턴적 태동의 중심은 오늘날의 중근동과 인도이며, 7세기 이슬람권의 팽창도 유럽만이 아니라 북아프리카, 동남아시아와 중국에 이르기까지의 세계적 문명 시스템을 형성하는 데 매우 중요한 기반이었다. 13세기 몽골제국의 확장 역시 세계 문명체제를 만드는 중대한 역할을 했으며, 마르코 폴로의 세계기행은 바로 이러한 토대 위에서 가능했다.[*] 14세기 초반 이븐바투타의 여행기[**]도 다양한 지역에 살고 있는 인간의 삶에 대한 세계적 이해의 중요한 역사적 자료로 남아 있으며, 아놀드 토인비(Arnold Toynbee)가 인류사적 기념비라고 격찬했던 역사서 『역사서설』

---

[*] Marco Polo, *The Travels*, Penguin Books, 1958.
[**] 이븐바투타, 정수일 옮김, 『이븐바투타 여행기』 I, II., 창비, 2001.

(*Muqaddimah*)*을 쓴 14세기 중반의 이븐 할둔에 이르면 세계인으로 서의 존재가 유럽만의 독점물이 아니었으며 그 내용과 의식은 오히 려 더욱 앞섰음을 알게 된다.

근대 이전의 유럽이 지중해와 유럽 대륙의 판도 안에 갇혀 있던 것과는 달리, 이들 비서구 지역은 오랜 세월 동안 상호 교류하면서 교역관계를 맺고 있었다. 7세기 당의 현장과 8세기 신라의 혜초를 거론해봐도 자신의 지역적 한계를 넘어 인도나 중앙아시아에까지 이르러 세계적 맥락 속에 뛰어든 인물들은 동아시아에도 엄연히 존 재하고 있었다. 물론 이러한 인물형이 하나의 보편적 모델로 확산된 것은 아니지만, 이들의 기여는 그 구조적 맥락이 세계적 연관을 통 해 존재했고 각 지역의 세계적 이해와 인식에 중요한 역할을 했다.

이러한 사실들은 문명교류와 융합이라는 '실크로드'의 문명사적 역할과 깊은 관련이 있으며, 문명의 세계적 중심을 유럽에만 놓으려 는 인식과 대치되는 세계사적 이해라고 할 수 있다. 그런 까닭에 세 계체제론자 안드레 군더 프랑크(Andre Gunder Frank)는 유럽의 세 계사적 확대란 유럽 자신의 주도적 구조를 팽창시킨 것이라기보다 는, 중동과 아시아가 이미 만들어놓은 세계사적 연관구조에 부차적 으로 결합하면서 이루어진 현상이라고 주장하기도 했다.** 이처럼 '세계인'이라는 존재는 아주 오래된 인류사적 경험이다. 세계시민은

---

* Ibn Khaldun, *The Muqaddimah: An Introduction to History*, Princeton University Press, 1969; 김호동 옮김,『역사서설: 아랍, 이슬람, 문명』, 까치, 2003.

** Andre Gunder Frank, *ReOrient: Global Economy in the Asian Age*, University of California Press, 1998; 안드레 군더 프랑크, 이희재 옮김,『리오리엔트』, 이산, 2003.

이러한 역사적 기반과 근대적 의식의 내용이 만나는 가운데 형성되는 개념과 존재이며, 여기서 가장 중요한 점은 시민 이전에 '세계인으로서의 경험과 자각'이다.

동아시아의 세계인

관심의 지역적 범위를 좁혀서, 동아시아에서 근대적 '세계인'은 언제 태어났을까? 이 질문을 던지는 까닭은 시민이라는 근대적 경험과 인식이 형성되기 이전에 동아시아의 세계적 인식과 이해의 특징을 주목하려는 것이다. 이를 통해 우리는 오늘날 현실과 비교 가능한 역사적 근거를 마련할 수 있다. 세계시민의 등장과 성장은 이를 조건과 기반으로 하여 이루어질 수 있기 때문이다. 아니면 그것은 동아시아 밖에서 주어진 개념과 실체가 될 수 있고, 자기 내부의 절실한 요구와 만나지 못하는 추상화된 의식이나 현실기반이 없는 존재로 그칠 수 있기 때문이다.

19세기 중반 이후 동진(東進)의 속도를 높인 서구 제국주의라는 대단히 폭력적인 지구적 통합의 과정에서, 동아시아인의 세계인식은 급격한 변화를 겪는다. 이 시기 세계적 차원의 이해와 사유, 생존 보장의 실천적 방책을 마련하는 것은 국가와 민족 단위로서도 존망이 걸린 문제가 되었다. 1840년대 영국과 아편전쟁을 치른 뒤 중국 청조의 양무운동과 변법자강운동의 과정이 그러했으며, 1853년 미국 페리호의 충격 속에서 15년 내전을 통해 이루어낸 1868년 일본의 메이지유신 또한 그러했다. 세계적 변화의 맥락을 파악하고 그 흐름과 자신, 자신의 민족이나 국가의 미래를 동시에 내다보는 노력과 의지를 갖는 것은 절체절명의 시대적 요구가 되어갔다. 이러한 변화에서 비켜서는 것은 패배와 파멸의 길로 들어서는 선택이 되어버렸다. 청조 중국은 그 이전부터 천주교를 통한 서양학문과 접촉이 있었으며, 일본도 16세기 포르투갈과 교역 경험과, 18세기 중반 이후 네덜란드를 통한 서양에 대한 이해를 이른바 난학(蘭學)으로 숙성시킨 기초가 있었다.*

우리는 어떨까? 근대사의 특정 인물에 한정해서 보자면, 김규식의 경우는 독보적이기까지 하다. 1881년에 태어난 독립운동지도자 김규식은 미국 유학 이후 영어를 비롯해서 일어, 중국어, 독어, 불어, 러시아어, 몽골어를 구사할 줄 알았으며, 우리말의 역사적 어원 연구를 위해 산스크리트어까지 읽어낼 줄 알았다. 상해 시절 그는 1919년 파리강화회의에 대표단으로 파견되어 여러 언어로 외교활동을 했고, 1922년에는 여운형 등과 함께 이르쿠츠크에서 모스크바로 장소를 옮긴 극동민족대회에 대표단으로 참여하여 레닌과 회견을 할 정도였다.** 그의 어학실력과 국제정세에 대한 파악, 다채로운 국제경험은 동아시아와 세계평화를 위해 어떤 능력과 시야, 체험이 요구

• 이종찬, 『난학의 세계사: 중화적 세계를 넘어 일본이 유럽과 열대에서 접속하다』, 알마, 2014. 이 책은 일본의 근대적 인식의 뿌리를 난학에 두고, 난학의 입수 경로를 동남아시아와의 교류로 유럽에 대한 발견이 근거가 되었다고 본다. 이는 일본의 중화적 세계에 대한 비판적 인식을 갖게 하는 매우 중요한 세계관적 인식의 변화를 예고한다.

•• 이준식, 『김규식』, 한국독립운동사 연구소 기획, 역사공간, 2014, 32~88쪽. 김규식은 우리말의 역사적 기원과 관련해서 고구려, 여진 등의 판도였던 만주와 고려를 지배한 몽골 지역의 북방어, 인도어를 비롯한 남방계 언어의 유입이 한반도에서 결합되어 형성되어왔다는 주장을 했는데, 이는 오늘날 한국어 어원과 관련해서 매우 중요하게 인식되는 대목이다. 한반도의 역사가 이미 세계적 맥락 속에 놓여 있음을 인식한 결과라고 하겠다. 또한 김규식이 우리말 기원에 대한 접근에서 문명사적 이해까지 가지고 있었음을 보여준다.

되는지를 보여주는 매우 중요한 보기다. 이는 향후 출현하게 될 동아시아의 근대적 세계시민의 사유의 폭과 활동의 범위를 상상하고 예견하게 해주는 경우였다. 그에 비해 외교력에 대한 상대적 강점을 보이고 있다는 이승만은 미국을 중심으로 한 세계정세 인식에 치중했다는 한계를 가졌다.[•]

시기를 더 뒤로 거슬러가보면, 이미 15세기에 몽골제국의 세계적 판도에 영향을 받아 만든 「혼일강리역대국도지도」(混一疆理歷代國都之圖)가 있었고, 17세기 이수광이 지은 『지봉유설』(芝峯類說)에 이미 마테오 리치가 제작한 「만국지도」(萬國地圖)에 대한 정보가 실려 있다. 18세기에 이르면 이익의 『성호사설』(星湖僿說)에는 지구가 장방형이 아니라 둥글다는 '지원설'(地圓說)을 거론하고 있다.[••] 18세기 중후반에 활약했던 홍대용은 지구자전설까지 주장하며 이와 더불어 전통적인 유교의 중화(中華)적 세계관인 화이(華夷)의 한계를 뛰어넘고, 19세기 전반기 실학은 이미 지리와 사상까지 포괄하는 세계인식을 획득하기 위해 노력하고 있는 것을 보게 된다. 이러한 일련의 과정은 실학과 개화가 이어지고 이에 바탕을 둔 근대적 세계관

• 이승만, 『청일전기』, 북앤피플, 2015; 『일본의 가면을 벗긴다』, 비봉출판사, 2015. 이승만의 이 두 저서는 당시 동아시아의 국제정세와 일본의 정치, 정신구조에 대한 연구라는 점에서 매우 중요한 의미가 있다. 그러나 김규식의 다양한 세계체험과 이해와 비교하면 이후 그의 세계인식은 한계를 보인다. 1945년 모스크바 3상회의의 본질에 대한 이해에서도, 정치적 의도가 있기도 했지만, 이승만과 김규식은 상당한 차이를 드러낸다. 정부 수립 이후 주권존중을 토대로 한 연합국 보호라는, 이 회의의 이른바 '신탁통치'에 대한 이해는 김규식이 역사적으로 정확했음이 이후 입증된다.

•• 이익, 최석기 옮김, 『성호사설』, 한길사, 1999. 이익은 이 책을 통해 일상의 단어, 개념, 제도의 기원에 대한 상세한 백과전서적 기록을 남기고 있다. 당시로서는 첨단의 지식과 종합적 학문 체계의 면모를 보여주는 서적이며, 서학(西學)과의 교류가 18세기 조선에서 어떻게 이루어졌는지 알 수 있는 자료이기도 하다.

의 형성과 독립운동이 결합되는 것을 보여준다. 이는 지식 엘리트층에 한정된 소수에 불과하고 주자학의 독선적 지배로 인한 확산의 한계가 있었으나, 조선인의 세계인식과 세계시민의 성장을 위한 기초인 문명사적 토대가 존재했음을 의미한다.

한글 속에 담긴 세계

이뿐만 아니다. 조선시대 외국어 교육과 한글 발명의 역사적 연원을 정밀하게 탐색한 정광의 오랜 연구는, 조선조가 불교를 통해 산스크리트어 문법, 티베트 발음학, 거란문자, 여진문자, 원대(元代)의 파스파문자, 만주문자 등에 대한 해박한 지식의 축적과 이에 대한 어학적 통합 그리고 교육에 이르기까지 당시로서는 방대한 세계문명사적 이해에 진력한 것을 보여준다.[*] 세종의 '훈민정음'은 원대에 들어서서 북경이 중심이 된 중국어 발음 변화에 대한 인식과, 이에 대한 주체적 대응을 위해 요구된 문자체계의 성립이라는 정광의 지적을 깊이 음미하고 성찰해볼 필요가 있다.[**]

15세기 중반의 조선은 그 이전에 몽골이라는 세계적 체제 안에서 인식한 세계와 이를 토대로 한 문명교류의 유산을 매우 주체적으로 소화하고 자신의 역량으로 만들었던 것이다. 그런 차원에서 한글은 세계문명의 교류와 융합의 결과물이자, 조선과 세계가 만나면서 이

---

[*] 정광, 『한글의 발명』 김영사, 2015.

[**] 정광, 『조선시대의 외국어 교육』 김영사, 2014. 정광은 이 책을 통해 조선시대에 중국어는 물론이고, 일본어, 몽골어, 만주어, 여진어 등의 교육이 오늘날에 보아도 손색이 없을 만큼 수준 높게 이루어졌음을 보여준다.

루어낸 창조적 문명의 발명품이었다. 초기 조선은 명이 중심이 된 중화체제 안에만 얌전히 갇혀 있지 않았던 것이다.

몽골제국의 왕조 원이 대륙을 지배했던 고려시대로 시점을 이동해보면, 1350년대 출간된 중국어 교본인 『노걸대』(老乞大)*라든가 그에 앞선 송대 손목(孫穆)이 1103년경 고려에 다녀가 편찬함으로써 당시 고려어 연구의 중요한 자료가 된 『계림유사』(鷄林類事) 등은 모두 한반도가 동아시아 전체의 맥락 속에서 자신의 세계적 위치를 만들어간 과정을 보여준다.** 고려어 연구는 우리말 발음체계 변화 연구에 중요한 의미를 갖는 것으로서, 한자어 발음의 연구에도 관련된다. 이는 중국의 문자 체계를 우리가 어떻게 소화했는가를 보여주는 문명교류와 융합 과정에도 소중한 자료의 기능을 한다. 근대 이후 일본을 통한 서양어 번역의 수입이라는 비주체성과는 다른, 우리 역사의 면모가 여기에 담겨 있다고 하겠다. 범위와 내용은 차이가 나지만, 제국주의를 선두로 한 근대라는 충격을 통해 비로소 세계와의 문명사적 접속과 교류가 이루어진 게 아니었던 것이다.

이렇게 세계사와 한반도의 역사적 경험을 간단하게 훑어봐도 자신을 둘러싸고 있는 세계의 개념 확장 과정이 활발하게 전개되었음을 알 수 있다. 그리고 여기에 근대적 인간이 만나게 될 때 우리는 세계시민의 태동이 가능해지는 조건이 성립할 수 있음을 보게 된다. 다수는 아니더라도, 자신을 둘러싼 세계에 대한 이해와 인식, 그것을

• 정광 역주, 『원본 노걸대』, 박문사, 2010.
•• 강길운, 『계림유사의 신해독 연구』, 지식과 교양, 2011.

자신과 공동체의 미래와 끊임없이 연결시키면서 사유를 전개하고 행동방식을 창출해나간 인물들이 지속적으로 등장했던 것이다. 그러나 이러한 맥락은 우리 역사 속에서 부재했다고 여겨지거나, 또는 단절된 상태가 지금까지 이어지고 있다. 식민지 시대의 우리 역사 파괴가 이토록 심각한 세계인식의 단절과 붕괴를 남기고 있는 것이다.

세계적 현실에 노출되지 못한 인간형

우리의 지금 형편은 어떤가? 다시 던지게 되는 질문이다. 세계화 시대라고 하지만 세계에 대한 인식의 지적 기반은 과거에 비해 그리 진전되었다고 하기 어렵다. 지리적 개념의 발전과 성과가 있었는데도, 한국인의 세계인식은 매우 한정되어 있다. 어디가 어디인지도 잘 모르는 경우가 태반이다. 어느 나라 어느 주민이 어떤 문명권에 속하는지, 그곳은 어떤 특징과 역사를 가진 지역인지에 대해서도 무지한 상태이다. 예를 들어 동남아시아가 세계 최대 이슬람 인구권이라는 사실도 우리에게 일반상식으로 되어 있지 않으며, 그 지역이 왜 그렇게 되었는지도 모르는 경우가 대부분이다. 세계사적 시야가 부족해서다.

이처럼 분명치 않은 우리의 세계인식과, 대외정책의 부족이나 국제상황의 변동에 대한 빈곤한 응전능력은 그 뿌리가 깊다고들 여긴다. 근대사 100년에서 조선조가 멸망하고 식민지로 전락하는 단계에 대한 역사적 성찰은 우리에게 그러한 세계인식의 미비와 대응의 오류를 일깨운다. 이러한 역사 평가는 중화체제의 견고한 틀이 사상적·신분적 기득권이 된 상태에서 그 너머에 있는 세계에 대한 인식이 단절되어버린 결과가 주체적 근대의 실패와 식민지체제의 성립이라는 결론으로 이어진다.

하지만 이미 언급했듯이 우리 자신의 주체적인 인식과 대응이 전혀 없었던 것은 아니다. 하나의 강력한 세력으로 만들어서 실질적인 정책과 역량으로 전환하지는 못했지만, 급변하는 세계정세를 살피고, 이에 대해 근대적 의지를 가지고 자신을 압박하는 국제정세를 풀어나가려 한 세력이 존재했던 것이다. 예컨대 갑신정변의 주역인 김옥균은 혁명의 실패와 함께 그 한계를 비판받고는 있으나, 인식의 내용과 세계정세에 대한 이해의 차원에서 보자면 당대의 수준에서 상당히 뛰어난 근대성과 세계성을 지닌 인물이었다.

그는 일본과의 협력과 이를 전제로 한 혁명 전략이 모두 수포로 돌아간 뒤 일본에 망명자 신분으로 머무는 동안, 청과 서구열강의 관계를 활용해서 새로운 동아시아 정책을 펼쳐내고자 노력했다. 이는 국제정세를 면밀하게 파악하고자 하는 노력 없이는 불가능한 일이었다. 이 시기에 그는 서구 제국주의의 움직임에 대해 상당히 자세히 알게 되었으며, 이를 바탕으로 동아시아 전체의 판도와 관련된 구상에 몰두했다.* 세계 전체의 맥락과 자신을 지속적으로 연결해서 현실을 이해하고 행동방식을 고민했던 것이다.

1884년 갑신정변과 10년 뒤 1894년 동학농민전쟁과 청일전쟁의 발발은 한반도의 역사를 세계사적 소용돌이 속으로 급속하게 끌어들였다. 동학을 중심으로 한 봉기와 투쟁은 봉건적 정치인식의 한계

• 박은숙, 『김옥균, 역사의 혁명가, 시대의 이단아』, 너머북스, 2011.

는 있었지만, 인간의 존엄성에 대한 인류적 차원의 각성이라는 점에서 중대한 세계사적 의미가 있다. 또 이후 전개되는 항일투쟁의 뿌리가 되었다는 점에서 깊은 성찰이 필요하다. 동아시아 역사에서 인간의 존엄과 생명, 대동(大同)의 철학이 발동된 사건이었기 때문이다. 한편 동학농민전쟁을 구실로 출병한 청과 일본 사이의 청일전쟁은, 일본에게는 중국의 주도권을 약화시키는 동시에 서구 제국주의 체제에 대한 1차 대응의 측면이 있고, 동아시아의 근거지를 확보함으로써 제국 일본의 팽창을 위한 전략경로를 확정하는 수순이었다.

이 시기 일본의 외교정책을 주도한 무쓰 무네미쓰(陸奥宗光)가 기록한 비밀외교회고록인『건건록』(蹇蹇錄)*은 놀라운 정보력과 분석력으로 당시 동아시아 정세를 꿰뚫어보면서 한반도 장악을 위한 명분과 정책을 추진해나가는 계획을 보여준다. 뿐만 아니라 당시 국제정세를 움직이는 각종 동인(動因)과 각 나라의 관심 및 정책에 대한 이해, 평가의 내용과 수준은 충격적이다. 이 비록(秘錄)을 보면서 1868년 메이지유신 이래 근대일본이 세계정세를 어떻게 신속하게 파악하고 자신의 국가적 명운의 진로를 설계해놓았는지 그 치밀함을 깨닫게 된다.

우리에게도 세계인식의 역사적 축적이 나름 있었지만, 당시 일본과 비교해보자면 난감하고 자기비판적이 되는 것은 어쩔 수 없다. 그러나 한쪽은 제국주의 지배전략을 위한 세계인식이었고 다른 한쪽은 이에 대항하는 관점의 차이가 있었다는 것을 전제로 해야 하

• 무쓰 미네미쓰, 김승일 옮김,『건건록』, 범우사, 1994.

며, 그런 까닭에 우리로서는 세계인식의 형성이 더더욱 절실하게 요구되었다는 점을 지나칠 수 없다. 그렇지 못하면 멸망당하는 수순만 남게 되며, 실제로도 그리 되었다. 따라서 우리 근대 역사에 대한 이해와 평가에서, 바로 이러한 대조지점에 대한 성찰과 비판적 계승이 있어야 한다는 것은 말할 나위가 없다. 제국주의에 의한 근대적 충격이 우리에게 세계인으로서의 지식과 이해, 세계시민으로 나가는 길을 스스로 열어갔어야 했고 더 확장된 지적 축적이 일반화되었어야 하지만, 거듭 강조하거니와 현실은 그렇지 못했다.

세계가 머릿속에 없는 시민들

당연하게도 100년 전에 비해 오늘날 국제정세에 대한 정보와 지식은 상상할 수 없이 늘었다. 세계인식의 차원도 그때와는 비교할 수 없을 정도다. 그렇지만 오랫동안 한반도가 복속했던 청조의 중화체제가 타율적으로 깨져나가고, 그 공간에 들어선 동아시아 일본제국, 그리고 이를 해체한 미국의 대외정책 영향권 내에 존속해온 우리는 그런 변화에 걸맞게 세계이해와 지식도 함께 진전했을까? 오늘날에도 한반도의 미래가 국제정세와 깊은 관련을 맺고 있는 상황에서, 이에 대한 인식이 하나의 시민적 상식과 행동원리가 되고 있기는 할까?

세계시민 이전에 요구되는 세계인으로서 세계인식과 안목, 지적 훈련이 충분하지 않으며, 도리어 과거보다 후퇴한 것은 아닌가 싶기조차 하다. 언론이 전달해주는 수준 이상으로는, 동아시아 정세에 대한 관심과 인식이 일상의 질문과 관심이 되지 못하고 있다. 한반도 분단과 평화의 문제는 우리 내부의 주체적인 대응 못지않게, 세계적 맥락 속에서 파악되고 해결의 실마리를 발견해나가야 하는데 이에 대한 인식과 실천의지도 여전히 미비한 상태다. 국제적 연대 속에서 평화를 이루기 위한 세계시민으로서 기초적 체질 자체가 형성되어 있지 못하다.

몇 가지 예를 들어보자. 대학과 대학원 수업에서 세계지도를 그려 보라고 하면 제대로 그리는 경우가 극히 드물다. 머릿속에 지리적 개념이 존재하지 않기 때문에, 지역 간의 유기적 관련성에 대한 이해가 상당히 무지의 상태에 놓여 있다. 이러면 지정학적 논의를 하기 어렵다. 세계지도를 그리는 능력은 뇌 속에 지구적 연관관계의 회로도가 존재할 때만 가능하다. 이것이 없다는 것은 세계인식의 지적 기초가 부재함을 뜻한다. 뿐만 아니라 세계지도를 그리는 방식 자체가 세계관의 차이를 보여준다. 그런 인식조차 없으니, 세계시민으로서 국제현실에 대한 관심과 논의, 실천이 쉽지 않다.

우리 언론도 국제문제를 중요하게 다루는 경우가 별로 없고, 각 지역이 서로 어떤 맥락 속에서 외교 관계나 경제문제를 끌어안고 갈등, 협력 또는 긴장하고 있는지를 소상히 짚는 분석기사를 보기도 쉽지 않다. 방송의 경우 그 정도가 더욱 심각하다. 가령 대통령의 외교와 국제순방은 대통령의 치적이라는 차원에서만 조명된다. 이러한 조건에서 국제정세 인식의 수준의 향상이라는 목표는 국민적 상식으로 연결되지 못하고 만다.

그뿐인가. 이 나라에서 역사교육은 냉대와 통제의 대상이다. 근대사를 포함한 한국사 교육은 국가권력이 역사해석을 독점하겠다는 국정화 위기에 몰려 있고, 세계사 쪽의 전망은 더욱 막막하다. 2008년에 나온 현장교사들의 글 모음인 『역사 무엇을 어떻게 가르칠까』*는 그런 맥락에서 나온 고민의 산물이다. 이 책은 '세계사 교육 위기론'까지 지적하고 나섰다. 중고등학교는 물론이고 대학에서도 역사교육은 전공과목인 경우를 빼놓고 무기력한 상태이다. 해외여행이 늘면서 다양한 세계적 현실에 노출되는 경험이 과거에 비해 무척 풍부해졌지만, 이 역시 단편적 체험에 그치는 경우가 대부분이다. 수로보면 과거에 비해 세계인식의 질적 진전을 체화하는 시민들이 훨씬 많아졌으나, 이들의 지적 역량을 한국사회의 공적 자산으로 삼아 그것을 하나의 중요한 시대적 담론으로 만들어나가는 것도 아니다.

일본의 아베 정권에 반대하고 나선 일본시민들과 한국의 시민운동이 국제적 연대를 통해 동아시아의 평화를 이뤄내는 일에 참여하는 수 또한 매우 적다. 일본에서는 1969년 도쿄대 강당에서 벌인 전공투(全共鬪)의 최후투쟁과 몰락으로 중앙의 시민운동이 궤멸했지만, 이후 지역에서 차분하게 그 역량을 축적해온 결과 오늘날 평화헌법을 수호하려는 시민운동이 위력적으로 자신을 세상에 알렸다. 우리에게는 이들과 함께 세계시민이라는 각성 차원에서 함께 손을 잡고 지구적 문제를 풀어가는 실천능력이 부족하기 짝이 없다. 정치지도자의 경우에도 이러한 상황은 별반 차이가 없다. 인류의 미래에 대한 전망을 내놓고, 국제적 협력관계를 만들기 위한 방향을 제시하고, 시민사회와의 결합에 대한 방책을 고민하는 것은 마치 이들의

---

* 전국역사교사모임, 『역사 무엇을 어떻게 가르칠까』, 휴머니스트, 2008.

영역이 아닌 것처럼 여겨지고 있기도 하다. 이들의 목소리를 통해 세계적 변화를 읽어내고 인류의 미래에 대한 논의와 준비를 하는 사회가 우리는 지금 전혀 아니라고 할 수 있을 지경이다.

『지리의 보복』*을 쓴 카플란은 지구촌의 유기적 관계가 점점 더 긴밀해지는 현실에서 지리에 대한 이해와 학습이 가장 중요한 역량이라고 강조하고 있다. 그가 이 책의 제목에 '보복'이라는 단어를 쓴 까닭은 달리 있지 않다. 지리에 대한 인식이 분명치 않으면 세계적 안목의 빈곤으로 지구적 상황의 변화에 대한 대응력이 떨어지는 것을 의미한다. 그러나 카플란은 현실에서 이와 관련한 지식과 교육은 낙후한 상태라고 지적하는데, 이는 오늘날 우리의 경우에도 그대로 들어맞는 말이라고 할 수 있다.

근대문명의 태동에는 지리적 인식의 혁명적 변화가 그 중심에 놓여 있었음을 돌이켜본다면, 지난 500년간 이와 관련한 지적 축적이 가진 중요성이 우리의 시민사회, 교육의 영역에서 방치되어 있었음을 확인하게 된다. 세계시민에 대해 논의할 수 있는 인문지리적 출발점 자체가 성립되어 있지 못한 것이다. 어떤 곳에서 어떤 일들이 벌어지고 있으며, 이것이 다른 지역과 주민들에게 어떤 영향과 의미를 주는지 파악할 수 있는 기초가 없는 상태에서 의식의 내용을 충실하게 가진 세계시민의 등장은 비현실적이다. 뿐만 아니라, 어떤 사태가 벌어지면 그것이 가지고 있는 역사성과 지역적 요인, 국제적 관계의 유기성을 알지 못하는 조건에서 세계시민적 시선으로 그 사

* Robert Kaplan, *The Revenge of Geography*, Random House Printing, 2013.

건을 해석하고 행동하기란 대단히 어려울 것이다.

가령 1960년대 말과 1970년대 베트남전쟁 반대 운동이 세계적으로 확산된 데에는 전쟁의 비극에 대한 분노와 평화에 대한 갈망이 중심에 자리 잡고 있는 한편, 베트남의 역사와 그 지정학 위치, 미국의 대외정책에 대한 이해가 밀도 있게 엮여 있기 때문에 가능했다는 점을 볼 필요가 있다. 이 시기 세계시민적 차원의 연대를 기초로 한 운동이 미국과 유럽에서 벌어진 까닭은 그런 조건이 있었기 때문이었다. 반면 이 전쟁이 끝난 지 40년이 되었는데도, 우리 사회에서 베트남전쟁에 대한 이해와 인식의 수준은 당시의 세계적 반전운동과 비교하더라도 여전히 후진적이다.

21세기 초반에 발발한 미국의 이라크 공격과 침략에 대한 우리의 이해와 인식 역시 그리 진전되지 못한 채, 세계시민운동의 차원에서 벌어진 국제사회의 반전운동과 충분히 결합하지 못했다는 점도 자기비판적으로 돌아볼 일이다. 1999년 아시아에서 외환위기가 발생하고 한국이 IMF 관리체제 아래 들어갔을 때에도, 우리 사회에서 세계자본주의 체제의 작동방식이라든가 초국적 투기자본의 행태에 대한 이해의 수준은 비극적일 정도로 낮았다. 1980년대와 1990년대에 걸쳐 라틴아메리카에서 발생한 외환위기와 투기적 금융의 지배가 가져온 현실에 대해 세계시민적 지식과 안목이 얼마만큼이라도 있었다면, 우리가 직면했던 당시 상황에 대처하는 자세는 상당히 달랐을 것이다.[*]

• 김민웅, 『보이지 않는 식민지』, 삼인, 2001.

세계화 시대라고 하지만 우리 사회는 세계적 현실을 직시하고 이를 각성된 시민적 차원에서 해결해나가는 사회적 훈련이나 교육적 토대가 미약한 처지다. 과거 역사가 쌓아놓은 지적 축적의 내용을 자기화하지 못하고 있으며, 현재진행형의 변화를 지속적으로 관찰하고 이를 시민적 인식으로 체화하는 과정도 결여되어 있다. 세계화라는 현실은 존재하지만, 세계시민은 보이지 않는 상태라고 할 수밖에 없다.

그것은 엄밀하게 말해서 세계적 소비계층의 존재는 확산되고 있으나, 시민적 각성을 기본으로 한 세계인으로서의 자기형성이 이루어지는 집단의 출현은 아직도 멀었음을 의미한다. 그런 상황에서 세계시민으로서의 의식과 윤리, 그리고 책임 있는 실천까지 아울러 구비한다는 것은 기대하기 어렵다. 더군다나 기후변화를 비롯해서 북극지역의 해빙, 사막화가 일어나는 지역, 전쟁이 끊임없이 일어나 그곳 주민들의 삶이 철저하게 파괴되는 현실 등에 대해 미래학적 관심을 가지고 세계시민의 차원에서 실천적 대응을 요구하는 일은 시기상조이거나 불가능에 가깝다.

세계시민 교육의 한 보기

그렇다면 어떻게 해야 될까? 무엇보다 세계사 또는 인류문명사 교육이 최우선이다. 그런 지적 기반 위에서 세계인의 기본과 시민의식의 결합이 가능해지기 때문이다. 물론 국제적으로 발생하는 전쟁이나 기근 또는 분쟁사건에 대한 깊은 윤리적 통증이 계기가 되어 세계시민으로서의 자각을 갖게 되기도 하지만, 그 또한 좀더 진전된

수준으로 가려면 세계사에 대한 지적 모색이 필수적이다.

　대학의 경우를 생각해보자. 여기서 하나의 모델을 만들어낸다면 그것은 일정한 공신력을 지니고 확산될 수 있다. 세계 전체가 하나의 관계망을 구축해서 움직이는 현실을 바탕으로 세계시민의 역량을 가진 인재를 양성하는 일이 대학교육의 축이 되어야 한다. 이는 대학의 행정기능까지 포괄해서 이루어져야 한다.

　역사학자이자 조지메이슨 대학 학장을 지낸 바 있는 피터 스턴스 (Peter N. Stearns)의 경우, 대학교육 전체를 세계시민교육이라는 관점으로 개혁하고자, 지난 2009년『대학의 세계시민교육: 도전과 기회』라는 책을 출간했다. 그는 미국 대학 역시 미국의 현실 밖에 눈을 돌리게 하는 데 크게 관심을 두지 않았다면서, 이러한 상황이 지속된다면 미국의 미래는 중대한 도전에 직면할 것이라고 경고했다.

　다시 말해, 그는 다른 세계에 대한 이해와 관심이 없는 세대가 미국이라는 강대국의 진로를 결정하고 움직여나가게 된다면 미국만이 아니라 세계 전체가 어려움에 처하리라고 내다본 것이다. 여기서 대학 행정의 변화도 매우 중요해진다. 교수와 학생만이 아니라 대학행정 체제에 그러한 세계사에 대한 훈련과 지식, 안목이 있을 때 세계시민교육이 가능해지기 때문이다. 대학의 행정체제가 세계시민교육의 가치와 방향에 대한 이해를 하지 않는 상태에서, 세계시민교육을 위한 대학교육 개혁은 깃발만 있고 수행능력은 부족한 상태에 처하게 되는 것은 분명하다.

• Peter Stearns, *Educating Global Citizens in Colleges and Universitie: Challenges and Opportunitiess*, New York, Routledge, 2009.

문명의 역사적 흐름에 대한 이해와 지식 공급은 세계시민교육에서 가장 중요하다. 여기서 핵심적인 대목은 이른바 '지구적 연결고리'(global linkages) 또는 그 틀 안에서 '상호연관성'*을 파악하는 작업이다. 그래야 인류사회가 서로 어떻게 얽혀 살아왔고 지금도 그런 얽힘 가운데 서로가 서로에게 어떤 희망을 주고 기여를 해나갈 수 있는지 알아갈 수 있기 때문이다.

이와 함께 언어 습득의 다양성도 강조되어야 한다. 외국어 습득은 세계시민 교육의 근본 토대인데 오늘날 우리는 영어 패권체제 안에서 살아가고 있는 형편이다. 1930년대와 1940년대 당시 조선인 가운데 지식층이나 독립운동을 하던 이들은 일본어, 중국어, 영어는 기본으로 해야만 하는 상황에 놓여 있었다. 이는 일종의 강제적 조건이 존재했다는 점이 작용하기는 했으나, 당시에 도리어 지금보다도 국가적 경계를 넘는 의식과 연대가 가능했음을 보여준다. 그런 점에서 영어 외의 외국어를 적어도 한 가지는 할 수 있어야 더욱 다양한 소통의 창구를 가질 수 있으며 그로써 영어권이 지배하고 있는 세계 인식도 교정해낼 수 있다. 이 언어 습득 훈련은 다양한 지역 출신의 외국학생들과 함께하는 시민교육의 모델을 만들어 운용하는 과정을 통해 그 동기 유발의 강도를 강화할 수 있다.

이와 함께 여행 인문학의 확대가 긴요하다. 세계에 대한 인문지리적 이해를 돕고, 실제 경험을 쌓는 것에는 여행 인문학의 역량을 기르는 것만 한 세계시민교육의 토대가 없다. 이는 특히 문화인류학적

• 원문은 "the story of connections within the global human community".

상호이해를 위해서도 더욱 중요한 의미를 갖는다. 물론 여기에는 비용이 든다는 점에서 그 확산에 한계가 있을 수 있다. 그렇지만 최근 세계 여행의 서비스 체계가 발달해 있다는 점에서 현지에서 오랫동안 생활하면서 인문학적·사회과학적 이해를 깊이 쌓아온 이들을 교수자로 초청해서 학생들과 교류하도록 하고, 이것이 이후 지적 기반이 충분하게 준비된 학생들의 여행경험으로 이어지도록 하는 프로그램을 강구해볼 필요가 있다.

세계 도처에서 벌어지고 있는 일들에 대한 이해와 정보습득도 세계시민으로서 인류 공동체를 위해 헌신하는 데 필수다. 이 역시 영어권 언론의 틀에서만 바라보는 것이 아니라, 제3세계적 시선을 수용하고 이해하는 훈련이 절실하다. 여기에는 세계 외교사에 대한 지식과 교육이 추가되는 것이 필요하다. 국제정치를 세계사적 관점에서 이해하고 이를 토대로 세계적 현안을 이해하는 것은 그렇지 못한 것에 비해 중대한 차이를 만들어낸다. 가령 미국과 쿠바와의 관계 변화를 그 역사적 경로를 전제로 하지 않을 경우, 지난 시기에 미국과 쿠바의 적대적 상황이 왜 생겨났는지를 이해할 수 없기 때문이다.

이 모든 작업은 결국 인류의 미래를 어떻게 만들어갈 것인가에 있다. 미래학은 그런 차원에서 새롭게 구성되어 세계시민의 육성을 위해 축적해가야 할 프로젝트이다. 현재 미래학은 기술발전에 따른 인류사회의 발전과 문명적 재앙에 대한 경고라는 두 축을 중심으로 접근하는 경우가 대체적인 경향이다. 이와 함께 우리가 갈망하는 미래의 모습을 전망하고 이를 위해 필요한 것이 무엇인지를 논의하고 실천해보는 내용이 마련되어야 할 것이다.

이는 세계시민적 의식과 연대작업을 위해 우리의 지식 공동체가 역량을 집결해서 구축해야 할 영역이다. 미래학의 새로운 관점 구성과 내용의 창출은, 미래학을 지금까지 주도해온 서구 사회가 전망하는 시선과는 다른 우리의 절실한 현실적 요구에서 나오는 것이 되도록 해야 하기 때문이다.

이상과 같은 기본을 갖춘 다음에 설정되는 주제와 프로젝트를 통한 실천 프로그램의 구성이 요구된다. 구호 및 봉사활동을 비롯해서 전쟁지역에 대한 현장참여 등 세계시민으로서 세계적 현실을 이해하고 바라보는 노력을 기울일 곳은 적지 않다. 이미 UN이 있지만 그 외에도 여러 국제기구와 조직이 있으며, 세계시민적 차원의 논의를 위한 포럼이나 모임 등을 주도적으로 결성하고 이를 통해 인권과 평화가 보장되는 세계를 만들기 위해 노력하는 시민운동의 세계적 확산이 필요하다. 이는 세계시민 교육의 결산이 되는 지점일 것이다. 그러기 위해서는 세계시민교육은 이러한 활동을 하는 세계적 운동과 조직의 사례에 대해 연구 조사하고 이들과 긴밀한 네트워크를 형성하는 동시에 스스로 조직구성과 운영을 학습하는 과정이 작동하도록 해야 한다.

이상의 요소들이 각기 분리되어 존재하는 것이 아니라, 융합적인 프로그램으로 설계된다면 더욱 큰 효력을 발휘할 수 있을 것이다. 문제 중심의 프로그램을 통해 각 분야를 하나로 묶는 방식으로 접근해보는 것도 생각해볼 만하다. 이렇게 하나의 모델을 개발하고 이를 대학 교육의 중요한 비중을 가진 과목 또는 프로그램으로 배치할 경우, 우리는 세계적 변화의 소용돌이에서 지도적 역할을 할 수 있는 시민사회를 육성하는 준비를 해나갈 수 있을 것이다. 이는 단지 대학만이 아니라 일반 시민이나 NGO 또는 NPO를 위한 교육으로 확장, 심화될 필요가 있다. 이러한 관점에서 국내정치의 틀과 기준도 달라진다면 우리 사회의 성숙도는 지금까지와는 상당한 격차를 보이게 될 것이다.

세계성과 상호 공감 능력을 회복해야

세계화시대에 인류가 직면한 문제는 허다하다. 그런데 현실은 어떤가? 말은 세계화시대이지만, 세계적 소비자들의 대량생산, 소비는 있으나 세계시민으로서의 지식, 윤리, 역량을 갖춘 것은 아니다. 그래서 우리의 삶의 현장과 떨어진 인류적 고통이 진행되는 현실에 대해 애정 어린 공감(compassion)을 갖기 어려워진다. 공감 능력은 세계시민으로서 기본덕성이자 윤리적 자세다. 이것이 파괴되거나 해체되면 인간의 역사는 비극으로 치닫는 일이 다반사다.

제1차 세계대전 이전의 유럽이 그 이후에 비해 얼마나 더 세계적(cosmopolitan)이었으며 서로에 대한 공감 능력이 발달되어 있었는가에 대한 증언 가운데 주목되는 것은 슈테판 츠바이크(Stefan Zweig)의 기록이다. 제2차 세계대전을 겪고 그 이후 냉전을 거치면서 유럽 통합이 이루어지는 가운데 유럽은 이러한 세계성과 상호공감의 능력을 일정하게 회복했지만, 그 과정은 너무도 참담하고 고통스러웠다.

전쟁이 일어나기 전 오스트리아 비엔나가 누렸던 다양한 언어의 세계와 문화적 다채로움은 이 도시가 그 자체로서 세계성을 확보하고 있었음을 보여준다. 이에 대한 츠바이크의 증언에서 우리가 주목하게 되는 것은 코즈모폴리턴적 문명의 창발성과 역동성이었다.* 그러나 전쟁을 겪으면서 이러한 문명의 공간은 무너져갔다. 세계인으로서 공감대는 파괴되었고, 국가의 경계를 넘어선 인간으로서 시민적 근대의식을 공유하고 발전시킬 수 있는 여력과 조건을 상실하고 말았다.

오늘날 우리는 세계적 빈부격차와 자원고갈, 기술발전에 따른 문명적 재앙을 비롯해서 기후변화 등 자연재앙의 문제에 귀를 기울이고 이에 대한 인류적 의식의 각성과 연대를 위해 어떤 노력이 있어야 하는지 함께 고민해야 한다. 요르겐 랜더스(Jørgen Randers)는 1972년 로마클럽에서 자원의 한계와 성장주의의 모순을 경고한 『성장의 한계』(*The Limits to Growth*)를 쓴 집필자 가운데 하나다. 그는 몇 년 전에 『더 나은 미래는 쉽게 오지 않는다』** 라는 책을 통해 다시 한 번 우리에게 미래적 경고를 하고 있다. 우리가 지구적 현실에 대한 의식을 공유하고 이를 위해 함께 손을 잡지 않으면 모두에게 닥칠 재앙을 일깨우고 있다. 문명비평가로 이름 높은 나오미 클라인(Naomi Klein) 역시 세계자본주의 체제가 우리의 생태계에 얼마나 중대한 위협을 가하고 있는지를 인식하지 못한다면 중대한 위기에

• 슈테판 츠바이크, *The World of Yesterday*, University of Nebraska Press, 2013; 곽복록 옮김, 『어제의 세계』, 지식공작소, 2014.

•• Jørgen Randers, *2052: A Global Forecast for the Next Forty Years*, Chelsea Green Publishing, 2012; 요르겐 랜더스, 김태훈 옮김, 『더 나는 미래는 쉽게 오지 않는다: 성장이 멈춘 세계, 나와 내 아이는 어떤 하루를 살고 있을까』, 생각연구소, 2013.

'세계인'이라는 존재는

아주 오래된 인류사적 경험이다.

세계시민은 이러한 역사적 기반과

근대적 의식의 내용이 만나는 가운데

형성되는 개념과 존재다.

세계시민은 결코 추상화된

윤리적 개념이 아니라, 우리 자신의 삶,

그 실체로 우리를 지금 이 순간 마주한다.

처할 것이라고 경고한다.*

결국 지구 전체를 사유할 수 있는 능력이 요구된다. 그것은 지구라는 행성의 가치에 대한 절박한 이해와 책임에서 시작된다. 여기에는 지구적·우주적 차원의 영적 각성이 필수적이다. 정신의 구조가 혁명적으로 달라지지 않는 한 우리는 지금의 사유가 제한하는 틀을 벗어날 수 없기 때문이다.

이러한 고민들을 함께 나누며 미래적 대안을 모색하는 과정 그 자체가 세계시민의 존재를 드러내고 길러나가는 주축이 될 것이다. 또 이를 자신의 문제로 제기하고 논의하는 지식 공동체의 구성은 세계시민을 길러내는 모태가 될 수 있다. 결국 세계시민은 인류와 지구 전체의 고통을 실존적으로 감지하고 인식할 때 비로소 탄생의 기미를 보이는 존재다. 세계시민이 너무 늦게, 너무 적게 등장한다면 인류의 미래는 더욱 고통스러워질 것이다.

세계시민은 결코 추상화된 윤리적 개념이 아니라, 우리 자신의 삶, 그 실체로 우리를 지금 이 순간 마주하고 있다. 세계시민을 길러내는 것은 우리의 미래를 아름답고 평화롭게 창조하는 실천이자 필연적 의무이다. 그것은 국내정치의 차원도 변화시키는 매우 중요한 틀이 된다. 정치의 주체인 시민의 수준을 달라지게 하기 때문이다.

인류의 행복은 세계시민적 공감과 연대가 아니고서는 이루어질 수 없다. 모든 것은 결국 인간 우리 자신에게 귀결되기 때문이다. 이제 인류 전체의 지평에서 인간의 문제에 다가서야 한다. 어느 누구

---

* Naomi Klein, *This Changes Everything: Capitalism vs The Climate*, Simon & Schuster, 2014.

도 분리되어 있지 않으며, 서로가 서로에게 현실로 존재하지 않은가.
나는 너에게, 너는 나에게 희망의 원천이다. 지구 전체의 차원에서
말이다.

김민웅의 인문정신 2
인간을 위한 정치

지은이 김민웅
펴낸이 김언호

펴낸곳 (주)도서출판 한길사
등록 1976년 12월 24일 제74호
주소 10881 경기도 파주시 광인사길 37
홈페이지 www.hangilsa.co.kr
전자우편 hangilsa@hangilsa.co.kr
전화 031-955-2000~3 **팩스** 031-955-2005

부사장 박관순 **총괄이사** 김서영 **관리이사** 곽명호
영업이사 이경호 **경영담당이사** 김관영
편집 안민재 백은숙 노유연 이지은 김광연 신종우 원보름
마케팅 윤민영 양아람 **관리** 이중환 문주상 이희문 김선희 원선아
디자인 창포 **CTP 출력 및 인쇄** 현문인쇄 **제본** 자현제책사

제1판 제1쇄 2016년 5월 27일

값 19,000원
ISBN 978-89-356-6969-1 03330

● 잘못 만들어진 책은 구입하신 서점에서 바꿔드립니다.

● 이 도서의 국립중앙도서관 출판시도서목록(CIP)은 서지정보유통지원시스템 홈페이지(seoji.nl.go.kr)와
  국가자료공동목록시스템(www.nl.go.kr/kolisnet)에서 이용하실 수 있습니다.
  (CIP제어번호: CIP2016012021)